Knaur

Bildnachweis: Bildarchiv Hansmann, München

Vollständige Taschenbuchausgabe Juni 1998
Droemersche Verlagsanstalt Th. Knaur Nachf., München
Copyright © 1965 für die deutsprachige Ausgabe by Kindler Verlag, München
In der Übersetzung von Guido Heel
Das Werk einschließlich aller seiner Teile ist urheberrechtlich geschützt.
Jede Verwertung außerhalb der engen Grenzen des Urheberrechts-
gesetzes ist ohne Zustimmung des Verlages unzulässig und strafbar.
Das gilt insbesondere für Vervielfältigungen, Übersetzungen,
Mikroverfilmungen und die Einspeicherung und Verarbeitung
in elektronischen Systemen.
Umschlaggestaltung: Agentur Zero, München
Satz: MPM, Wasserburg
Druck und Bindung: Elsnerdruck, Berlin
Printed in Germany
ISBN 3-426-60932-0

8 10 9 7

Kamasutra

Die indische Liebeskunst

Ungekürzte Ausgabe

In der Übersetzung von Guido Heel

Knaur

Inhalt

Erster Teil
Allgemeine Lehrsätze
7

Zweiter Teil
Die Einung von Mann und Frau
49

Dritter Teil
Die Gewinnung der Ehefrau
119

Vierter Teil
Das rechte Verhalten der Ehefrau
157

Fünfter Teil
Der Umgang mit den Frauen
anderer Männer
177

Sechster Teil
Die Kurtisanen
229

Siebenter Teil
Die Möglichkeiten der gesteigerten
Anziehung sowie über geheime
Mittel und Versuche
289

Nachwort
311

Erläuterungen
319

Erster Teil

ALLGEMEINE LEHRSÄTZE

Erstes Kapitel

Wegweiser zum Lehrbuch

Ehre sei erwiesen dem Dharma!
Dem Artha sei Ehre erwiesen!
Ehre sei erwiesen dem Kama!
Dem dreifachen Ziel des Lebens sei dieser Traktat gewidmet!
Ehre sei auch erwiesen den weisen Meistern, die sich diesem Denkbereich in tiefem Nachsinnen hingaben – Ehre auch jenen Lehrern, die deren Denkgewinne weitum verkündeten! Es ist wahrhaft so, daß das Sinnen der Meister und, das Werk der Lehrer in unserem hier folgenden Traktat wirksam und deutlich sichtbar wird.
Im Ur-Anfang aber schuf der Herr des Seins Männer und Frauen, und nachdem er sie erschaffen hatte, trug er Sorge ihres Wohlbefindens wegen. Also offenbarte er ihnen in zehntausend Kapiteln alle möglichen Wege, um die drei Ziele des Dharma, Artha und Kama mit Gewißheit zu erreichen.
Von diesen Kapiteln erkor sich Manu, der aus sich selbst Geborene, jene, die vom Wesen des Dharma handelten, um sie von neuem zu lehren.
Andere Kapitel, die das Wesen des Artha betrafen, trug wiederum Brihaspati vor.

Alle Kapitel aber, die den Kama zu ihrem Gegenstand hatten, wurden von Nandi, dem Jünger des Mahadeva, in tausend neue Kapitel gegliedert.

Später jedoch fügte Shvetaketu, der Sohn Uddalakas, das Lehrwerk des Nandi in fünfhundert Kapiteln dichter zusammen. Seine fünfhundert Kapitel wiederum wurden von Babhravya aus Panchala auf einhundert und fünfzig Kapitel verkürzt, die sich in sieben Abschnitte gliederten.

Die sieben Abschnitte aber betrafen:
+ Allgemeine Betrachtungen,
+ die Vereinigung von Mann und Frau,
+ Brautwahl und Heirat,
+ das Verhalten der Ehefrau,
+ außereheliche Beziehungen mit den Frauen anderer Männer,
+ die Belange der Kurtisanen, und schließlich manches über Beschwörung und Stärkungstrank.

Auf das Ersuchen der Kurtisanen von Pataliputra hin löste Dattaka den sechsten Abschnitt, der sich mit dem Treiben der Kurtisanen beschäftigte, heraus und lehrte ihn für sich. Charayana folgte dem Beispiel Dattakas und verfuhr so auch mit dem ersten Abschnitt. Desgleichen verkündeten andere Weise die übrigen Abschnitte von neuem. Es verfuhren so:

+ Suvarnanabha für den zweiten Teil,
+ Ghotakamukha für den dritten Teil,
+ Gonardiya für den vierten Teil,

✦ Gonikaputra für den fünften Teil, und endlich
✦ Kuchumara für den siebenten Teil.

Demnach wurden dem Lehrwerk im Laufe der Zeiten vielerlei verstümmelnde Wunden beigebracht, so daß es fast als verloren zu erachten war. Überdies war das Lehrwerk in der Gestalt, die ihm Babhravya gegeben hatte, wahrlich zu lang und zu schwierig; die Werke aber, die Dattaka und die anderen mit Namen genannten Meister geschaffen hatten, handelten nur über vereinzelte Gegenstände aus dem genannten Bereich. Aus diesen Gründen drängte Vatsyayana die Beiträge der einzelnen Meister so dicht zusammen, als es ihm möglich war, und schuf das hier dargebotene Lehrwerk.

ERSTER TEIL	Allgemeine Lehrsätze *(insgesamt in fünf Kapitel und fünf Abschnitte gegliedert)*
Erstes Kapitel:	Wegweiser zum Lehrbuch
Zweites Kapitel:	Die rechten Wege, um das dreifache Ziel des Dharma, Artha und Kama zu erreichen
Drittes Kapitel:	Die Beschäftigung mit mannigfaltigen Künsten
Viertes Kapitel:	Der Tagesablauf des Lebemanns
Fünftes Kapitel:	Die Frauen und ihre unterschiedliche Beschaffenheit sowie das Für und Wider des Umgangs mit ihnen; auch über die Verwendung von Liebesboten.

ZWEITER TEIL	Die Einung von Mann und Frau *(insgesamt in zehn Kapitel und siebzehn Abschnitte gegliedert)*
Erstes Kapitel:	Die Weisen der Einung, wie sie den Maßen der Körper, den Leidenschaften und den gewährten Zeiten entsprechen sowie über die verschiedenen Möglichkeiten der Liebe.
Zweites Kapitel:	Die Umarmung
Drittes Kapitel:	Die Küsse
Viertes Kapitel:	Die Nagelmale
Fünftes Kapitel:	Die Zahnmale sowie über die Neigungen und Abneigungen der Frauen aus den verschiedenen Gegenden und ihre Weisen der Liebe
Sechstes Kapitel:	Die Stellungen bei der Einung
Siebentes Kapitel:	Die Schläge und die ihnen gemäßen Laute
Achtes Kapitel:	Die Frau in der Rolle des Mannes
Neuntes Kapitel:	Die Einung mit dem Mund
Zehntes Kapitel:	Das Anfangen und das Enden der Einung sowie über die verschiedenen Möglichkeiten der Verbindung und über den Liebeszwist.
DRITTER TEIL	Das Erwählen der Braut und die Heirat *(insgesamt in fünf Kapitel und neun Abschnitte gegliedert)*
Erstes Kapitel:	Das Erwählen und das Freien der Braut

Zweites Kapitel:	Die Aussaat des Vertrauens in der Brautzeit
Drittes Kapitel:	Die rechten Wege, das Herz der Braut zu umschmeicheln und zu gewinnen
Viertes Kapitel:	Das rechte Verhalten des Mannes bei der Inbesitznahme der Braut sowie über die geeignete Weise, mit der eine Frau einen begehrenswerten Mann gewinnt und festhält
Fünftes Kapitel:	Die verschiedenen Möglichkeiten der Heirat.
VIERTER TEIL	Das rechte Verhalten der Ehefrau *(insgesamt in zwei Kapitel und acht Abschnitte gegliedert)*
Erstes Kapitel:	Das rechte Verhalten der ergebenen Ehefrau und der Lebenswandel während der längere Zeit währenden Abwesenheit des Gatten
Zweites Kapitel:	Die Schuldigkeiten der ältesten und der jüngsten Ehefrau, falls mehr als eine Gattin im Hause weilt, auch: das rechte Verhalten der wiederverheirateten Witwe, das rechte Verhalten der verdrängten Gattin, die Rolle der Frauen im Harem des Königs, das rechte Verhalten des Ehemanns, dem mehr als eine Gattin zu eigen ist.

FÜNFTER TEIL	Umgang mit den Frauen anderer Männer *(insgesamt in sechs Kapitel und zehn Abschnitte gegliedert)*
Erstes Kapitel:	Die Eigenheiten der Liebe bei Männern und Frauen, auch: die Gründe für eine Zurückhaltung, die Männer, die bei den Frauen leicht Gefallen finden, die Frauen, die ohne Beschwer gewonnen werden können
Zweites Kapitel:	Die Annäherung an eine Frau sowie die Bestrebung, sie für sich zu gewinnen
Drittes Kapitel:	Die Überprüfung der weiblichen Geneigtheit
Viertes Kapitel:	Die Aufgaben des Liebesboten
Fünftes Kapitel:	Die Liebe hoher Persönlichkeiten zu den Frauen anderer Männer
Sechstes Kapitel:	Die Frauen im Harem des Königs sowie die Hütung der eigenen Ehefrau.
SECHSTER TEIL	Die Kurtisanen *(insgesamt in sechs Kapitel und zwölf Abschnitte gegliedert)*
Erstes Kapitel:	Die Erwählung des geeigneten Mannes sowie über die rechten Weisen, ihn zu verführen
Zweites Kapitel:	Das Verhalten einer willfährigen Kurtisane
Drittes Kapitel:	Die Wege, Geld zu verlangen sowie

über die Zeichen dahinschwindender Zuneigung, auch: die Möglichkeiten, den Liebhaber loszuwerden.

Viertes Kapitel: Die erneute Einung mit einem früheren Liebhaber

Fünftes Kapitel: Der Gewinn und seine verschiedenen Arten

Sechstes Kapitel: Der Gewinn des Geldes sowie sonstige Gesichtspunkte, auch: die verschiedenen Möglichkeiten, eine Kurtisane zu sein.

SIEBENTER TEIL Die Möglichkeiten der gesteigerten Anziehung sowie über geheime Mittel und Versuche
(insgesamt in zwei Kapitel und sechs Abschnitte gegliedert)

Erstes Kapitel: Die Zier der eigenen Erscheinung und ihr Reiz auf andere sowie über die stärkenden Arzneien

Zweites Kapitel: Die Wiedergewinnung der verlorenen Kraft sowie über anderweitige Mittel.

Dergestalt ist also dieses Buch in sieben Teile gegliedert; ferner ist es unterteilt in insgesamt sechsunddreißig Kapitel, siebenundsechzig Abschnitte und eintausendzweihundertundfünfzig Absätze. Die Gliederung ist an dieser Stelle dargelegt worden, da es die meisten Leser vorziehen, sich zuerst einen Überblick über das Ganze zu verschaffen, ehe sie mit der Lektüre beginnen.

So endet das erste Kapitel des ersten Teils.

Zweites Kapitel

Das Streben nach den drei Zielen
des Lebens

Dem Menschen – so heißt es – ist eine Lebens-
spanne von hundert Jahren gewährt. In verschiedenen Lebensaltern soll er sich den Strebungen
nach den drei Zielen des Dharma, Artha und Kama
widmen; gibt er sich nun einem oder mehreren zur
gleichen Zeit hin – er hat es so zu tun, daß Harmonie
unter ihnen herrscht und keines in irgendeiner Art und
Weise das andere verdrängt.
In der Kindheit richte sich der Mann darauf aus, Wissen
und Kenntnis zu erwerben. In der Jugend gebe er sich all
den irdischen Vergnügungen hin. In seinen alten Tagen
stehe ihm nur mehr das Ziel der Erlösung vor Augen,
dem er mittels der Einübung in den Dharma zustrebt.
Da nun das Leben allezeit mit Ungewißheiten aufwartet,
soll ein Mann diese seine Ziele bei jeder sich ihm bietenden Gelegenheit verfolgen, wobei Voraussetzung ist, daß
er Enthaltsamkeit beobachtet, solange er sich der Erlangung von Kenntnissen widmet.

Dharma: Das bedeutet die Vornahme von Handlungen
gemäß den Anordnungen der heiligen Schriften, wozu
etwa die Verrichtung von Opfern gehört, die auf Über-

irdisches gerichtet sind und deren Auswirkungen darum menschlichen Augen nicht sichtbar werden. Dharma bedeutet aber auch das Verbot bestimmter Dinge wie etwa des Verzehrs von Fleisch, was hinwiederum sichtbare Auswirkungen auf die Menschen hat. Dharma soll anhand der erwähnten heiligen Schriften studiert werden und auch auf Grund des Umgangs mit Menschen, die sich darin versenkt haben.

Artha bedeutet die Erlangung von Kenntnis und von Reichtum in der Form von Grundbesitz, Geld, Vieh, Getreide, Geräten, Freunden und dergleichen. Artha wird am ehesten von den Kaufleuten erlernt, die auf den Wegen von Handel und Verkehr wohlbewandert sind.

Kama bedeutet die Freude an Dingen auf Grund der fünf Sinne: des Hörens, des Sprechens, des Sehens, des Fühlens und des Schmeckens – jeweils gemäß der Ausrichtung des Bewußtseins, das sich in Übereinstimmung mit der Seele befindet. Im Eigentlichen ist Kama jenes besondere Vergnügen, das der Tastsinn hervorzurufen vermag, wenn die Berührung mit dem Gegenstand, der als Ursache der Freude wirkt, erfolgt ist. Kama soll sowohl aus dem Kamasutra erlernt werden als auch von dem weltweisen Lebemann.

Von den drei also dargelegten Zielen: Dharma, Artha und Kama, besitzt das erstere jeweils mehr Gewicht als das letztere. Dies heißt, daß Dharma mehr Gewicht besitzt als Artha und daß Artha mehr Gewicht besitzt als Kama. Diese Reihenfolge ist jedoch durchaus nicht in allen Fällen zu beachten. Für einen König ist Artha von überragender Wichtigkeit, da die Erhaltung und das Fortkommen seiner Untertanen davon abhängt. Aus derselben Ursache steht für die Kurtisanen Kama allen anderen voran.

Es gibt manche gelehrte Männer, deren Meinung es ist, daß Dharma zwar durchaus in einem Lehrbuch abgehandelt werden soll, denn die Auswirkungen der Anordnungen seien schwer zu begreifen und letztlich überirdisch. Sie behaupten gleicherweise, daß Artha ebenfalls nur durch Bücher erlernt werden könne, da seine Ausübung besonderer Mittel und Wege bedürfe. Dagegen behaupten sie aber, daß Kama ohne Bewußtsein sogar von den Tieren ausgeübt werde und ein gelehrter Text über diesen Gegenstand sich demnach völlig erübrige.

Das trifft jedoch nicht zu. Die Art und Weise der Männer und der Frauen unterscheidet sich durchaus von derjenigen der niedrigen Tierwelt. Es gibt auch noch andere bedeutsame Gesichtspunkte, die bei ihrem Umgang zu beachten sind. Einer erklärenden Erörterung kommt deshalb entscheidendes Gewicht zu; dies kann in dem Kamasutra von Vatsyayana abgelesen werden. Unter den niedrig stehenden Tieren laufen die Weibchen schließlich los und ledig umher; darüber hinaus pflegen sie den Verkehr einzig und allein gemäß ihrem Trieb und nur während bestimmter Zeiten. In ihrem Fall sei es zugestanden, daß Unterweisungen für sie ziemlich überflüssig wären.

Die Lokayatikas behaupten folgendes: Da die Früchte der religiösen Übungen nur im jenseitigen Leben genossen werden könnten und solche Belohnungen überhaupt eine zweifelhafte Angelegenheit seien, bräuchten religiöse Übungen gar nicht ausgeführt werden. Welcher verständige Mensch würde denn schriftlich sein Eigentum einem anderen überlassen? Das alte Sprichwort lautet: Eine sichere Taube ist heute besser als ein ungewisser Pfau morgen; eine Münze, die bloß aus Kupfer ist, die wir aber mit Bestimmtheit bekommen, ist einer aus Gold vorzuziehen, von der wir nicht wissen, ob sie uns gehören wird oder nicht.

Vatsyayanas Erwiderung darauf ist, daß religiöse Vorschriften aus den folgenden Gründen befolgt werden müssen:

Die heiligen Schriften, die über den Vollzug des Dharma bestimmen, dürfen keinesfalls in Zweifel gezogen werden. Opferhandlungen, die der Austreibung böser Geister dienen, zeigen sicherlich sichtbare Ergebnisse.

Die Sternbilder, die Sonne, der Mond und die Planeten lassen ihre Einflüsse derart wirksam werden, daß sie auf das Wohl des Kosmos bedacht zu sein scheinen.

Die Angelegenheiten dieser Welt befinden sich in völliger Abhängigkeit von dem Verhalten der Menschen innerhalb ihrer vier Kasten und während ihrer vier Daseinsstufen.

Ein Samen wird in der Hoffnung auf sein künftiges Gedeihen gesät.

Manche, die an die Macht des Geschicks glauben, stellen die Behauptung auf, es sei nutzlos, dem Artha nachzustreben, denn er entweiche des öfteren trotz gewaltiger Anstrengungen. Ein andermal wieder erreicht ein Mensch Artha ohne jegliche Strebung – er fällt ihm gleichsam durch bloßen Zufall in den Schoß. Das alles ist der Wirksamkeit des Schicksals zuzuschreiben. Das Schicksal allein verhilft einem Menschen zu Reichtum, stößt ihn in die Armut, krönt ihn mit Triumph, schlägt ihn mit Niederlagen, überschüttet ihn mit Segen und wirft ihn ins Elend. Das Schicksal war es, welches Bali auf den Thron Indiens erhob; es war auch niemand anders als das Schicksal, das seinen späteren Sturz bewirkte; nur das Schicksal hätte ihm wieder aufhelfen können.

Auf dies antwortet Vatsyayana, daß jegliches Ding, das von Menschen erworben und genossen wird, seinerseits wenigstens irgendeine Anstrengung voraussetzt. Sogar wenn es bestimmt ist, daß ein Ding geschehen soll, kann es nur geschehen, wenn irgendeine Anstrengung in der entsprechenden Richtung gemacht worden ist. Günstige Gelegenheiten nützen dem Untätigen niemals.

Die Verfechter des Artha behaupten, daß die Strebungen nach dem Kama, nach den Freuden des Lebens, den anderen zwei Zielen des Lebens – Dharma und Artha – schädlich seien. Dadurch werde der Mensch zum Umgang mit zwielichtigen Personen, zu abträglichen Unternehmungen, zu unsauberen Gewohnheiten und anrüchigen Taten verleitet. Auch beraube es ihn seiner zukünftigen Möglichkeiten. Unbesonnenheit und unpassende Hast werde hervorgerufen; der davon befallene Mensch erscheine in den Augen aller als unannehmbar und unzuverlässig. Man vernimmt aus der Geschichte von vielen, die dem Kama anhingen und die samt und sonders ins Verderben gerieten. Als Beispiel wird etwa der König Dandakya aus dem Geschlecht der Bhoja genannt, der sich in die Tochter eines Brahmanen verliebte und deswegen mitsamt seiner Sippe und seinem Königreich unterging. Ähnlich verhielt es sich mit Indra, dem mächtigsten der Götter, der in Liebe zu Ahalya entbrannte; den gewaltigen Kichaka gelüstete nach Draupadi; Ravana überwältigte und entführte Sita: ihnen und zahlreichen anderen gereichte ihre Hinwendung zum Kama zu Schimpf und Schande.

All dem entgegnet Vatsyayana, daß die Freuden des Kama für die richtige Erhaltung des menschlichen Körpers ebensoviel bedeuten wie die Nahrung. Des weiteren reichen ihre Ursprünge in den Dharma und den Artha. Gewiß, man muß die Gefahren erkennen und sich vor ihnen zu hüten suchen. Unterläßt man etwa das Kochen der Nahrung einfach deswegen, weil es Bettler gibt? Sät man nicht den Samen der Gerste aus, obwohl das Wild die Keimlinge abweiden könnte?

Wenn also demnach ein Mensch nach Dharma, Artha und Kama trachtet, erfährt er sowohl in dieser Weh wie in der künftigen eine Glückseligkeit ohne Stachel. Ein weiser Mann vollbringt seine Handlungen ohne unangebrachte Rücksichtnahme auf ihre Auswirkungen im nachherigen Leben; er beachtet aber dabei in zureichender Weise sein eigenes Wohl. Jegliche Handlung ist wünschenswert, die dem Ziel von Dharma, Artha und Kama zusammen förderlich ist oder wenigstens zweien von den dreien oder auch nur einem von ihnen, keinesfalls aber ein Verhalten, das zwar dem einen dient, den beiden anderen Lebenszielen jedoch Abbruch tut.

So endet das zweite Kapitel des ersten Teils.

Drittes Kapitel

Die Beschäftigung mit den mannigfaltigen Künsten

Der Mann sollte das Kamasutra und die diesem beigeordneten Kunstfertigkeiten studieren und zwar neben der Beschäftigung mit den Künsten und Wissenschaften, die das Dharma und Artha betreffen. Ein Mädchen sollte sich dem Studium des Kamasutra und dessen Nebenfächern vor der Heirat widmen; im Fall ihrer Verheiratung sollte sie dasselbe mit der Zustimmung ihres Gatten studieren. Zu diesem Punkt erheben gelehrte Männer den folgenden Einwand: Da die Frauen zum Studium der heiligen Schriften nicht zugelassen sind, ist auch ihre Einführung in diese Wissenschaft zwecklos.

Dagegen behauptet Vatsyayana, daß die Frauen mit der praktischen Ausübung dieser Wissenschaft bereits vertraut sind; diese Schrift ist aber nur die Zusammenfassung der Wissenschaft in eine Reihe von Lehrsätzen. Aus diesem Grund ist es also nicht fehl am Platz oder ohne Bedeutung. Überhaupt trifft ein derartiges Argument nicht nur im Fall des Kamasutra zu: Überall in dieser Welt kann man feststellen, daß zwar die praktische Ausübung irgendeiner bestimmten Wissenschaft allen bekannt ist, daß aber nur wenige über die Regeln und Gesetzmäßigkeiten Bescheid wissen, auf denen die Wissenschaft beruht. Tatsächlich ist der Inhalt einer Abhandlung der – wenn auch noch so weit entfernte – Urquell für die Durchführung jeglicher Wissenschaft. Als Beispiel können die Priester gelten, die ein Opferritual vornehmen; obwohl sie selbst keineswegs Grammatiker sind, benützen sie beim Ritus ohne weiteres den Uha, womit sie die Tatsache anerkennen, daß es eine verbindliche Grammatik gibt. Ein ähnliches Beispiel sind die Menschen, die gute Taten und fromme Werke an jeweils günstigen Tagen verrichten, die aber selbst keine Astrologen sind, sondern einfach glauben, daß sie den Anordnungen der Wissenschaft der Astrologie entsprechend handeln. Ebenso gibt es Roßknechte und Elefantenlenker, die Pferde zureiten und Elefanten abrichten, obschon sie doch auch nicht dem wissenschaftlichen Studium der Reitkunst oder der Elefantenpflege gehuldigt haben. Auf dieselbe Weise gehorchen sogar die Bewohner der am weitesten abgelegenen Gebiete eines Königreichs den Gesetzen, da sie wissen, daß eine höhere Autorität existiert. Die Beschäftigung mit dem Kamasutra seitens der Frauen entspricht genau diesen Beispielen.

Es gibt allerdings gelegentlich Kurtisanen, Prinzessinnen und Ministertöchter, deren Verstand durch übertriebene Anstrengungen beim Erlernen der Schriften geradezu in Verwirrung gerät. Es ist aber empfehlenswert, daß eine Frau diese Schrift oder einen Teil derselben und ebenso die praktische Erläuterung ihrer Lehrsätze mit der Hilfe einer ihres Vertrauens würdigen Person im geheimen erlerne.

Ein Mädchen soll für sich die vierundsechzig Künste erlernen, die in der Schrift des Kamasutra dargelegt sind. Zu ihrer Unterweisung soll eine der folgenden Personen dienen:

+ Eine Tochter ihrer Amme, die mit ihr zusammen aufgezogen wurde und die bereits verheiratet ist;
+ eine Freundin, der in jeder Beziehung Vertrauen geschenkt werden kann und die ebenfalls schon verheiratet ist;
+ die Tochter einer Tante mütterlicherseits, die gleichaltrig ist;
+ eine vertrauenswürdige alte Dienerin, die dem Mädchen soviel wie die Schwester der eigenen Mutter gilt;
+ eine Frau mit Erfahrung, die aber jetzt eine Bettelnonne ist;
+ die eigene ältere Schwester, der stets vertraut werden kann.

Die vierundsechzig Kunstfertigkeiten, die das Kamasutra voraussetzt, sind im folgenden aufgeführt:

+ Der Gesang;
+ das Instrumentenspiel;
+ der Tanz;
+ die Malerei;
+ das Einschneiden verschiedener Zeichen in das Bhurjablatt, um die Stirn zu schmücken;
+ das Verfertigen mannigfacher Zeichen mit Reiskörnern und Blumen;

- das Anbringen von Blumen;
- das Färben der Zähne, der Kleider, der Haare, der Nägel, des Körpers sowie andere Toilettenkünste;
- das Befestigen bunter Fliesen am Boden;
- das Herrichten des Bettes, der Polster und der Ruhebank;
- das Erzeugen musikalischer Töne mittels Wasser;
- die verschiedenen geheimen Formeln und ihre Anwendung;
- das Flechten mannigfaltiger Kränze;
- das Verfertigen von Kopfschmuck, bekannt als Shekharaka und Apida;
- das Bekleiden und Schmücken des Körpers; das Verfertigen von Zeichen, das sogenannte Karnapatra;
- die Zubereitung und der passende Gebrauch von Parfüm;
- das Verfertigen von Schmuckstücken;
- die Magie aufsehenerregender Vorspiegelungen;
- die Zubereitung von Salben;
- die Geschicklichkeit der Hände;
- das Speisenzubereiten und ähnliche Kochkünste;
- das Herrichten von Säften und Getränken;
- die Fertigkeit, mit der Nadel umzugehen;
- das Erfinden von Mustern mit Hilfe von Garn und Faden;
- das Spielen auf der Veena und der Trommel, der sogenannten Damaruka;
- das Aufstellen und Auflösen von Rätseln und Reimen;
- das Beherrschen des Spiels, in dem die eine Partei einen Vers aufsagt und die gegnerische Partei mit

einem anderen Vers antworten muß, der mit demselben Buchstaben beginnt, mit dem der erste Vers geendet hat;

+ das Aufsagen von schwer einzuprägenden Versen, von Zungenbrechern und dergleichen;
+ das Rezitieren aus Schriften;
+ die Kenntnis von Theaterstücken und Geschichten;
+ das Verfassen ergänzender Verse für den Fall, daß einer vorgesagt worden ist;
+ die Fertigkeit des Rohrflechtens zur Herstellung von Wiegen, Stühlen und dergleichen;
+ das Verfertigen beweglicher Gegenstände;
+ die Fertigkeit der Möbelschreinerei;
+ die Kenntnisse des Häuserbauens;
+ die Kenntnis wertvoller Metalle und kostbarer Steine;
+ die Fertigkeit der Metallverarbeitung;
+ die Fähigkeit, Edelsteine zu färben sowie das Wissen um ihre Fundstellen;
+ die Gärtnerei;
+ die Gestaltung von Hahnen-, Widder- und Wachtelkämpfen;
+ das Abrichten von Papageien und Mynas zum Sprechen und Singen;
+ die Übung in der Haarpflege;
+ die Kunst, Geheimschriften entziffern zu können sowie das Schreiben in derselben Art;
+ das Unterhalten in einer Sprache, in der Wörter oder Laute vertauscht werden;
+ die Kenntnis fremder Sprachen und anderer Dialekte;

- die Fertigkeit, Blumenwagen zu drapieren;
- die Kunst, günstige und üble Vorzeichen zu deuten;
- die Herstellung von Hilfsmitteln;
- die Schulung des Gedächtnisses;
- das Vortragen von Versen;
- das Entschlüsseln einer geheimen Botschaft;
- die Kenntnis der Etymologie;
- die Kenntnis der Nachschlagewerke;
- die Kenntnis der Versmaße und Sprechrhythmen;
- die Kunst der mimischen Darstellung;
- das geschickte Drapieren von Gewandstücken;
- die Beherrschung der verschiedenen Würfelspiele;
- die Kenntnis des Würfelspiels, das Akarsha genannt wird;
- das Verfertigen von Puppen und Spielsachen für Kinder;
- die Beherrschung des jeweils passenden Benehmens;
- die Kenntnis der Strategie;
- die Pflege des Körpers.

Diese vierundsechzig Künste sind ein wesentlicher Bestandteil der Lehre des Kamasutra.
Die vierundsechzig Künste des Panchalika sind jedoch von den soeben erwähnten vierundsechzig verschieden. Wir werden über sie an der geeigneten Stelle sprechen, wenn die Verbindung der Geschlechter im zweiten Teil behandelt wird. Sie gehören ihrer Beschaffenheit nach jedenfalls zum Kama.

Eine Kurtisane, die über Charakter, Schönheit und Tugend verfügt, wird einen ehrenvollen Platz in der Gesellschaft erhalten und sich den Titel einer Ganika erwerben, wenn sie in diesen vierundsechzig Künsten erfahren ist.

Eine derartige Frau wird stets durch den König geehrt und sogar von den Tugendhaften gepriesen; da sie vielbegehrt ist und von allen und jedem hofiert wird, steigt sie zum Vorbild innerhalb ihres Kreises auf und erfreut sich allgemeiner Wertschätzung.

Eine Prinzessin oder die Tochter eines hochgeborenen Beamten wird sich, solange sie diese vierundsechzig Künste pflegt, gewiß ihres Gatten Neigung erfreuen und hätte er selbst tausend Frauen in seinem Harem.

Eine derart gebildete Frau kann mit Hilfe dieser Fähigkeiten im Fall des großen Mißgeschicks einer Trennung von ihrem Gatten oder sogar in fremden Ländern bequem ihr Leben fristen.

In ähnlicher Weise gewinnt ein Mann, der in diesen Künsten bewandert sowie beredt und höflich ist, im Handumdrehen die Herzen der Frauen, selbst wenn er ihnen völlig fremd ist.

Das gute Fortkommen eines Menschen hängt von der richtigen Pflege der Künste ab. Er muß allerdings in seinem Sinn stets die Eignung von Zeit und Ort bedenken, ehe er sie in die Praxis umsetzt.

So endet das dritte Kapitel des ersten Teils.

Viertes Kapitel

Die Lebensart des Weltmanns

Hat ein Mann das nötige Wissen erworben, dann steht es ihm zu, einen eigenen Hausstand zu gründen, wenn er in der Lage ist, sich Geld zu verschaffen; das kann entweder durch den Empfang von Almosen und Geschenken geschehen oder durch Kriegsbeute oder durch Handelsgewinn oder durch Lohndienste für die anderen Kasten. Ist ihm das gelungen, sollte er die Gewohnheiten eines vornehmen und gebildeten Herrn annehmen.

Er sollte zu diesem Zweck sein Domizil in einer Hauptstadt aufschlagen oder in einer Provinzmetropole oder wenigstens in einer kleineren Stadt, die vierhundert oder auch zweihundert Dörfer beherrscht. Wo immer auch sein Wohnsitz sein mag, er muß sich unbedingt in der Nachbarschaft von gebildeten und vornehmen Menschen befinden und eine günstige Möglichkeit zum Gelderwerb bieten.

Dort sollte er sich sein Wohnhaus errichten lassen, das in zwei Flügel gegliedert ist und inmitten einer waldbestandenen Umgebung liegt, wo es auch genügend Wasser gibt. Nötig sind abgeteilte Räume für verschiedene häusliche Zwecke. Der nach vorn liegende Gebäude-

flügel beherbergt das Schlafzimmer, das eine weich aus-
gestattete Bettstelle enthält, mit zwei Kissen auf jeder
Seite und einem darüber gebreiteten reinlichen Linnen.
Eine weitere Bettstelle sollte sich nahebei finden.

Am Kopfende des Hauptbettes ist eine Opferungsmatte
anzubringen. Auf einem Sims daneben stellt man die
vom Abend übriggebliebenen Reste ab, etwa Salbentie-
gel, Blumen und Kränze, Gefäße mit Kollyrium und
Parfüm, Betelblätter und Rinde vom Zitronenbaum.

Auf den Boden vor dem Bett wird ein Spucknapf hinge-
stellt.

An Elfenbeinhaken, die an der Wand angebracht sind,
hängt man die Laute auf, ebenso die Utensilien für
Malerei, ein Buch und Kränze aus Amaranthblüten.

Nicht allzu weit davon entfernt legt man eine runde
Matte samt einem Polster auf den Fußboden.

Auch ein Tischchen für ein Würfelspiel und ein weiteres
für andere Spiele sollte zur Hand sein.

An der Außenwand des Schlafzimmers werden Käfige
mit gelehrigen Vögeln aufgehängt.

Etwas seitwärts wird ein Platz zur Verfertigung von
handwerklichen Gegenständen hergerichtet.

Daneben sollte unter einer Laube von blühenden Sträu-
chern eine Schaukel sein; es muß sorgfältig darauf geachtet werden, daß der Sitz der Schaukel ständig mit
Blüten übersät ist.

Soviel über die Einrichtung des Wohnhauses eines
Weltmanns.

Hat er sich früh am Morgen vom Schlaflager erhoben, so
erledigt er zunächst die täglich wiederkehrenden Vorbe-

reitungen, nämlich Zähneputzen, das Einsalben mit Sandelholzpaste, das Beräuchern, das Bekränzen mit Blumen; das Lackieren mit Wachs und rotem Alaktaka, das Begutachten des eigenen Gesichts im Spiegel, das Kauen von Betelblättern und anderen Süßigkeiten; sodann begibt er sich an seine Geschäfte.

Jeden Tag sollte er zudem ein Bad nehmen, jeden zweiten Tag alle Glieder massieren lassen, jeden dritten Tag die Schenkel mit Phenaka eincremen, jeden vierten Tag rasieren, jeweils nach fünf oder zehn Tagen sich alle anderen lästigen Haare auszupfen.

In gewissen Abständen müssen die Achselhöhlen vom Schweiß gereinigt werden, gesetzt den Fall, sie sind bedeckt.

Die Mahlzeiten werden am Vormittag und am Nachmittag eingenommen.

Sogar Karayana ist in diesen Punkten genau derselben Meinung.

Nach dem Essen am Vormittag soll der Weltmann die gelehrigen Vögel wie etwa die Papageien, die Mynas und dergleichen unterrichten und ihnen zuhören. Ferner schaut er den Wachtel-, Hahnen- und Widderkämpfen zu. Daraufhin soll er in der Gesellschaft der Pithamarda, der Vita und der Vidushaka an unterhaltenden und witzigen Spielen teilnehmen. Mittags wird schließlich ein Schläfchen eingeschoben.

Später, im Lauf des Nachmittags, bekleidet sich der Weltmann in passender Weise und begibt sich zu der Unterhaltung mit seinen Freunden.

Am Abend wird musiziert.

Danach harrt der Herr des Hauses zusammen mit seinen Freunden im Ruhezimmer auf die Ankunft der Frauen, während der Duft des Räucherwerks die Räume durchschwebt. Nun ist auch die Stunde, zu der man die Liebesbotinnen absendet oder sich selbst auf den Weg macht, um die Geliebte abzuholen.

Kommen dann endlich die Frauen, begrüßen der Hausherr und seine Freunde sie mit großer Freundlichkeit und unterhalten sie mit vergnüglichen und dezenten Geschichten. Mit den eigenen Händen bringt der Weltmann die Toilette der zu Besuch gekommenen Frauen wieder in Ordnung, falls sie durch einen sehr weiten Weg oder durch regnerisches Wetter in Mitleidenschaft gezogen sein sollte. Soviel also über die Pflichten des Tages.

Daneben gibt es noch verschiedene Beschäftigungen, denen man sich nur bei bestimmten Gelegenheiten widmet. Dazu zählen folgende Dinge:

Zum einen die Teilnahme an Festlichkeiten und Prozessionen, zum anderen gesellige Veranstaltungen mit gebildeten Standesgenossen, des weiteren Trinkgelage, fernerhin Ausflüge in die Gärten, und letztlich die Gesellschaftsspiele.

Festlichkeiten:

Die Niyuktas veranstalten festliche Zusammenkünfte, die alle vierzehn Tage oder jeden Monat im Tempel der Göttin Saraswati stattfinden. Bei einer solchen Feier führt eine wandernde, im Tempel zugelassene Schauspielertruppe gewöhnlich ein Theaterstück zum Wohl der Stadtbewohner auf; das Honorar muß den Schauspielern unbedingt am Tag darauf von den obersten Tempelpriestern ausbezahlt werden. Je nach Wunsch und Neigungen der Zuschauer können Wiederholungen der Aufführungen erbeten werden oder nicht. Es ist die Pflicht eines jeden Weltmanns, sowohl in schwierigen Situationen wie bei Weihehandlungen aufs engste mit den Priestern des Tempels zusammenzuwirken. Die Verpflichtungen des Gastgebers zwingen ihn, vor allem jenen Schauspielern, Nagarakas und ähnlichen Leuten alles Nötige zu verschaffen, die von weither zum Fest angereist sind.

Auf die gleiche Weise sollten auch andere Festlichkeiten veranstaltet werden, die den übrigen Gottheiten je nach dem dafür günstigen Zeitpunkt und am geeigneten Ort gewidmet sind.

Gesellige Veranstaltungen:

Sie gehen in der Behausung einer Kurtisane vor sich oder im Haus eines Mannes, der die an Alter und an Besitztümern, an Verständigkeit, an Bildung und an Wesensart ihm ähnelnden Männer eingeladen hat. Dabei äußert jeder seine Ansichten über Gedichte, über Theaterstücke und all die anderen Künste.

Trinkgelage:

Sie werden abwechselnd in den Häusern der Bekannten reihum abgehalten. Bei diesen Geselligkeiten sollen die Kurtisanen eifrig mithalten; auch sie sollen sich am

Verzehr der verschiedenen Leckereien und Früchte sowie der scharfen und säuerlich schmeckenden Getränke beteiligen.

Ausflüge in die Gärten:

Was im obigen Absatz erklärt worden ist, gilt auch für die Gestaltung von Ausflügen. Die weltgewandten Männer sollen sich, mit Sorgfalt gekleidet und hoch zu Pferd, am Vormittag in die Gärten begeben, begleitet von ihren Geliebten und von ihren Dienern. Sie beteiligen sich an den dort täglich stattfindenden Spielen, an Hahnen-, Wachtel- und Widderkämpfen mit großem Interesse und kehren dann, versehen mit Blumengewinden als Zeichen ihres vergnügten Ausflugs, wieder zurück.

Gesellschaftsspiele:

Der obige Absatz legt auch dar, wie die Wasserspiele während der Sommermonate in ausgedehnten Quellbecken zu gestalten sind.

Weitere Möglichkeiten des Zeitvertreibs: Zu diesen zählen:

✦ Die nachtlangen Würfelspiele,
✦ das Feiern der hellen Vollmondnächte und die Teilnahme am Frühlingsfest.

Noch andere besondere Unterhaltungen sind:

✦ Das Spiel, bei dem die Mangofrüchte aufgebrochen werden;

- das Spiel, bei dem Wurzeln am offenen Feuer geröstet werden;
- das Spiel, bei dem die Lotosstengel gemeinsam verzehrt werden;
- das Spiel, bei dem junge Blätter gegessen werden;
- das gegenseitige Bespritzen mit Wasser;
- das Spiel der Bewohner von Panchala;
- das Spiel auf dem mit Blüten übersäten Shalmali-Baum;
- das Spiel, bei dem der duftende Blütenstaub der Gerste zerstäubt wird;
- das Schaukeln;
- die Teilnahme am Fest des Liebesgottes;
- das Spiel, bei dem einer das Ohr des anderen mit Damanaka-Blumen schmückt;
- die Teilnahme am Holika-Fest;
- das Spiel, bei dem Ashoka-Blumen zu Kränzen für das Haar geflochten werden;
- das Pflücken und Zusammenbinden von Blumen;
- das Spiel, bei dem die zarten Zweige des Mangobaumes verwendet werden;
- das Spiel, bei dem Zuckerrohr geschnitten wird;
- das Spiel, bei dem Kadamba-Blumen nach dem Partner geworfen werden.

Alle diese Spiele sollen in Gesellschaft mit anderen Weltleuten und im Geist des Wettkampfes ausgetragen werden.

Die genannten Vergnügungen kann ein Weltmann zusammen mit einer Kurtisane genießen, sofern es eben sein Hab und Gut erlaubt, geradesogut kann sich eine

Kurtisane in Gesellschaft ihrer Dienerinnen damit unterhalten oder in Begleitung von Männern.

Besitzt nun einer aber keinerlei Vermögen, sondern hat nichts als seinen eigenen Leib, dazu einen Klappstuhl und etwas Salbe, kann aber andererseits eine ehrenwerte Herkunft aufweisen, ist außerdem in allen Künsten gebildet, so wird er zu einem Pithamarda; er verdient sich nämlich seinen Lebensunterhalt, indem er den Weltmännern und den Kurtisanen Unterricht in den Künsten erteilt.

Dagegen nennt man Vita einen Mann, der die Freuden des Lebens gekostet hat und sich einst eines Vermögens rühmen konnte; er besitzt Familie und nährt sie davon, daß er auf Grund seiner weltmännischen Vorzüge gute Beziehungen zu den Weltmännern und den Kurtisanen unterhält.

Wenn nun ein Mann nur in einer begrenzten Anzahl von Künsten erfahren ist, dafür aber über die Begabung verfügt, andere zum Lachen zu bringen, so heißt er Vidushaka oder Vaihasika; er ist meistens auch der Vertraute aller möglichen Leute.

Das sind also die maßgeblichen Leute, die über Zwist und Eintracht der Weltmänner und der Kurtisanen bestimmen können.

Ihnen kommen die Bettelnonnen gleich, die Witwen mit geschorenen Köpfen, die Sklavinnen und die gealterten Kurtisanen.

Die auf dem Lande lebenden Nagarakas sollen aufgeweckte und strebsame Dorfbewohner, die ihrem Alter und ihrer Kaste gemäß sind, dazu anregen, die Lebensart der städtischen Nagarakas zu erörtern und es ihnen nachzutun. Sie sollen zu diesem Zweck Zusammenkünfte veranstalten und die Gelegenheit für sich selbst nützen; indem sie ihnen Gefälligkeiten erweisen, zeigen sie ihnen ein für allemal die gegenseitige Abhängigkeit.

Wer bei Unterhaltungen weder hochgestochenes Sanskrit noch auch recht gewöhnlichen Dialekt daherredet, der erringt viel Ansehen bei den Menschen.

Wer klug sein will, der meide eine Gesellschaft, die üblen Ruf genießt, die alle gebotenen Schranken mißachtet und bösartig über andere Menschen klatscht.

Wer in einer Gesellschaft verkehrt, die sich allgemeiner Geltung erfreut und die nur Unterhaltungen gemäß der Zucht und Sitte pflegt, der zeigt sich als weiser Mann und wird gut in der Welt fahren.

So endet das vierte Kapitel des ersten Teils.

Fünftes Kapitel

*Die Frauen und ihre unterschiedliche
Beschaffenheit sowie das Für und Wider des
Umgangs mit ihnen; auch über die Verwendung
von Liebesboten*

Wenn die Männer der vier Kasten mit den unberührten Frauen der jeweils entsprechenden Kasten sich in Übereinstimmung mit den Lehren der überlieferten Schriften dem Kama hingeben, so ist die Nachkommenschaft das Ziel, daneben auch der Gewinn von Ansehen; das gilt allgemein als gesetzlich und bindend. Dagegen ist eine eheliche Beziehung mit einer Frau aus einer höheren Kaste, die bereits einmal verheiratet gewesen ist, in jedem Fall untersagt. Verbindungen mit Frauen einer niedrigeren Kaste hinwiederum, mit solchen, die verstoßen worden sind, oder mit jenen, die bereits verheiratet waren und dann verlassen oder zu Witwen wurden, ebenso mit Kurtisanen, werden weder empfohlen noch auch verboten, da eine derartige Verbindung nur dem bloßen Vergnügen dient.

Aus diesen Gründen lassen sich die Nayikas in drei Gruppen unterteilen: in Mädchen, in Frauen, die bereits verheiratet waren und dann verlassen oder zu Witwen wurden, und in Kurtisanen.

Nach der Lehre des Gonikaputra gibt es allerdings noch eine vierte Art einer Nayika, nämlich die Pakshiki; darunter versteht man eine Frau, die bereits mit einem anderen Mann verheiratet ist, die aber bei besonderen Anlässen zu umwerben ist.

Falls ein Mann eine Frau als unabhängig erachten darf, sie fernerhin als moralisch anrüchig kennt und der Überzeugung ist, daß es nicht ungehörig sei, sich ihr wie einer Kurtisane zu nähern, so kann er sie wie eine Nayika behandeln, selbst wenn sie einer höherstehenden Kaste entstammt. Es kann kein Zweifel bestehen, daß eine solche Frau als eine Punarbhu zu gelten hat, da sie bereits einem anderen Mann angehört hat.

Wenn nun ein Mann den Wunsch hegt, die Frau eines anderen zu besitzen, so kann er folgende Überlegungen anstellen:

✶ Die Frau ist fähig, ihren Mann zu beeinflussen, der über große Macht verfügt und der mit meinem Feind befreundet ist. Wenn sie also mit mir vereint ist, kann sie es fertigbringen, ihn zur Abkehr von meinem Feind zu überreden.

Oder er kann sich überlegen:

✶ Die Frau, deren beeinflußbarer Gatte mir übelgesinnt ist, vermag ihn wieder zu meinen Gunsten umzustimmen.

Oder er kann sich überlegen:

✶ Mit der freundschaftlichen Unterstützung dieser Frau kann ich irgendeinem Freund einen Dienst erweisen oder meinem Feind Schaden zufügen, und vielleicht irgendeine schwierige Angelegenheit erledigen.

Oder er kann sich überlegen:

✶ Falls ich den Ehemann dieser Frau auf die Seite räumen kann, werde ich seinen ganzen Reichtum erben, auf den ich es abgesehen habe.

Oder er kann sich überlegen:

✶ Meine Beziehung mit dieser Frau birgt keinerlei Gefahr in sich, und da ich nun einmal arm und ohne Beistand bin und großen Mangel am Lebensnotwendigen leide, kann ich ihr ansehnliches Vermögen ohne Schwierigkeiten an mich bringen.

Oder er kann sich überlegen:

✶ Diese Frau ist heftig in mich verliebt; wenn ich ihren Wünschen nicht entgegenkomme, vermag sie meine schwachen Seiten auszuplaudern. Sie wird mich der wahrscheinlichsten Taten bezichtigen, die aber Außenstehende glauben könnten; ich würde niemals in der Lage sein, sie zu widerlegen, wodurch ich ins Verderben gerissen würde. Sie wird meine Freundschaft mit ihrem leicht zu beeinflussenden Gatten untergraben und ihn meinem Feind zuführen; sie wird sich vielleicht selbst meinem Feind verbinden.

Oder er kann sich überlegen:

✲ Der Gatte dieser Frau hat sich an meine Frauen
herangewagt; ich werde ihm das mit seiner eigenen
Münze heimzahlen, indem ich mich an seine Frau
oder seine Frauen heranmache.

Oder er kann sich überlegen:

✲ Mit Hilfe dieser Frau werde ich mir Zugang zu dem
Feind des Königs verschaffen, der bei ihr Schutz
gesucht hat; ich werde ihn töten können, wie der
König es mir aufgetragen hat.

Oder er kann sich überlegen:

✲ Die Frau, der ich in Liebe zugetan bin, steht unter der
Aufsicht dieser Frau; ich kann demnach zu der einen
nur dann gelangen, wenn ich die andere auf meiner
Seite habe.

Oder er kann sich überlegen:

✲ Diese Frau kann mir ihre Unterstützung leihen, wenn
ich ein unter ihrer Aufsicht befindliches Mädchen
gewinnen will, das mit Schönheit und Reichtum
gesegnet, jedoch außerhalb meiner Reichweite ist.

Oder er kann sich überlegen:

✲ Mein Feind unterhält engste Beziehungen zu dem
Gatten dieser Frau. Ich werde daher meinen Feind

und diese Frau zusammenbringen und solcherart Unfrieden zwischen dem Gatten und meinem Feind stiften.

Aus diesen und ähnlichen Gründen mag ein Mann die Frauen anderer Männer umwerben. Es muß allerdings ganz klar betont werden, daß derartige Handlungen nicht zum schieren Vergnügen unternommen werden, sondern weit eher bei verzweifelten Anlässen.

Gharayana lehrt, daß es noch eine fünfte Gruppe von Nayikas gibt, die aus Witwen besteht. Sie können in Verbindung mit einem Minister stehen oder auch mit einem König oder überhaupt mit irgendeinem Mitglied jener hochangesehenen Familien; es kann sich auch um eine Witwe handeln, die einem Mann bei seiner Arbeit hilft und mit ihm zusammenlebt.

Suvarnanabha zählt noch eine sechste Gruppe von Nayikas auf, die ebenfalls Witwen umfaßt, die dem Weltleben entsagt haben.

Ghotakamukha fügt hier eine siebente Gruppe an, die sich aus unverheirateten oder alleinstehenden Töchtern von Kurtisanen sowie aus unverehelichten Dienerinnen zusammensetzt.

Zu der achten Gruppe von Nayikas muß man gemäß Gonardiya ein Mädchen aus guter Familie rechnen, die das entsprechende Alter erreicht hat.

Vatsyayana dagegen besteht darauf, daß die ersten vier Gruppen von Nayikas ganz von sich aus die restlichen miteinschließen und daß die Ursachen, derentwegen Verbindungen mit ihnen angeknüpft werden, in den einen wie den anderen Fällen gleich sind.

Nach der Ansicht mancher Leute bilden die Eunuchen die fünfte Gruppe der Nayikas, da sie sich deutlich von den anderen unterscheiden.

All diesen Gruppen der Nayikas steht nur eine Gruppe der Nayakas gegenüber. Die Handlungen dieser Gruppe sind in der Öffentlichkeit nicht bekannt; ihre Mitglieder gehen dem ihnen eigenen Zweck in völliger Heimlichkeit nach. Die Gruppe der Nayakas läßt sich je nach den Eigenschaften in drei Untergruppen einteilen: den gepflegten, den mittelmäßigen und den niedrigstehenden Typ. Die Eigenschaften des Nayaka und der Nayika sollen später beschrieben werden und zwar im sechsten Teil dieses Buches bei der Erörterung der Kurtisanen.

Die leibliche Einung mit den folgenden Personen ist unbedingt verboten:

✦ Mit einer, die am Aussatz leidet oder an einer ähnlich ansteckenden Krankheit;
✦ mit einer, die sittlich verkommen ist;
✦ mit einer, die Geheimnisse verrät;
✦ mit einer, die öffentlich mit einem Nayaka schäkert;
✦ mit einer, deren jugendliche Reize dahingewelkt sind;
✦ mit einer, die allzu hellhäutig ist;
✦ mit einer, die allzu dunkelhäutig ist;
✦ mit einer, die üblen Geruch ausströmt;
✦ mit einer, die nahe verwandt ist;

- ✦ mit einer, die befreundet ist;
- ✦ mit einer, die sich vom weltlichen Treiben abge-
  wandt hat;
- ✦ mit einer, die verschwägert ist oder in einer ähnlichen Beziehung steht;
- ✦ mit einer, die eines Freundes Ehefrau ist;
- ✦ mit einer, die mit einem Brahmanen verheiratet und
  in den heiligen Schriften und religiösen Riten wohlbeschlagen ist;
- ✦ mit einer, die des Königs Gattin ist.

Die Schüler des Babhravya vertreten die Meinung, daß
eine Frau, die intime Beziehungen mit fünf Männern
gehabt hat, in jedem Fall umworben werden dürfe.
Gonikaputra legt jedoch eine andere Ansicht dar; er
weist darauf hin, daß sogar eine Frau, für die die obige
Bedingung zutrifft, nicht umworben werden dürfe, wenn
sie die Gattin eines Verwandten, eines Freundes, eines
gebildeten Brahmanen oder eines Königs sei.

Freundschaften lassen sich in neun verschiedene Arten
gliedern:

- ✦ Freundschaft mit einem, der ein Spielkamerad aus
  der Kinderzeit war;
- ✦ Freundschaft, die durch gegenseitige Verpflichtungen zustande gekommen ist;
- ✦ Freundschaft, die auf der Ähnlichkeit von Wesensart
  und Gewohnheiten beruht;
- ✦ Freundschaft mit einem, mit dem man zusammen
  gelernt hat;

+ Freundschaft mit einem, der des anderen Schwächen kennt;
+ Freundschaft mit einem, der des anderen Geheimnisse kennt;
+ Freundschaft aus gegenseitiger Kenntnis der Fehler und Geheimnisse;
+ Freundschaft mit dem Kind der Amme;
+ Freundschaft mit einem, mit dem man zusammen aufgewachsen ist.

Die Freunde sollen folgende Eigenschaften besitzen:

+ Vererbte Freundschaft;
+ ein gleichartiges Temperament;
+ unwandelbare Achtung vor der Wahrheit;
+ Ergebenheit;
+ Beständigkeit;
+ keine Anlage zur Habgier;
+ Festigkeit in der Freundschaft;
+ zuverlässige Bewahrung von Geheimnissen.

Zu den Freunden des Weltmannes können gehören:

+ Ein Wäscher,
+ ein Barbier,
+ ein Blumenverkäufer,
+ ein Parfümhändler,
+ ein Weinhändler,
+ ein Bettler,
+ ein Rinderhirt,
+ ein Betelblätterhändler,

- ein Goldschmied,
- ein Pithamarda,
- ein Vita,
- ein Vidushaka, und manche andere.

Vatsyayana ist der Meinung, daß ein Weltmann auch mit den Ehefrauen dieser Männer auf freundschaftlichem Fuß stehen sollte.

Eine Person nun, die gewöhnlich ein Freund sowohl der Weltmänner wie auch der Nayikas ist, den beiden gleicherweise nahesteht, aber doch mehr Vertrauen der Nayikas genießt, vermag in völlig zureichender Weise die Aufgaben eines Liebesboten zu übernehmen.

Wünschenswert sind bei einem solchen Boten die folgenden Eigenschaften:

- Beredsamkeit;
- eine forsche und zupackende Art;
- Kenntnis der Motive und der Verhaltensweisen der Menschen;
- ein kühl rechnender Kopf;
- eine Ahnung von den innersten Gedanken anderer Leute;
- Zuverlässigkeit;
- die Fähigkeit, ausweichend zu antworten;
- Kenntnis der Verhältnisse der Nachbarschaft;
- geistesgegenwärtiges Eingreifen;
- die Begabung, in zweifelhaften Fällen geschwind eine Entscheidung zu treffen;

✦ Findigkeit, die sich durch die Anwendung einfacher Mittel zur Lösung schwieriger Probleme erweist;

✦ schnelle und entschlossene Anwendung von Hilfsmitteln.

Ein derart kluger Mensch, der in einem großen Freundeskreis verkehrt, der seine Aufgaben gewissenhaft erledigt und der die rechte Stunde und den richtigen Ort wahrzunehmen weiß, vermag eine Frau ohne Mühe zu gewinnen, selbst wenn sie unerreichbar sein sollte.

So endet das fünfte Kapitel des ersten Teils.

Damit endet auch der erste Teil.

Zweiter Teil

DIE EINUNG
VON MANN UND FRAU

Erstes Kapitel

*Die Weisen der Einung, wie sie den Maßen der
Körper, den Leidenschaften und den gewährten
Zeiten entsprechen, sowie über die verschiedenen
Möglichkeiten der Liebe*

Drei Arten der Männer gibt es gemäß der Größe
ihres Lingam: den Typ des Hasen, den Typ des
Stiers und den Typ des Hengstes.

In ähnlicher Weise gibt es drei Arten der Frauen, die
nach der Ausdehnung des jeweiligen Yoni unterschieden werden: den Typ der Gazelle, den Typ der Stute und
den Typ der Elefantenkuh.

Demnach gibt es drei gleichartige Einungen zwischen
Partnern mit einander entsprechenden Maßen und
sechs ungleichartige Einungen zwischen Partnern mit
nicht entsprechenden Maßen.

Bei den ungleichen Einungen, bei denen der Mann die
Frau im Maß übertrifft, bezeichnet man seine Einung mit
einer ihm unmittelbar folgenden Frau als hohe Einung;
davon gibt es zwei Möglichkeiten. Seine Einung mit
einer Frau, die am meisten sein Maß unterbietet, wird als
höchste Einung bezeichnet; hierin gibt es nur eine Möglichkeit.

Wenn andererseits die Frau den Mann im Maß übertrifft, bezeichnet man ihre Einung mit einem ihr unmittelbar folgenden Mann als niedrige Einung; davon gibt
es zwei Möglichkeiten. Ihre Einung mit einem Mann,

der am meisten ihr Maß unterbietet, wird als niedrigste Einung bezeichnet; hierin gibt es nur eine Möglichkeit.

Unter all diesen Einungen sind die gleichartigen die besten, während jene zwischen den äußersten Typen, welche man als die höchste und die niedrigste bezeichnet, die schlechtesten sind. Die übrigen entsprechen einem Mittelmaß, jedoch sind unter ihnen die hohen besser als die niedrigen.

In ähnlicher Weise gibt es neun Möglichkeiten der Einung, die nach dem Grad der Leidenschaft unterschieden werden.

Man schreibt einem Mann geringe Leidenschaft zu, wenn er wenig Verlangen nach der Einung mit einer Frau trägt, sich zu gegebener Zeit kaum anstrengt und eine dürftige Ergießung bewirkt. Er entzieht sich auch den Zahnmalen der Frau. Besitzt der Mann eine gewisse leidenschaftliche Kraft, so gehört er zu der Gruppe der Madhyama; ist seine Leidenschaft sehr hitzig, zählt er zu der Gruppe der Chanda.

In ähnlicher Weise werden bei den Frauen drei verschiedene Grade der Leidenschaft angenommen; ebenso gibt es neun unterschiedliche Möglichkeiten der Einung, geradeso wie bei jenen, die auf den körperlichen Maßen beruhen.

Wiederum gibt es drei Arten von Männern und Frauen gemäß der zeitlichen Dauer, die ihrer jeweiligen Leidenschaft gewährt ist: die kurzfristigen, die mittelfristigen und die langfristigen.

Allerdings besteht im Hinblick auf die Dauer ein Meinungsstreit, soweit es die Frauen betrifft. Auddalaki lehrt:

Die Frau findet nicht in derselben Weise ihr Befrieden wie der Mann. Während der Mann durch bloße Einung mit der Frau seine Leidenschaft zu stillen vermag, gewinnt die Frau ihre Wonne mittels des Bewußtseins des Verlangens; dies verhilft ihr zu einer Art von Wonne, die von der des Mannes gänzlich unterschieden ist.

Der Streit geht darum, daß die Empfindung, die der Mann verspürt, nicht zu fassen ist; es ist sowohl für den Mann wie für die Frau unmöglich, einander zu beschreiben, wie er oder sie die jeweils eigene Wonne empfindet. Auf die Frage, was daraus zu schließen ist, erwidert Auddalaki: »Nach dem Höhepunkt der Einung hört der Mann von selbst auf, nicht aber die Frau.«

Diese Meinung wird jedoch in Zweifel gezogen, da es eine erwiesene Tatsache ist, daß die Frauen größere Wonne empfinden bei einem Mann, der zu einer verlängerten Einung in der Lage ist.

Sie verabscheuen Männer, bei denen die Einung in sehr kurzer Frist vollendet ist; das scheint zu beweisen, daß die Frauen dementsprechend empfinden.

Dagegen wird nun eingewendet, daß die letztere Behauptung nicht richtig sei. Es währt lange Zeit, ehe die Leidenschaft einer Frau sich erhitzt; während der ganzen Zeit verspürt sie tiefe Wonne und es ist deswegen ganz natürlich, daß sie wünscht, daß dies noch länger währt. Der Lehrsatz des Auddalaki bekräftigt dies: »Die Frauen erfahren große Freude während der Einung mit dem Mann; ihre wirkliche Wonne jedoch entspringt dem Bewußtsein der vollzogenen Einung.«

Babhravya und seine Schüler sind der Ansicht, daß sich die Flüssigkeit der Frau vom Beginn der verlängerten Einung an ergießt, während der Gipfelpunkt des Mannes am äußersten Ende erreicht wird. Die Empfängnis würde niemals stattfinden, wenn bei den Frauen nicht das Verströmen dieser Flüssigkeit stattfände. Auch hier erhebt sich wieder Einwand gegen Einwand. So argumentiert man etwa: Falls es stimmt, daß die Frau in der verlängerten Einung Wonne empfindet, mutet es doch widersprüchlich an, daß sie zuerst Unempfindlichkeit zeigt und nur geringe Geduld, während sie erst am äußersten Ende zum Gipfelpunkt ihrer Empfindung gelangt und unter Mißachtung jedes körperlichen Schmerzes nicht mehr aufhören will. Darauf kann man folgendes erwidern: Ebenso wie die Scheibe des Töpfers oder das Spinnrad zu Beginn sich langsam dreht und nur allmählich an Geschwindigkeit zunimmt, so erhebt sich die Leidenschaft der Frau gewissermaßen langsam, ehe sie den abschließenden Gipfelpunkt der Wonne erreicht. Damit ist dieser Einwand abgetan.

Der Lehrsatz des Babhravya bestätigt dies: »Während der Mann gegen das Ende der Einung zu Wonne empfindet, erstreckt sich die Wonne der Frau über deren ganzen Verlauf; haben beide ihre Flüssigkeit verströmt, so begehren sie die Beendigung.«

Der letzte Einwand lautet dergestalt: Da es einsichtig ist, daß die von der Frau erfahrene Wonne völlig die gleiche ist wie jene, die der Mann erfährt, und da beide dem gleichen Ziel zustreben, warum sollten ihre Rollen dann verschieden sein?

Die Antwort darauf ist: Der Unterschied läßt sich auf

dem Unterschied zwischen ihren je eigentümlichen Verhaltensweisen und Empfindungen erkennen.

Worin besteht dieser?

Die Antwort darauf lautet wiederum so: Der Unterschied zwischen ihren je eigentümlichen Vorgehensweisen ist ausschließlich das Werk der Natur. Das Mann übernimmt den aktiven Teil, wogegen die Frau die passive Rolle spielt. Im Ergebnis unterscheidet sich deswegen die Wonne des Mannes von derjenigen der Frau. So ist also entsprechend der unterschiedlichen Beschaffenheit nicht nur die Empfindung, sondern auch die erzielte Wonne in jedem Fall verschieden.

Vatsyayana schließt deswegen daraus, daß der Mann Wonne empfindet kraft der Überzeugung, daß er tätig ist, während die Frau dies fühlt dank ihres Wissens, daß sie mit dem Mann vereint ist.

Wiederum mag man dagegen einwenden: Da beider je eigentümliche Rolle verschieden ist, läßt sich vernünftigerweise annehmen, daß die sich ergebenden Empfindungen ebenfalls verschieden sind.

Dieser Einwand ist jedoch unbegründet. Für den Unterschied in den von beiden begangenen Wegen gibt es eine Wesensursache, die sich aus der grundsätzlichen Verschiedenheit zwischen der Rolle des Mannes und derjenigen der Frau ableiten läßt. Es gibt jedoch keine Wesensursache für die Verschiedenheit der von ihnen empfundenen Wonne, da sie beide diese natürlicherweise aus dem gleichen von ihnen vollzogenen Vorgang ableiten.

Hier kann folgender Einwand erhoben werden: Da einmal verschiedene Kräfte zusammenwirken, um ein Ergebnis zu erzielen und da zum anderen der Mann und die Frau ihre eigenen jeweils unterschiedlichen Ziele im Sinn haben, kann doch keinesfalls eine gleichartige Empfindung als Ergebnis entstehen!

Das vermag letztlich nicht zu überzeugen. Stoßen wir doch öfters auf zwei Dinge, die von der gleichen Handlung auf gleichartige Weise betroffen werden, zum Beispiel bei Widderkämpfen, bei denen beide Widder den Schlag auf ihre Köpfe zur gleichen Zeit erhalten, oder beim Aneinanderwerfen zweier Holzäpfel, oder auch beim Wettstreit zweier Ringer. Wenn hierzu eingewendet wird, daß in diesen Fällen die Gegenseite von der gleichen Art sei, kann man darauf erwidern, daß auch im Fall von Mann und Frau keine wirkliche Unvereinbarkeit der Natur besteht, abgesehen von der geschlechtlichen; diese aber ist das Werk der Natur. Daraus folgt, daß Männer und Frauen die gleiche Wonne erfahren.

Über diesen Gegenstand gibt es einen Satz: »Da Männer und Frauen sich gleichen, soweit es die Empfindungen betrifft, und da gleichwertige Wonne beiden als Ziel vorschwebt, muß der Mann die Frau früher erfreuen, ehe noch die letzte Einung erreicht ist.«

Nachdem begründet wurde, daß die Männer die gleiche Wonne empfinden wie die Frauen, folgt daraus, daß es hinsichtlich der Dauer neun verschiedene Arten der Einung gibt, ähnlich den neun früher bestimmten, von denen jede dem Körpermaß und dem Grad der Leidenschaft entspricht.

Für die Einung von Mann und Frau lauten die Begriffe wie folgt:

- *Rasa*, die leidlich erfahrene Wonne;
- *Rati*, die seelisch erfahrene Freude;
- *Priti*, die aus der Berührung der Sinne sich ergebende Wonne;
- *Bhava*, die durch die leibliche Einung entflammte Liebe;
- *Raga*, die die Seele durchflutende Liebe;
- *Vega*, das Tropfen der Flüssigkeit bei der leiblichen Einung;
- *Samapti*, der Gipfelpunkt für beide Partner.

Für den Vorgang der leiblichen Einung lauten die Begriffe so:

- *Samprayoga*, die wonnespendende leibliche Einung von Mann und Frau;
- *Rata*, die Einung von Körper und Geist;
- *Rahah*, beiderseitige Liebe eines Mannes und einer Frau, die alle anderen Männer und Frauen ausschließt;
- *Shayana*, das vorschriftsmäßige Hinüberwechseln des Weltmanns vom Hauptbett zum nebenbei stehenden Nachtlager;
- *Mehana*, die aus der Einung entstehende Wonne die alle anderen Regungen des Sinnes verdrängt.

Es läßt sich ersehen, daß die neun Möglichkeiten der Einung, die jeweils zu den drei Unterscheidungen nach körperlichem Maß, Grad der Leidenschaft und gewährter Dauer gehören, eine sehr große Anzahl von Möglichkeiten der Vermischung ergeben müssen.

Vatsyayana lehrt, daß aus allen diesen Möglichkeiten der Einung ein Mann deswegen klugerweise jene Möglichkeit auswählen sollte, die den Gelegenheiten am ehesten gerecht wird.

Die Ansicht der weisen Meister über diesen Gegenstand lautet folgendermaßen: Ist des Mannes Leidenschaft am Anfang kurzfristig, doch heftig, die der Frau aber langwährend und allmählich wechselnd bis zum Strömen der Flüssigkeit, so wird nachher diese Ordnung umgekehrt. Nach der festen Überzeugung der Gelehrten dieser Wissenschaft erfahren jene Frauen, die von Natur aus hübsch gestaltet sind, die Wonne bei der Einung in kurzer Frist.

Wohlerzogene und gebildete Menschen werden diese Einzelheiten bezüglich der Einung von Mann und Frau als ausreichend für ihre Bildung und Erziehung erachten. Weitere Darlegungen über diesen Gegenstand werden im folgenden gemacht.

Über die verschiedenen Arten der Liebe

Männer, die in dieser Wissenschaft beschlagen sind, haben vier Arten der Liebe unterschieden:

+ Die Liebe, die aus beharrlicher Gewöhnung entstanden ist;
+ die Liebe, die kraft der Einbildung geboren wurde;
+ die Liebe, die aus dem Selbstvertrauen und dem Vertrauen auf andere erwachsen ist;
+ die Liebe, die aus der Wahrnehmung sichtbarer Dinge entstanden ist.

✱ Die erste Art der Liebe ergibt sich aus der beständigen Beschäftigung der Sinne mit Handlungen, wie etwa dem Jagen, dem Reiten und dergleichen.

✱ Die zweite Art der Liebe entsteht nicht aus irgendeiner unmittelbaren Handlung, die von den Sinnen gelenkt wird, sondern kraft der inneren Vorstellung des möglichen Tuns.

✱ Die dritte Art der Liebe wird von dem Mann und der Frau gemeinsam erkannt und zwar so eindeutig, daß andere sie auch bemerken.

✱ Die vierte Art der Liebe ergibt sich aus der Wahrnehmung sichtbarer Dinge und der Freude an ihnen; diese Liebeswonne ist in der ganzen Welt wohlbekannt. Diese Art der Liebe ist tatsächlich allgemein und umfaßt die anderen drei Möglichkeiten, die zuvor erwähnt wurden.

Der Mensch muß die Fähigkeit besitzen, zwischen diesen Möglichkeiten der Liebe gemäß den Schriften zu unterscheiden; sodann muß er sich entschließen, welchen Weg er einschlagen will, nachdem er die Veranlagung des Partners zur geeigneten Zeit bestimmt hat.

So endet das erste Kapitel des zweiten Teils.

Zweites Kapitel

Die Umarmung

Nach der Auffassung der alten Autoritäten bildet die Einung der Geschlechter einen inneren Bestandteil der vierundsechzig Künste, die zusammengenommen auch als Chatuhshashthi bezeichnet werden. Jede von diesen Künsten ist in der einen oder anderen Weise mit dem Gegenstand der Einung der Geschlechter verknüpft; daher ist der Begriff »Vierundsechzig« dafür beliebt. Allerdings sind einige der Meinung, daß eine Stelle, die vierundsechzig Riks behandelt und im Rig Veda enthalten ist, von einem Rishi mit dem Namen Panchala verfaßt wurde; da nun das Kapitel über die Einung der Geschlechter ebenfalls von einem Mann namens Babhravya Panchala geschrieben wurde, ist es üblich geworden, den Begriff Chatuhshashthi für diesen Teil des Werkes zu gebrauchen.

Die Anhänger der Philosophenschule des Babhravya zählen acht Stufen hinsichtlich des Ablaufs der Einung auf:

+ Die Umarmung,
+ das Küssen,
+ die Nagelmale,

- ✦ die Zahnmale,
- ✦ die eigentliche Einung,
- ✦ das Schreien,
- ✦ die Frau in der Rolle des Mannes, und
- ✦ die Mund-Einung.

Jede von diesen Stufen soll acht Unter-Ordnungen in sich schließen, was insgesamt vierundsechzig ergibt.
Nach der Ansicht des Vatsyayana ist jedoch diese Summe nur eine ungefähre. Handlungen wie etwa Prahanana oder Viruta sind dabei auch hinzugefügt; der Begriff »Vierundsechzig« ist keineswegs wörtlich zu verstehen, sondern wird geradeso gebraucht, wie wir »der Baum der sieben Blätter« und »das Opfer der fünf Farben« sagen, obwohl die gemeinten Dinge in der Wirklichkeit dem nicht entsprechen.
Ein Mann und eine Frau, die sich zuvor niemals kennengelernt haben, können ihre beiderseitige Liebe anhand von vier Arten der Umarmung zeigen, wobei die Benennung jeder Umarmung die miteinbegriffene Handlung bezeichnet.

- ✯ *Sprishtaka:* Bei dieser Umarmung befindet sich der Mann während des Liebesspiels gegenüber der Frau; er gibt vor, zu irgendeinem anderen Behuf an ihr vorbeigehen zu wollen, bewegt sich aber auf eine Weise, die dazu führt, daß die Körper der beiden einander berühren.

- ✯ *Viddhaka:* Bei dieser Umarmung trifft die Frau auf den Mann, da er ganz allein sitzt oder steht; sie stößt mit ihrem Busen gegen ihn. Der Mann seinerseits drückt sie fest gegen sich.

Diese beiden Arten der Umarmung sind vor allem bei jenen Nayakas und Nayikas üblich, zwischen denen nicht viele Reden getauscht werden.

* *Udghrishtaka:* Wenn in der Dunkelheit oder in einer Menschenmenge oder an einem abgelegenen Ort oder während des Nebeneinanderschreitens die Körper des Mannes und der Frau häufig aneinanderstreifen, so ergibt sich diese Art der Umarmung.

* *Piditaka:* Diese Art führt die oben erwähnte Umarmung, die Udghrishtaka genannt wird, weiter, indem dabei die Frau während des Stehens fest gegen eine Mauer oder eine Säule gedrückt wird.

Die letzteren zwei Umarmungen werden von dem Mann und der Frau bevorzugt, die über des anderen geschlechtliche Neigungen unterrichtet sind.

Es gibt vier Abwandlungen der Umarmung, die bei der Gelegenheit der vollzogenen Einung bewirkt werden können:

Lataveshtitaka und Vrikshadhirudhaka; beide werden von der Frau allein ausgeübt;

Tilatandulaka und Kshiranira; diese werden von beiden ausgeübt.

* *Lataveshtitaka:* Die Frau umschlingt den Mann wie eine Liane den Shala-Baum und zieht sein Gesicht zu

dem ihren herab; indem sie es wieder emporhebt, stößt sie ein sanftes Seufzen aus.

Sie kann sich auch an ihn schmiegen und sich so verhalten, als ob sie etwas Wundervolles in seinem Gesicht betrachte.

★ *Vrikshadhirudhaka:* Bei dieser Art von Umarmung stellt die Frau den einen ihrer Füße auf einen Fuß des Mannes, drückt das Bein gegen seinen Schenkel und umschlingt ihn mit dem anderem Bein, wobei sie ihre eine Hand fest auf seinen Rücken legt und mit ihrer anderen Hand seine Schulter ein wenig herabdrückt; währenddessen stößt sie Schreie und gurrende Laute aus und sucht an ihm emporzuklettern, um ihn zu küssen.

Diese beiden Arten der Umarmung setzen voraus, daß die Partner dabei stehen.

★ *Tilatandulaka:* Bei dieser Art der Umarmung liegen der Mann und die Frau seitwärts auf dem Lager, drücken die Schenkel und Arme mit aller Kraft gegen diejenigen des anderen und umarmen sich so wechselseitig.

★ *Kshiranira:* Beinahe blind vor Leidenschaft und ohne Rücksicht auf eine mögliche Verletzung ihrer Glieder dringen der Mann und die Frau bei dieser Art der Umarmung sozusagen ineinander hinein. Die Frau kann dabei entweder auf seinem Schoß sitzen oder ihn anschauen oder auf dem Lager liegen.

Die beiden Arten der Umarmung werden ausgeübt,

wenn beide Partner sich heftig zu der Einung hin-
gedrängt fühlen. Das geschieht dann, ehe noch die
von der Frau empfundene Wonne in der eigentlichen
Einung gipfelt.

Diese Arten der Umarmung sind von Babhravya aufgeführt worden.
Suvarnanabha jedoch unterscheidet seinerseits vier Abwandlungen der Umarmung angelegentlich der Einung.
Man kann sie insgesamt als Ekangopaguhana bezeichnen,
da jeweils ein Glied der Partner gegenseitig gedrückt wird.

* *Urupaguhana:* Dabei wird ein Schenkel oder auch
  beide gegen den oder die Schenkel des anderen gedrückt.

* *Jaghanopaguhana:* Bei dieser Umarmung bedeckt die
  Frau den Mann mit der Fülle ihres aufgelösten Haares und drückt ihre Jaghana gegen die des Mannes,
  wobei sie den einen Schenkel aufhebt; dergestalt
  deutet sie ihm das Verlangen auf Einung an.

* *Stanalingana:* Diese Umarmung ergibt sich daraus,
  daß die Frau ihre Brüste gegen die Brust des Mannes
  drückt, um sie darauf ruhen zu lassen.

* *Lalatika:* Diese Umarmung kommt so zustande, daß
  die beiden Partner Mund, Augen und Stirn innig
  gegeneinanderdrücken.

कुसलंश्रीकानमीनः सुखाः देछ करेज्वर
रख्यापरसपरआनः नरनारीरातमांबीये
नीजरूष्मानःगापण॥

॥श्री नयग्राम न नाम इंद कुंवाल: सहज वते नर
नीकरे: लबती त्रिया स्याम के कंठ गहे: नरनारी
उनादी उ त्रिसरली: जब मोर तुंगा वत नाच जली: ३॥

Nach einer anderen Ansicht ist sogar Samvahana eine Art der Umarmung, da eine gegenseitige körperliche Berührung dabei stattfindet.

Vatsyayana aber weicht von dieser Meinung ab, denn er behauptet, daß das Frottieren bei einer anderen Gelegenheit und zu einem anderen Zweck geschieht. Zudem bedeutet das Frottieren für die beiden Partner nicht immer ein Vergnügen.

In diesem Zusammenhang ist erklärt worden: Schon bei denen, die bloß fragen und zuhören, und bei denen, die von den Einzelheiten der Umarmung berichten, erwächst ein drängendes Verlangen nach solcher Wonne. Wenn sich auch noch andere Umarmungen ergeben, die in dieser Schrift über den Kama nicht beschrieben wurden, dann sollen sie gewiß zu noch größerer Wonne bewirkt werden, wobei ihre Anwendbarkeit zu berücksichtigen ist. Die Schriften über die Wissenschaft des Kama sind von Nutzen nur solange, ehe die Leidenschaft nicht überschäumt; ist aber einmal das Rad der Leidenschaft in vollem Schwung begriffen, dann gibt es keine lehrmäßige Abhandlung und kein System mehr.

So endet das zweite Kapitel des zweiten Teils.

Drittes Kapitel

Die Küsse

Wenn die Leidenschaft eines Menschen einmal erwacht ist, dann läßt sich keinerlei System in der Abfolge der verschiedenen Zärtlichkeiten – den Küssen, den Zahnmalen, den Nagelmalen und dergleichen – einhalten.

Grundsätzlich wird als Regel anerkannt, daß man sich dem Küssen vor der Einung hingibt, während das Schreien und das Schlagen und die übrigen schmerzbereitenden Handlungen die eigentliche Einung begleiten.

Vatsyayana ist allerdings der Meinung, daß man sich allen diesen Handlungen in jeglichem Augenblick hingeben kann, da sich die Leidenschaft nicht festlegen läßt.

Diese fünf Möglichkeiten der erwachenden Leidenschaft sollen nicht alle auf einmal bei Gelegenheit der ersten Einung benutzt werden. Die eine oder andere dieser Möglichkeiten mag benutzt werden, während die Zutraulichkeit der Frau im Wachsen begriffen ist und ihre Leidenschaftlichkeit allmählich zunimmt.

Alsdann können die fünf Möglichkeiten geschwind benutzt werden, um die Flammen der Leidenschaft anzufachen und zu nähren.

Die geeigneten Stellen für die Küsse sind: die Stirn, das Haar, die Augen, die Brust des Mannes, die Brüste der Frau, die Oberlippe und das Innere des Mundes.

Bei den Bewohnern der Gegend von Lata sind fernerhin noch Küsse auf die Gelenke der Schenkel, die Achselhöhlen und das Nabhimula üblich; Vatsyayana ist aber der Ansicht, daß diese Möglichkeiten durchaus nicht von allen genutzt zu werden brauchen, da sie ausschließlich in einer einzigen Gegend Brauch sind und nur der dort üblichen Art der Leidenschaftlichkeit entsprechen.

Für ein junges Mädchen gibt es drei Arten von Küssen:

✦ *Nimitaka:* Der Kuß, der nur dem Namen nach ein Kuß ist;

✦ *Sfuritaka:* erbebende Kuß;

✦ *Ghattitaka:* der berührende Kuß.

✯ *Der Kuß, der nur dem Namen nach ein Kuß ist:* Diesen Begriff gebraucht man, wenn das Mädchen mit Gewalt zu dem Mann hingeschoben wird und wenn sein Mund sich auf ihren drückt, sie selbst aber nicht darauf reagiert.

✯ *Der bebende Kuß:* Diesen Begriff gebraucht man, wenn das Mädchen die Scheu ein wenig fahren läßt und den Kuß des Mannes, der seine Unterlippe auf ihre gedrückt hält, bebend erwidert, ohne jedoch ihre Oberlippe zu bewegen.

✺ *Der berührende Kuß:* Dieser wird dadurch bewirkt, daß das Mädchen, welches die Lippe des Mannes zwischen ihren Lippen festhält, ihre Augen schließt und seine Augen mit ihren Händen bedeckt, worauf sie dann die Spitze ihrer Zunge gegen seine Lippe drückt.

Andere Lehrmeister beschreiben vier andere Möglichkeiten des Küssens:

✦ den geraden Kuß,
✦ den schrägen Kuß,
✦ den gedrehten Kuß,
✦ den pressenden Kuß.

✺ *Der gerade Kuß* ergibt sich, wenn sich die Lippen ganz einfach berühren, wobei eines dem anderen ins Auge blickt.

✺ *Beim schrägen Kuß* ist es erforderlich, daß einer der Partner die Lippen im Küssen schräg auf die Lippen des anderen drückt.

✺ *Der gedrehte Kuß* wird bewirkt, indem der eine der zwei Liebenden das Gesicht des anderen mit der Hand am Kinn emporhebt und dann küßt.

✺ *Um den pressenden Kuß* handelt es sich dann, wenn eine der drei soeben genannten Möglichkeiten des Küssens mit pressender Heftigkeit ausgeübt wird. Er kann seinerseits wieder unterteilt werden in: den

gewöhnlichen Kuß, bei dem nur die Lippen aneinan-
dergedrückt werden, sowie den Zungenkuß, bei dem
die Spitzen der Zungen miteinander kosen.

Es gibt schließlich noch eine fünfte Möglichkeit des
Küssens, die im Grunde genommen eine weitere Ab-
wandlung des gepreßten Kusses darstellt. Sie wird dadurch bewirkt, daß man die Unterlippe des Partners
zwischen dem Daumen und dem Zeigefinger festhält, zu
einem O zurechtdrückt und dann allein mit den Lippen
– ohne Zuhilfenahme der Zähne – küßt.

Während man sich diesen Küssen widmet, soll ein spielerischer Wettstreit begonnen werden.
Der Partner, der zuerst die Unterlippe des anderen er-
faßt, wird als Sieger erklärt. Ein derartiger Wettstreit
kann entweder in einer freieren oder in einer zurückhal-
tenderen Weise veranstaltet werden.
Wenn die Frau verliert, winkt sie seufzend mit der Hand
ab, gibt dem Mann Püffe, beißt ihn, wendet sich von ihm
ab, zieht das Ergebnis des Wettstreits in Zweifel und
verlangt dringend nach einem neuen. Verliert sie auch
ein zweitesmal, wiederholt sie diese Handlungen mit
verstärkter Heftigkeit.
Indem die Frau den aus diesem spielerischen Wettstreit
sich entwickelnden Zwist fortsetzt, klemmt sie plötzlich
die Unterlippe des nicht argwöhnenden und nicht auf-
merkenden Mannes zwischen ihre Zähne, lacht, verkündet ihren Sieg, droht ihm mit dem Abbeißen seiner
Lippe, reckt ihre Glieder und fordert ihren Geliebten zu
einem weiteren Wettstreit auf; dabei läßt sie ihre Au-

genbrauen auf und ab tanzen und ihre Augäpfel spaßeshalber rollen; zudem lacht sie spöttisch.

In ähnlicher Weise können Wettstreit und spielerischer Zwist zwischen den Liebenden veranstaltet werden, indem sie einander gegenseitig mit Nagel- und Zahnmalen zeichnen sowie anderweitige schmerzbewirkende Handlungen vornehmen.

Allerdings empfinden nur jene Leute diese Arten von Wettstreit als angenehm, die über heftige Leidenschaft verfügen.

Uttarachumbita, auch der Kuß auf die Oberlippe genannt, wird dann angewendet, wenn der Mann von der Frau gerade geküßt wird; er hält dabei ihre Oberlippe fest und küßt sie.

Samputaka, der ergreifende Kuß genannt, ergibt sich dann, wenn der Mann mit beiden Lippen die Lippen der Frau ergreift und sie küßt. Einer Frau ist diese Art von Kuß bei einem Mann mit Schnurrbart nicht zu empfehlen.

Wenn nun eines der Liebenden, das den ergreifenden Kuß empfangen hat, mit der Zunge die Zähne des anderen berührt, sie dann ausstreckt, um den Gaumen zu erreichen, und sie wiederum streckt, um die Zunge des anderen zu berühren, so wird daraus der sogenannte »Kampf der Zungen«.

Dieselbe Beschreibung ist auf Küsse anzuwenden, die ein hitziges Eingreifen beziehungsweise Anbieten des Mundes und der Zähne voraussetzen.

Es gibt vier weitere Möglichkeiten des Küssens, die an anderen Stellen des Körpers außer den Lippen in Anwendung zu bringen sind.

✦ *Sama:* Er wird auf die Gelenke der Schenkel, die Seiten und die Brust gedrückt.

✦ *Pidita:* Er wird auf die Brüste, die Wangen und das Nabhimula gedrückt.

✦ *Anchita:* Er wird auf den Busen und die Seiten gedrückt.

✦ *Mridu:* Er wird auf die Stirn und die Augen gedrückt.

Blickt nun eine Frau, die kraft ihres eigenen Verlangens handelt, auf den schlafenden Mann und küßt ihn dann, so steigert das die Heftigkeit ihrer Leidenschaft.

Küßt eine Frau einen Mann, der anderweitig vertieft ist oder sich hitziger Rede hingibt oder seine Aufmerksamkeit auf irgendeinen anderen Gegenstand richtet oder schläfrig geworden ist, so daß sie ihn mit ihrem Kuß aufwecken will, dann bezeichnet man dies als den Chalitaka-Kuß.

Wenn ein Mann, der spät in der Nacht heimkehrt, die schlafende Frau küßt, um eine erwachende Leidenschaft kundzutun, so nennt man dies den Pratibodhaka-Kuß.

Sie ist ihrerseits darauf begierig, den Grad seiner Leidenschaft zu ergründen; also erwacht sie aus einem vorgetäuschten Schlummer, denn in Wirklichkeit hat sie auf den Augenblick seiner Ankunft geharrt.

Versucht nun ein Mann in der Absicht, seine erwachende Leidenschaft deutlich zu machen, das in einem Spiegel erscheinende Abbild der Frau zu küssen oder auch das im Wasser oder im Schatten an der Wand, so nennt man das Chhaya-Chumbana.

Küßt ein Mann in der Gegenwart der Frau entweder ein Kind oder ein Gemälde oder eine Bildsäule, so heißt das Sankranta. Die gleiche Bezeichnung gilt auch für jene Art der Umarmung.

Das Küssen der Finger geschieht üblicherweise nur bei Nacht oder an einem öffentlichen Platz oder bei einer Zusammenkunft von Verwandten. Die Frau kann die Füße des Mannes küssen, der nahe bei ihr schläft.

Wenn eine Frau, die den rückwärts gestreckten Körper ihres Geliebten frottiert oder massiert, ihren Kopf auf seine Schenkel legt und so ihre Empfindungen für ihn kundtut, so nennt man das den kundgebenden Kuß. Ein derartiger Kuß auf die Schenkel und die Zehen bewirkt das Erwachen großer Leidenschaft.

Jeder Liebende muß die Handlung des Geliebten mit der gleichen Innigkeit erwidern, den Kuß mit einem Kuß, die Umarmung mit einer Umarmung.

So endet das dritte Kapitel des zweiten Teils.

Viertes Kapitel

Die Nagelmale

Wenn die Liebe hitzig wird, kommt das Zer-kratzen des Geliebten mit den Nägeln zur Anwendung.

Es wird nur bei gewissen Gelegenheiten ausgeübt:

+ Beim Anlaß der ersten Einung;
+ bei der Heimkehr von der Reise;
+ beim Einschiffen zu einer Reise;
+ wenn die Frau nach einem Streit versöhnt werden soll;
+ wenn sie nach einer Geselligkeit betrunken ist.

Dieses verliebte Spiel paßt allerdings nicht zu Men-schen mit schwacher oder mäßiger Leidenschaft; eben-so sind in diesem Spiel die Zahnmale nicht mit einbe-griffen.

Die Nagelmale lassen sich in acht Arten einteilen:

+ Mild eingeprägt;
+ halbmondförmig;
+ kreisförmig;
+ linienförmig;

+ der Tigerpranke gleich;
+ dem Pfauenfuß gleich;
+ dem hüpfenden Hasen gleich;
+ dem Lotosblatt gleich.

Als Stellen für die Nagelmale kommen in Frage:
Die Achselhöhlen, die Brüste, der Nacken, der Rücken, die Hüften, das Gesäß und die Schenkel.
Jedoch behauptet Suvarnanabha, daß zur Zeit des Vollzugs der Einung Nagelmale überall am Körper eingeprägt werden können.
Liebende, deren Leidenschaft heftig ist und die sich diesem Spiel hingeben wollen, sollen die Fingernägel der linken Hand kurz zuvor zu zwei oder drei Spitzen zurechtschneiden. Menschen mit mäßiger Leidenschaft dagegen stutzen ihre Nägel zu leicht gekrümmten Spitzen zurecht, die dem Schnabel eines Papagei ähneln; Leute mit schwacher Leidenschaft sollen ihre Fingernägel zu einem Halbmond schneiden.
Die Nägel sollen die folgenden Eigentümlichkeiten aufweisen:

+ Eine zarte Linie durch die Mitte;
+ eine gerade Oberfläche;
+ Helligkeit;
+ Sauberkeit;
+ keine Risse;
+ gesundes Wachstum;
+ Weichheit;
+ Glätte.

Die Gaudas besitzen lange und schöne Nägel, wodurch die Schönheit ihrer Hände gesteigert wird; den Frauen gefällt das sehr gut.

Die Bewohner des Südens besitzen zwar kurze Nägel, doch gebrauchen sie sie zum Anbringen von Zeichen, ohne sie dabei abzubrechen.

Die Maharashtrians besitzen mittellange Nägel; sie vereinen die Vorzüge der langen und der kurzen Nägel.

Die acht Möglichkeiten der Nagelmale, die oben erwähnt wurden, lassen sich auf folgende Weise verwirklichen.

★ *Mild eingeprägt:* Das geschieht so, daß alle Finger eng beieinander gehalten werden und gerade genügend Druck ausüben, um ein härchensträubendes Gefühl zu erwecken; Kratzer werden dabei nicht hinterlassen. Der Daumennagel wird allmählich gegen die anderen Nägel gerieben, so daß ein gerade noch vernehmbarer Ton entsteht. Man soll diese Nagelmale nur mit Fingernägeln der mittleren Art versuchen, außerdem nur am Kinn, an den Brüsten und der Unterlippe.

Man pflegt sie am Körper der Frau zu erzeugen, wenn der Mann seinen Wunsch nach Einung mit ihr ausdrücken will; ebenso während er ihre Glieder frottiert, während er ihr den Kopf kratzt, wenn er Mitesser auf der Haut ausdrückt, wenn er die unbeteiligte Frau aufreizen will oder wenn er sie zu erschrecken wünscht.

✦ *Halbmondförmig:* Dieses Mal wird gewöhnlich am Hals und an den Brüsten angebracht.

✦ *Kreisförmig:* Wenn zwei solcher Male so angebracht werden, daß sie einander zugekehrt sind, nennt man das Mandala; es wird gewöhnlich beim Nabel angebracht, an den Seiten der Hüften und an den Gelenken der Schenkel.

✦ *Linienförmig:* Dieses Mal kann auf jedem Körperteil angebracht werden, vorausgesetzt, es ist klein.

✦ *Der Tigerpranke gleich:* Diesen Namen trägt die gleiche Linie, wenn sie gekrümmt ist; sie schmückt üblicherweise die Brust und den Hals.

✦ *Dem Pfauenfuß gleich:* Das ist wieder die nämliche Linie, jetzt aber mit allen fünf Nägeln in der Gestalt des Fußes eines Pfauen erzeugt; sie wird, wie es Brauch ist, rund um die Brustwarzen gezogen.

✦ *Dem hüpfenden Hasen gleich:* Wenn die Male »dem Pfauenfuß gleich« nahe zusammen bei den Spitzen der Brüste bewirkt werden, ähnelt das dem Bild eines hüpfenden Hasen; es wird von einer leidenschaftlichen Frau gewöhnlich sehr bewundert.

✦ *Dem Lotosblatt gleich:* Dieses Mal, das dem Lotosblatt nachgestaltet ist, wird auf die Brüste und die Taille gezeichnet.

Prägt der Mann, der sich zu einer Reise einschiffen will, auf einmal drei oder vier linienförmige Male auf die Schenkel und die Brüste der Frau, so nennt man das »Erinnerungsmal«.

Noch viele andere Gestaltungen und Figuren können erdacht und ausgeführt werden.

Wie die Gelehrten dieser Wissenschaft bereits gesagt haben, gibt es viel zu viele Gestaltungen und Figuren über die erwähnten acht Möglichkeiten hinaus, als daß man sie im einzelnen aufzählen könnte. Sie erfordern alle Beschlagensein in der Ausführung und unablässige Übung. Desgleichen sind sie schwierig zu zergliedern, da manche Male in der Eingebung des Augenblicks und unter dem Einfluß heftiger Leidenschaft ersonnen worden sind.

Ebenso wie die Mannigfaltigkeit in der Liebe notwendig ist, entspricht es nach der Meinung Vatsyayanas gleichermaßen der Wahrheit, daß Liebe sich durch Mannigfaltigkeit auf beiden Seiten erwecken läßt. Daher erfreuen sich jene Kurtisanen, die gewitzt und in der Mannigfaltigkeit des Liebesspiels bewandert sind, grundsätzlich eines viel größeren Zuspruchs. Wenn schon in der Wissenschaft von der Kriegführung und des Waffengebrauchs die Vielfalt als notwendig erachtet wird, um wieviel wichtiger ist sie doch erst in dieser Wissenschaft von der Liebe!

Nagelmale dürfen niemals der Frau eines anderen Mannes auf den Körper geprägt werden, sondern es können nur gewisse andere Male an ihren heimlichsten Stellen, etwa den Schenkelgelenken und dergleichen, angebracht werden und zwar der Erinnerung wegen. Solche

Zeichen werden für die Frau zu einem steten Gedanken an ihre Verabredungen mit ihrem Geliebten.

Blickt eine Frau auf die Nagelmale an ihrem Körper, die den Blicken der anderen verborgen sind, so fühlt sie ihre Liebe wiederbelebt und erneuert – selbst nach einer langen Zeitspanne.

Ohne sie könnte sie nimmermehr ihre Erinnerungen an ihre eigene Schönheit, ihre Jugend, ihre Reize und andere Vorzüge auffrischen.

Ein Fremder sogar, der von fern auf den Brüsten eines jungen Mädchens Nagelmale entdeckt, beginnt Achtung und Liebe für sie zu empfinden.

Auf dieselbe Weise fühlt sich eine Frau zu einen Mann hingezogen, der Nagelmale an seinem Körper trägt, selbst wenn sie eine kühle und beherrschte Natur besitzt. Es gibt also tatsächlich nichts Wirkungsvolleres, um Leidenschaft in einem Mann oder einer Frau zu erwecken, als die Wirkung der Male, die von den Fingernägeln geprägt worden sind.

So endet das vierte Kapitel des zweiten Teils.

Fünftes Kapitel

*Die Zahnmale sowie über die Neigungen
und Abneigungen der Frauen aus den
verschiedenen Gegenden
und ihre Weisen der Liebe*

Die Stellen, die sich zum Beißen oder für die Zahnmale eignen, sind die nämlichen, die zum Küssen geeignet sind; ausgenommen sind Oberlippe, Zunge und Augen.

Gute Zähne sollen folgende Eigenschaften haben: Gerade, blank, von angenehmer Farbe, regelmäßig, ohne Lücken aneinandergereiht und spitz.

Die Zähne werden als ziemlich mangelhaft erachtet, wenn sie stumpf, vorstehend infolge des Kauens, rauh, ungerade, ekelerregend, breit und lückenhaft sind.

Die Zahnmale gibt es in acht Abwandlungen:

✻ *Gudhaka* oder das verborgene Zahnmal hinterläßt kein rotes Mal; es wird nur in der leidenschaftlichen Aufwallung eingeprägt.

✻ *Uchchhunaka* oder der geschwollene Biß entsteht dadurch, daß während des verborgenen Bisses fester gedrückt wird.

✻ *Bindu* oder der Punkt-Biß wird so bewirkt, daß man mit zwei Zähnen Zahnmale auf einer kleinen Fläche der Haut hinterläßt.

☀ *Pravalamani* oder die Korallenlinie entsteht dann, wenn der geschwollene Kuß mit Hilfe der oberen Schneidezähne und der Unterlippe auf den Wangen angebracht wird.

☀ Wenn Pravalamani oder die Korallenlinie mehrmals nebeneinander eingeprägt werden, spricht man von *Manimala* oder der Juwelenkette.

☀ *Bindumala* oder die Fluchtlinie wird so erzielt, daß alle Zähne eine Reihe aufdrücken. Die Juwelenkette und die Korallenlinie sollen nur am Hals, an den Seiten und den Gelenken der Schenkel eingeprägt werden. Die Korallenlinie kann allerdings auch auf der Stirn und an den Schenkeln angebracht werden.

☀ *Khandabhraka* oder die zerrissene Wolke wird das Zahnmal genannt, das durch breite, mittelgroße oder kleine Zähne in der Form eines Kreises auf der Brust erzeugt wird.

☀ Wenn die Zahnmale eng beieinander stehen, eine fortgesetzte Reihe bilden, mit zart geröteten Zwischenräumen, dann spricht man von *Varahacharvitaka*, da dies dem Biß eines Ebers gleicht. Es wird nur auf den Brüsten bewirkt.

Die beiden letzteren Möglichkeiten, Zahnmale einzuprägen, sollten nur von jenen benützt werden, deren Leidenschaft heftig ist.
Soviel ist also über die Zahnmale zu sagen.

Werden diese von den Nägeln oder Zähnen erzeugten Figuren auf den Bhurja-Blättern angebracht oder auf den blauen Lotosblüten, die als Ohrschmuck benützt werden, oder den als Diadem gebrauchten Blumen oder dem Betelblatt oder dem wohlriechenden Tamalablatt, und dann an die geliebte Person gesandt werden, so deuten sie die Leidenschaft an und gelten als verschlüsselte Botschaft.

Im folgenden werden die Frauen aus den verschiedenen Gegenden beschrieben, ihre Neigungen und Abneigungen sowie ihre Weisen der Liebe.
Wenn ein Mann sich mit den Beziehungen zu einer Frau befaßt, muß er mit Sorgfalt die in jener Gegend herrschenden Bräuche und Sitten berücksichtigen.
Die Bewohner von Madhyadesha sind reiner Abstammung, lauter in ihren Liebesgewohnheiten und voll Abscheu gegen die zweite, dritte und vierte Art der Nagel- und Zahnmale. Sie ziehen Umarmungen vor.
Die Frauen aus Bahlika und Avanti haben ähnlichen Geschmack; sie verabscheuen das Küssen, bevorzugen dafür aber Chitrarata. Die Frauen aus Malwa und dem Abhira-Land werden durch die Anwendung der vier ersten Arten des Liebesspiels angezogen und gewonnen, ebenso durch die Mund-Einung; sie schätzen aber Male und Narben, die an ihrem Körper zurückgelassen werden, gar nicht. Auch lassen sie sich mittels Schlägen und ähnlichen schmerzbereitenden Liebesspielen anregen.
Die Frauen aus dem Land um den Indus und die fünf Flüsse, die überaus leidenschaftlich sind, werden leicht durch die Mund-Einung gewonnen.

Die Frauen aus Aparanta und Lata sind ebenfalls sehr leidenschaftlich; sie erfreuen sich an gedämpften Schreien und am Keuchen.

Desgleichen besitzen die Frauen aus Strirajya und Koshala hitzige Leidenschaftlichkeit. Sie schätzen Schläge und ähnliche schmerzbereitende Handlungen; auch verlangen sie den Gebrauch künstlicher Mittel während der Einung.

Die Frauen aus der Gegend von Andhra sind von Natur aus recht zart, doch hegen sie ein Gelüst nach unlauteren Dingen und kümmern sich nicht um die Vorschriften für ein anständiges und gesundes Leben.

Die Frauen aus Maharashtra sind auf die vierundsechzig Künste ganz versessen und ebenso auf alle Möglichkeiten, Leidenschaft zu entfachen. Sie gebrauchen grobe und überdeutliche Worte und bevorzugen eine rasche, gewalttätige und stürmische Einung.

Die Nagariki-Frauen gleichen in vielen Beziehungen den Frauen aus Maharashtra, das eine ausgenommen, daß sie für die Einung eine vollständige Geheimhaltung schätzen.

Die Frauen aus der Gegend der Dravida frönen gern einem übertriebenen Liebesspiel, doch gelangen sie ziemlich langsam an den Gipfelpunkt.

Die Frauen aus Vanavasa sind von mäßiger Leidenschaft; sie frönen allen Abwandlungen des Liebesspiels, verhüllen ihre körperlichen Mängel, belächeln die der anderen und lehnen die Einung mit einem Mann ab, der in irgendeiner Weise gewöhnlich ist.

Den Frauen der Gegend von Gauda ist eine sanfte Sprechweise eigentümlich und ein zarter Körperwuchs.

Gemäß der Ansicht von Suvarnanabha sollen in Liebesangelegenheiten die natürlichen Neigungen vor den lan-
desüblichen Sitten kommen.
Man soll auch stets daran denken, daß im Laufe der Zeit
gewisse Bräuche und Bekleidungsgewohnheiten von der
einen Gegend in die andere übertragen werden.
Die sechs Arten, um Leidenschaft anzufachen, die in
diesem Kapitel erwähnt wurden, sind in der Reihenfolge
ihrer Bedeutung geordnet: Jeweils das folgende besitzt
größere Wirkung als das vorausgehende und erzielt
überhaupt ein ganz anderes Ergebnis.

Drückt ein Mann trotz des Widerstandes der Frau ihr
Nagel- und Zahnmale ein, die ihre Geduld überfordern,
dann soll sie das heimzahlen, indem sie dem Mann die
gleichen Male mit verdoppelter Heftigkeit beibringt.
Während dieser Vergeltung soll die Frau so tun, als ob
sie über einen Zwist ärgerlich wäre und die folgenden
Male einprägen:

+ Eine Korallenkette als Antwort auf den Punkt-Biß;
  eine zerrissene Wolke als Erwiderung auf die Korallenkette;
+ einen Biß des Ebers als Erwiderung auf die zerrissene
  Wolke;
+ einen geschwollenen Biß als Erwiderung auf den
  verborgenen Biß;
+ einen Punkt-Biß als Antwort auf den geschwollenen
  Biß;
+ eine Punktlinie für den geschwollenen Biß und dergleichen mehr.

Ist die Leidenschaft einer Frau derart gesteigert, daß sie außer sich ist, dann soll sie den Adharapana-Kuß anwenden, indem sie die Haarlocken ihres Geliebten ergreift, sein Gesicht emporhebt, ihn sodann innig umarmt und auf die gleichen Stellen, die er erwählt hatte, Zahnmale drückt.

Die Frau faßt den Mann, hebt sein Gesicht mit der einen Hand empor, läßt ihre andere Hand auf seiner Brust ruhen und prägt die Juwelenkette und andere verschönende Zeichen auf seinen Hals.

Entblößt der Mann die Male, die eine Frau auf seinen Körper gezeichnet hat und wendet sich dann zu ihr hin, so lächelt sie unauffällig vor sich hin, von niemand sonst beobachtet.

Die Frau soll ihrerseits verdrießlich tun und auf die Male zeigen, die er auf ihrem Körper eingeprägt hat; dabei schneidet sie eine Grimasse und scheint ihn schelten zu wollen.

Wenn ein Mann und eine Frau ihr Leben solcherart in Freuden verbringen, mit der rechten Zurückhaltung und Sittsamkeit und in völligem Einklang miteinander, dann wird ihre Liebe sogar in einer Zeitspanne von hundert Jahren nicht verwelken.

So endet das fünfte Kapitel des zweiten Teils.

Sechstes Kapitel

Die Stellungen bei der Einung

Wenn die Leidenschaft zu voller Höhe empor-
geflammt ist, soll die Frau vom Typ der
Gazelle, die sich einem Mann in der Uchharata oder
hohen Einung hingibt, sich auf den Rücken legen, ihre
Beine weit auseinander.

Eine Frau vom Typ der Elefantenkuh, die sich einem
Mann in der Nicharata oder niedrigen Einung hingibt,
soll sich mit möglichst eng geschlossenen Beinen hinle-
gen.

Wenn die beiden Liebenden gleichartig sind und sich
der Samarata oder gleichartigen Einung hingeben, soll
sich die Frau ganz natürlich hingeben.

Die Frauen vom Typ der Stute sollen die nämlichen
Stellungen einnehmen wie jene vom Typ der Gazelle
und der Elefantenkuh. Hat sich die Frau entschieden,
welchem der drei Typen sie angehört und was für eine
Stellung sie entsprechend den Maßen ihres Geliebten
einzunehmen hat, dann soll sie sich für die Einung
vorbereiten.

Künstliche Hilfsmittel für die Einung werden nur dann
benötigt, wenn die Frau sich mit der Nichirata oder
niedrigen Einung begnügen muß.

Es gibt drei Stellungen, die für die Frau vom Typ der Gazelle angemessen sind:

★ *Utfullaka* oder die weit geöffnete Lage, bei der sie auf dem Rücken liegt, den Oberkörper herabgedrückt hält und ihre Hüften so hoch als möglich hebt.
Diese Stellung sollte bald nach der Einung gelockert werden, da das plötzliche Eindringen beiden Schmerzen bereitet und daraus die als Avapatika bekannte Verletzung entstehen kann.

★ *Vijrimbhitaka* oder die klaffende Lage, bei der die Frau auf dem Rücken liegt, ihre recht weit auseinandergehaltenen Schenkel hebt und so das Eindringen ermöglicht.

★ *Indrani* oder die Lage der Gemahlin des Indra, bei der die Frau ihre weit auseinandergehaltenen Beine im Knie beugt und eng an sich heranzieht. Diese Stellung, die einige Übung erfordert, kann auch bei der hohen und der höchsten Einung angewendet werden.

Im Falle der niedrigen Einung soll die Samputaka oder die umklammernde Lage eingenommen werden.

Für die Frau vom Typ der Elefantenkuh ist im Fall der niedrigen und der niedrigsten Einung jedenfalls diese Lage zu empfehlen.
Für sie gibt es insgesamt vier in Frage kommende Stellungen:

- *Samputaka* oder die umklammernde Lage;
- *Piditaka* oder die zusammendrückende Lage;
- *Veshtikaka* oder die verflechtende Lage;
- *Vaduvaku* oder die Stutenlage.
- Werden während der eigentlichen Einung die Beine der beiden Liebenden ausgestreckt, so nennt man das *Samputaka*.

Samputaka läßt sich in zwei Abwandlungen gliedern:

- *Parshva* oder die Seitenlage, wobei die beiden Lieben-den auf der Seite liegen, das Gesicht einander zuge-wandt.
- *Uftana* oder Rückenlage, wenn die Frau auf dem Rücken liegt; wenn jedoch der Mann seine Lage ändert, gehört die Stellung in eine andere Unterglie-derung.

Wenn der Mann auf der Seite liegt, soll er die Frau immer zu seiner Linken haben. Das ist die gebräuchliche Lage, die überall eingenommen wird.

- *Piditaka* oder die zusammendrückende Lage entsteht so, daß die Frau nach der Einung mittels Samputaka ihre Schenkel so eng als möglich gegeneinander preßt.
- *Veshtitaka* oder die verflechtende Lage wird bewirkt, wenn in der Samputaka die Frau ihren linken Schen-kel zum rechten hindreht und den rechten zum lin-ken hin. Die beidseitige Drehung der Schenkel zieht den Unterleib sogar mehr zusammen als es bei der Piditaka geschieht.

✹ *Vadavaka* oder die Stutenlage ergibt sich, wenn die Frau den Lingam des Mannes nach der Einung mit aller Kraft in ihrem Yoni ähnlich einer Stute festhält. Es erfordert viel Übung.
Im allgemeinen gilt, daß diese Stellung bei den Frauen der östlichen Provinzen beliebt ist.

So sind also die Stellungen für die Einung gemäß Babhravya und seinen Anhängern beschaffen. Suvarnanabha beschreibt die folgenden als Ergänzung:

✦ Stemmt die Frau ihre beiden Beine hoch, so nennt man das Bhugnaka oder die aufgestellte Lage.

✦ Wenn der Mann ihre Beine hochhebt, dann heißt das Jrimbhitaka oder die gähnende Lage.

✦ Beugt der Mann die Beine der Frau und drückt sie mit seiner Brust nieder, dann ist das Utpiditaka oder die gedrängte Lage.

✦ Wird nur das eine Bein der Frau so gebeugt und gedrückt, nennt man das Ardhapiditaka oder die halbgedrängte Lage.

✦ Wenn in der oben beschriebenen Stellung das eine Bein ausgestreckt ist, während das andere auf die Schulter des Mannes zu liegen kommt, so heißt das Venudaritaka oder das Bambusspalten.

✦ Wenn das eine Bein über den Kopf der Frau gehalten wird, während das andere ausgestreckt bleibt, so spricht man von Shulachitaka. Diese Stellung kann erst nach gehöriger Übung eingenommen werden.

✦ Beugt die Frau ihre Knie und drückt die Beine kurz vor der Einung unterhalb seines Nabels gegen den Mann, so heißt das Karkata oder die Krabbenlage.

+ Hebt die Frau ihre Schenkel und kreuzt sie übereinander, so nennt man das Piditaka oder die geballte Lage.
+ Werden die Schenkel gekreuzt, so heißt das Padmasana oder die Lotoslage.
+ Wenn der Mann nach der Einung sich dreht, ohne die Frau zu verlassen, während die Frau weiterhin seinen Rücken umarmt hält, so wird das als Paravrittaka oder die gedrehte Lage bezeichnet. Diese Stellung setzt eine lange Erfahrung voraus.

Diese Stellungen für die Einung können laut Suvarnanabha ebensogut im Wasser eingenommen werden wie auf dem Boden, beim Liegen ebenso wie beim Sitzen oder Stehen.
Gemäß Vatsyayana aber ist das weder angebracht noch empfehlenswert, da es von gelehrten und gebildeten Meistern abgelehnt wird.
Im Hinblick auf die Aufzählung der Stellungen für die Einung seien noch einige ergötzliche beschrieben.

+ Wenn sich der Mann und die Frau gegen einander stützen oder auch gegen eine Mauer oder eine Säule und dann die Einung vollziehen, so führt dies den Namen Sthita Rata oder die standfeste Einung.
+ Wenn die Frau den gegen die Wand gelehnten Mann umarmt, indem sie seinen Nacken mit ihren Händen umfaßt, und sich auf seine beiden Hände stützt, seine Schenkel mit den ihren umklammert, ihre Füße gegen die Mauer drückt, und sodann bei der Einung hin und her schaukelt, so heißt das Avalambitaka oder die hängende Einung.

✦ Wenn ein Mann sich auf Hände und Füße niederläßt und die Haltung eines Tieres einnimmt, ehe er gleich einem Stier die Einung mit der Frau von rückwärts vollzieht, so nennt man das Dhenuka oder die Einung von Kuh und Stier.

✦ Bei dieser Stellung sind die verschiedenen Möglichkeiten der wachsenden Leidenschaft – wie das Umarmen, Nagelmale und dergleichen – auf ihren Lippen anstatt auf ihren Brüsten zu verwirklichen.

✦ In ähnlicher Weise kann ein Mann die Stellungen nachahmen, die dem Hund, dem Gazellenbock, dem Ziegenbock, dem Esel, dem Kater, dem Tiger, dem Elefanten, dem Eber, dem Hengst und dergleichen eigen sind. Die Nachahmung kann sich sogar auf Eigentümlichkeiten wie etwa die Laute erstrecken.

✦ Wenn ein Mann die Einung mit zwei Frauen, die ihn beide gleich lieben, gemeinsam vollzieht, so wird das Sanghataka genannt oder die vereinigte Einung.

✦ Wenn ein Mann die Einung mit mehreren Frauen gemeinsam vollzieht, so heißt das Gauyuthika oder die Einung mit einer uhherde.

Dementsprechend gibt es Varikriditaka oder die Einung in einem Wasserbecken, Chagala oder die Einung mit einer Ziegenherde, Aineya oder die Einung mit einer Antilopenherde und dergleichen mehr, je nachdem, welches Tier nachgeahmt wird.

In den Gegenden von Gramanari, Strirajya und Bahlika beglücken mehrere junge Männer zusammen eine Frau, und zwar entweder einer nach dem anderen oder alle auf einmal, je nachdem, welche Einung sie begehrt.

Ein junger Mann hält sie, ein anderer vollzieht die Einung, ein dritter kost die Hüften, ein vierter küßt sie, ein fünfter umfaßt ihre Taille; so vollziehen sie abwechselnd die Einung mit ihr.

Auf die nämliche Weise kann eine Kurtisane von mehreren Vitas beglückt werden und eine Königin von mehreren Edelleuten.

Die Bewohner des Südens frönen auch dem Vollzug von Adhorata.

Die Bewegungen des Mannes bei der Einung mit der Frau werden bei der Erörterung der umgekehrten Stellung der Frau behandelt werden.

Ein Mann soll über die Fähigkeit verfügen, die Neigungen der Frau, mit der er die Einung vollzieht, abschätzen zu können und demgemäß die Stellungen für die Einung auswählen:

Gazelle, Vogel, Elefant und derartige Nachahmungen.

Ein solcher Mann hat nur dann Erfolg damit, sich der Liebe und Dankbarkeit und Bewunderung der Frauen, mit denen er die Einung vollzieht, zu versichern, wenn er ihre Neigungen wahrzunehmen versteht, die örtlichen Bräuche berücksichtigt und die von ihnen am stärksten begehrten Stellungen für die Einung einnimmt, und zwar mit aller Heftigkeit der Leidenschaft, deren er fähig ist.

So endet das sechste Kapitel des zweiten Teils.

Siebentes Kapitel

Die Schläge und die ihnen gemäßen Laute

Die Einung der Geschlechter ist dem Wesen nach ein Kampf, der für gegensätzliche Meinungen ein weites Feld bietet. Trotz ihres zart beschaffenen Ursprungs führt so die Liebe zu schwindelerregenden Höhen heftiger Leidenschaft, die auf ihren Gipfelpunkten blind für die Gewalt und sogar die Qual der angewandten Mittel und Wege wird.

Dementsprechend wird im Zustand erhöhter Leidenschaft das Schlagen als eine der wichtigsten Ausdrucksmöglichkeiten der wachsenden Leidenschaft betrachtet; die geeignetsten Stellen dafür sind die Schultern, der Kopf, der Busen, der Rücken, das Jaghana und die Seiten. Bei den Schlägen lassen sich vier Arten unterscheiden:

✦ *Apahastaka,* nämlich das Schlagen mit dem Handrücken und ausgestreckten Fingern;
✦ *Prasritaka,* welches später beschrieben wird;
✦ *Mushti,* nämlich mit den zur Faust geballten Fingern;
✦ *Samatalaka,* nämlich das Schlagen mit der flachen Hand.

Das Schlagen und andere schmerzbereitende Handlungen bewirken Sitkrita oder das Schreien, das seinerseits wieder verschiedene Arten aufweist.

Was sich andererseits als Folge heftiger Leidenschaft – nicht der Schmerzen – ergibt, heißt Viruta oder das Girren; es gliedert sich in acht Arten:

- *Himkara,* wobei es sich um einen nasalen Laut handelt, der wie »him« klingt;
- *Stanita,* nämlich ein tiefer Laut wie »ham«;
- *Rudita,* das Schluchzen;
- *Sutkrita* oder *Shvasita,* das dem Laut »su-su« gleicht;
- *Kujita,* das Girren;
- *Dutkritam,* nämlich der dem Ton eines sich spaltenden Bambus gleichende Laut;
- *Fu-Fu,* nämlich der Laut, der dem von einer ins Wasser fallenden Beere erzeugten Laut ähnlich ist;

Worte wie etwa Amba werden ausgestoßen, um den Mann von weiterem Bedrängen abzuhalten, um sich frei zu machen oder um ihm zu sagen, daß das bisher Getane mehr als genug sei. Andere Worte werden ausgestoßen, um Schmerzen, Sättigung und dergleichen anzuzeigen.

Eine Frau kann auch die Rufe und Laute der Taube, des Kuckucks, des Papageis, der Biene, des Sperlings, des Schwans, der Ente und der Wachtel nachahmen.

Wenn ein Mann der Frau, die auf seinem Schoß sitzt, mit den Fäusten Schläge gibt, soll sie unverständliche Laute ausstoßen, so, als ob sie unfähig wäre, den Schmerz zu ertragen – und zwar Stanita, Rudita und

Kujita; zugleich vergilt sie ihm durch Schläge mit den Fäusten.

Während der eigentlichen Einung soll der Mann die Frau auf den Busen – den Zwischenraum zwischen den Brüsten – gemäß der Apahastaka-Weise schlagen; dies erfolgt zunächst langsam, nimmt aber allmählich an Heftigkeit zu, bis ihre Leidenschaft sich voll erhoben hat und schließlich gestillt ist.

Bei einer derartigen Gelegenheit soll die Frau die Schreie ohne irgendwelches Einhalten der Reihenfolge, sondern nur gemäß ihrer Verfassung ausstoßen.

Wenn ein Mann auf den Kopf der Frau mit den gekrümmten Fingern schlägt, sie sich aber dagegen wehrt, während er den Fu-Fu-Laut ausstößt, so nennt man das Prasritaka.

Bei einem solchen Anlaß soll die Frau abwechselnd den girrenden Laut aus dem hinteren Mund und den Fu-Fu-Laut ertönen lassen.

Beim Ende der Einung sind die gebräuchlicherweise ausgestoßenen Laute Shvasita und Rudita. Dutkritam ist der Laut, der durch Nachahmung des Tons des sich spaltenden Bambus erzeugt wird.

Der Fu-Fu-Laut ist jenem ähnlich, der durch das Fallen einer Beere ins Wasser entsteht.

Wenn ein Mann sich dem Küssen und anderen Möglichkeiten hingibt, um die Leidenschaft der Frau zu erwecken, dann soll sie auf die nämliche Weise antworten und Sitkrita und andere Schreie ausstoßen.

Wenn der Mann, von seiner Leidenschaft überwältigt, mit dem Schlagen der Frau fortfährt, soll sie Laute ausstoßen, die ihn von seinem Tun abhalten und sie frei machen; die Laute müssen zeigen, daß sie genug gehabt hat: »Amba« und andere ähnliche unverständliche Laute oder Vogelrufe, die Schmerz vermelden.

Wenn die Leidenschaft nach dem Gipfelpunkt zu schwinden beginnt, soll er die Frau unablässig auf ihr Jaghana und an die Seiten schlagen.

Schlägt der Mann die Frau so auf die Samatalaka-Weise, soll sie wie die Wachtel und der Schwan schreien.

Das sei also gesagt über das Schreien, das Girren, die unverständlichen Laute, die Vogelrufe, die schmerzbereitenden Handlungen.

Die der Männlichkeit eigentümlichen Merkmale sind Schroffheit und jähes Zupacken, die für die weibliche Natur kennzeichnenden Hilflosigkeit, Schmerzempfindlichkeit, Schreie, Girren, Verstummen und Schwinden der Kräfte. Manchmal jedoch – in der Hitze der Leidenschaft oder bei einer ungewöhnlichen Stellung – kann das Gegenteil als wahr erscheinen; allerdings währt dieser Anschein nicht lang, denn das Ganze endet wieder im naturgegebenen Verhältnis.

Zusätzlich gibt es noch vier Arten von Schlägen, die zusammen mit den vier früher erwähnten insgesamt acht ergeben:

+ *Kila* oder der Keil, der auf die Brust zielt;
+ *Kartari* oder die Schere, die den Kopf trifft;
+ *Viddha* oder das durchbohrende Werkzeug, für die Wangen gedacht;

✦ *Samdamshika* oder die Zange, die auf der Brust und den Seiten in Anwendung gebracht wird.

Diese Arten der Schläge werden von den Bewohnern des Südens sehr bevorzugt, insbesondere Kila, das auf dem Busen junger Frauen gemäß dem vorherrschenden örtlichen Brauch angebracht wird.

Vatsyayana ist der Ansicht, daß man niemals Handlungen frönen soll, die anderen Schmerz bereiten; dergleichen Dinge werden nur von bösartigen und barbarischen Menschen verübt.

Ebenso gilt, daß niemand Gewohnheiten, die in einer Gegend üblich sind, in eine andere Gegend übertragen soll.

Sogar in jenen Gegenden ist es gänzlich zu vermeiden, diese Gewohnheiten bis zum äußersten zu treiben.

Einmal tötete während der Einung der König des Landes Cholu eine Kurtisane namens Chitrasena, der ihr in der Kila-Weise Schläge versetzte.

In einem anderen Fall tötete Shatakarni, der Shatavahana König des Landes Kuntala die gekrönte Königin – sie hieß Malayavati – durch die Kartari genannten Schläge.

Naradeva, der eine gelähmte Hand hatte, gab einer Tänzerin in der Viddha-Weise Schläge und versehrte ihr dadurch ein Auge. Jedoch bleibt nach all dem, was gesagt und getan worden ist, in den Angelegenheiten der Liebe die Macht der Leidenschaft die ausschlaggebende Richtlinie – keinesfalls wissenschaftliche Abhandlungen.

Die bevorzugten Gewohnheiten und die von den Liebenden benützten Möglichkeiten, um die Leidenschaft des anderen während der Liebeseinung gemäß den Eingebungen des Augenblicks wachsen zu lassen, sind so schwer faßbar und kaum zu halten wie Träume.

Gleich dem Pferd, das in vollem Galopp durch die Schnelligkeit für irgendwelche Pfosten, Gruben oder Höhlen auf seinem Weg blind geworden ist, wird auch das sich einende Paar dank seiner heftigen Leidenschaft völlig benommen; es drängt zu jeglicher Übertreibung und schmerzbereitender Wildheit und vollzieht die Einung ohne einen anderen Gedanken.

Deswegen soll der Mann, der die Wissenschaft der Liebe kennt und der sich mit einer Frau verbindet, stets seine eigene Stärke und Schwäche in Betracht ziehen und ebensosehr die Stärke und Zartheit seiner Geliebten.

Man braucht alle die Stellungen, die hier aufs Geratewohl beschrieben worden sind, nicht einzunehmen; der Ort, die Gegend und der Zeitpunkt sollen immer berücksichtigt werden.

So endet das siebente Kapitel des zweiten Teils.

Achtes Kapitel

Die Frau in der Rolle des Mannes

Bemerkt die Frau während der Einung, daß der Mann zwar ermüdet, aber noch von Leidenschaft erfüllt ist, dann kann sie sich über ihn wälzen und seine Rolle übernehmen, um ihm zu helfen. Sie kann das entweder mit seiner Einwilligung oder auch ohne sie tun, und zwar um seiner Wißbegierde zu genügen oder des Neuheitswerts wegen.

Diese Einung kann auf zweierlei Weise vollzogen werden: Entweder geschieht sie nach der eigentlichen Einung, indem die Frau den Mann auf den Rücken dreht, wobei sie ihn unausgesetzt festhält, oder die Frau übernimmt die dem Mann naturgemäße Lage von Anfang an.

Während die Blüten aus ihrem aufgelöst flatternden Haar fallen, ihr Lachen vom Atemholen unterbrochen wird, ihre Brüste die Brust ihres Geliebten beim Küssen beschweren, ihr Kopf sich oftmals herniederbeugt, soll die Frau alle die Kunstgriffe, die ihr Geliebter bei ihr angewendet hat, an ihm wiedervergelten; sie ruft dabei: »Vorher war ich unten, aber jetzt werde ich dich niederdrücken!« Unter solchen Scherzen versetzt sie ihm Püffe und Stöße. Ist sie dann ermüdet, soll sie zu ihrer Schamhaftigkeit zurückkehren, indem sie deutlich macht, daß sie die Einung zu beenden wünscht; sie hält sich dabei an denselben Weg wie der Mann nach der Einung.

Nun soll beschrieben werden, wie der Mann vorzugehen hat.

Er soll damit beginnen, daß er den Knoten ihres Untergewandes löst; sie liegt indessen auf dem Lager, scheint von seinen verliebten Reden verwirrt zu sein und hindert ihn am Aufbinden des Knotens. Er aber soll ihre Ängste dadurch zerstreuen, daß er ihre Wangen und andere Körperstellen küßt. Ist sein Lingam bereit, soll er zärtlich ihren Leib kosen; vollzieht er die Einung mit seiner Geliebten zum erstenmal, soll er sie zwischen den eng zusammengedrückten Schenkeln berühren. Ist sie noch unberührt, dann soll er ihre Brüste drücken, ihre Arme, ihre Seiten, ihre Schultern, den Hals und die geschlossenen Schenkel kosen, ehe er den Knoten löst. Ist sie jedoch eine erfahrene Frau, dann richtet sich der Vorgang gewöhnlich nach den beiderseitigen Neigungen.

Auch soll er mit stürmischer Bewegung die Locken ihres Haares ergreifen, ehe er sie auf den Mund küßt, und ihr Kinn mit zusammengehaltenen Fingern pressen.

Gewöhnlich schließt das Mädchen, das noch keine Erfahrung in Liebesangelegenheiten hat, bei der ersten Einung die Augen.

In jedem Fall soll der Mann herausfinden, welche Kunstgriffe die Leidenschaft der Frau bei der Einung entflammen und demgemäß vorgehen.

Nach der Ansicht von Suvarnanabha liegt das Geheimnis, das Verlangen einer Frau zufriedenzustellen, darin, daß der Mann wahrnimmt, wohin die Frau ihren Blick nach der Einung wendet; jene Stellen ihres Körpers muß er mit sich steigernder Lebhaftigkeit und Kraft drücken. Die gänzliche Befriedigung der Frau zeigt sich durch die Mattigkeit der Glieder an, durch das Schließen der Augen, das Verschwinden ihrer Schamhaftigkeit und das Drücken ihres Unterleibs gegen den des Mannes.

Sie schüttelt ihre Hände, bricht in Schweiß aus, beißt, hindert ihn daran, sich abzuwenden, stößt mit ihren Beinen, und setzt die Bewegungen sogar noch fort, nachdem der Mann schon aufgehört hat.

Der Mann soll mit dem Ablauf vertraut sein; darum soll er nie versäumen, das Yoni durch Kitzeln mit dem Finger vorzubereiten, ehe die eigentliche Einung vollzogen wird.

Es gibt zehn Möglichkeiten an Stößen bei der Einung:

+ Wird er ruhig und in natürlichem Rhythmus ausgeführt, spricht man von Upasriptaka, was Vorwärtsbewegung bedeutet.
+ Hält der Mann den Lingam und dreht ihn im Yoni nach allen Seiten, so heißt das Manthana, was Buttern bedeutet.
+ Ist das Yoni unten und der Lingam dringt von oben her ein, so nennt man das Hula, was Durchbohren bedeutet.
+ Ist das Verhältnis gerade umgekehrt, wobei eine jähe und heftige Bewegung erforderlich ist, dann spricht man von Avamardana, was Reiben bedeutet.

✦ Drängt der Mann den Lingam mit ziemlicher Heftigkeit in das Yoni und setzt er den Druck so lange als möglich fort, so heißt das Piditaka, was Drücken bedeutet.

✦ Zieht der Mann den Lingam mit Zartheit zurück und preßt dann wieder seinen Unterleib mit ziemlicher Heftigkeit gegen denjenigen der Frau, so nennt man das Nirghata, was einen Streich versetzen bedeutet.

✦ Wenn der Lingam nur eine Seite des Yoni reibt, dann bezeichnet man das als Varahaghata, was Biß eines Ebers bedeutet.

✦ Wenn die beiden Seiten des Yoni mit dem Lingam gerieben werden, heißt das Vrishaghata, was Stoß eines Stiers bedeutet.

✦ Wenn der Mann, ohne den Lingam zurückzuziehen, die Stöße schnell nacheinander fortsetzt, so führt das den Namen Chatakavilasita, was die Jagd des Sperlings bedeutet. Damit wird gewöhnlich das Ende des leidenschaftlichen Zustandes angezeigt.

✦ Wird die Einung vollzogen, ohne daß der Lingam zurückgezogen wird und Mann und Frau mit eng aneinander gedrückten Schenkeln liegen bleiben, so heißt das Samputa.

Der Mann muß entscheiden, welche von diesen zehn Weisen der Frau zusagen dürfte und dementsprechend die Einung mit ihr vollziehen. Nimmt die Frau die Rolle des Mannes an, dann sind dreierlei Stöße möglich:

✸ Wenn die Frau, indem sie die Vadava-Haltung bei der Einung übernimmt, den Lingam im Yoni festhält, ihn weiter hinein zu drängen sucht und ihn lange darin läßt, so nennt man das Samdamsha, was Zange bedeutet.

✭ Wenn die Frau sich auf dem Mann befindet, den Lingam im Yoni festhält und sich im Kreis herumdreht, so führt das die Bezeichnung Bhramaraka, was Kreisel bedeutet. Das kann nur nach beträchtlicher Erfahrung ausgeübt werden. Der Mann muß dabei seine Schenkel heben, um die Frau bei den kreisförmigen Bewegungen und der unausgesetzten Einung zu unterstützen.

✭ Wenn die Frau ihre Hüften und den Unterleib nach allen Seiten schaukeln läßt, so heißt das Prenkholita, was Schaukel bedeutet.

Während sie noch mit ihrem Geliebten vereinigt ist, soll die Frau ausruhen, indem sie ihre Stirn auf diejenige des Mannes legt.

Hat sie auf diese Weise ihre Müdigkeit überwunden, erneuert der Mann die Einung.

Mag die Frau auch zurückhaltend sein und ihre Empfindungen und ihr Verlangen zu verbergen trachten, so kann sie es dennoch nicht mit Erfolg tun, sobald sie in der Heftigkeit die Rolle des Mannes annimmt.

Bei allen Gelegenheiten muß der Mann sorgfältig jede Handlung der von ihm geliebten Frau beobachten, danach ihre Wesensart und Leidenschaft beurteilen und die Einung mit ihr vollziehen, indem er dies berücksichtigt.

Der Mann darf niemals der Frau erlauben, die Rolle des Mannes anzunehmen, wenn sie gerade menstruiert, wenn sie vor kurzem entbunden hat, wenn sie zum Typ der Gazelle gehört, wenn sie schwanger und wenn sie allzu dick ist.

So endet das achte Kapitel des zweiten Teils.

Neuntes Kapitel

Die Einung mit dem Mund

Es gibt zwei Arten von Eunuchen: solche, die der männlichen Erscheinung nacheifern, und solche, die der weiblichen Art zu gleichen suchen.

Der weibliche Eunuch soll sich aller Kniffe des Kurtisanengeschäfts bedienen; ein solcher Mensch ahmt einer Kurtisane Kleidung, Stimme, Gang, Lachen, Zärtlichkeit, Furchtsamkeit, Lieblichkeit, Hilflosigkeit und Schamhaftigkeit nach. Ein weiblicher Eunuch verdankt das Vergnügen geradeso wie den Lebensunterhalt der Mund-Einung mit einem Mann, was anderweitig Auparishtaka genannt wird.

Wenn der männliche Eunuch sich mit einem Mann zu verbinden wünscht, dann verheimlicht er sein Verlangen und sucht ihn zu massieren.

Er massiert die Schenkel des Mannes mit seinen Gliedern, als ob er ihn umarme; mit zunehmender Vertraulichkeit berührt er die Gelenke der Schenkel immer wieder und kommt so zum Lingam.

Stellt er fest, daß der Lingam fest ist, spielt er mit den Händen damit und scherzt mit ihm über seine Wankelmütigkeit.

Sieht der Eunuch sodann, daß der Mann ihn nicht zu

Weiterem auffordert, beginnt er selbst die Einung mit
dem Mund. Fordert der Mann jedoch dazu auf, dann
benimmt er sich schamhaft und tut es erst nach Aus-
flüchten.
Es gibt acht Arten der Einung mit dem Mund und zwar
in einer bestimmten Reihenfolge; der Eunuch hört nach
jeder auf und tut so, als ob kein weiterer Wunsch bestehe.
Der Mann verlangt den zweiten nach dem ersten, den
dritten nach dem zweiten und so weiter.

✸ *Nimita* oder die Einung dem Namen nach ergibt sich,
   wenn der Eunuch den Lingam zwischen die Lippen
   bringt und ihn mit der Hand in den Mund führt.

✸ *Parshvatodashta* oder der Biß in die Seiten wird darum
   so genannt, weil der Eunuch den Lingam mit den
   Händen ergreift und auf einer Seite mit den Lippen
   berührt, ohne zu beißen, während er sagt: »Das ist
   genug – nicht mehr!«

✸ *Bahih-Sandamsha* oder der äußere Druck wird angewendet, wenn der wieder aufgeforderte Eunuch die
   Lippen auf die Spitze des Lingam drückt, als ob er ihn
   hereinziehen wolle, und ihn dann fahren läßt.

✸ *Antah-Sandamsha* oder der innere Druck wird ausgeübt, wenn der Eunuch auf erneuten Wunsch hin den
   Lingam so weit, als es der Mann erlaubt, in den Mund
   nimmt, die Spitze mit den Lippen drückt und ihn
   dann hinausstößt.

✿ *Chumbitaka* oder das Küssen nennt man es, wenn der Eunuch den Lingam mit den Händen ergreift und ihn küßt, als ob er die Unterlippe küssen würde.

✿ *Parimrishtaka* oder das Reiben wird in der nämlichen Weise ausgeübt wie das Küssen, aber es ist umfassender; der Eunuch küßt den Lingam auf allen Seiten mit der Spitze der Zunge und behandelt sein Ende ähnlich.

✿ *Amrachushitaka* oder das Saugen an einer Mangofrucht ergibt sich, wenn der Eunuch in heftiger Leidenschaft den Lingam nimmt, ihn heftig umsaugt, mit Lippen und Zunge ihn rundum drückt und dann freigibt.

✿ *Samgara* oder das Verschlingen wird so bezeichnet, da der Eunuch mit Einverständnis des Mannes den Lingam so weit als möglich in den Mund nimmt und ihn drückt, bis die Flüssigkeit strömt.

Schreien, Gurren, Schlagen und andere schmerzbereitende Handlungen werden während der Einung mit dem Mund in Anwendung gebracht, wie es eben die Gelegenheit nahelegt. Das sei also über die Einung mit dem Mund gesagt.
Nur unzüchtige und sittenlose Frauen, die sich um kein Gebot kümmern, üben die Einung mit dem Mund aus; ebenso tun dies Dienerinnen und Masseusen.
Die Acharyas warnen die Menschen vor der Ausübung der Einung mit dem Mund, denn die heiligen Schriften

verbieten sie und erklären sie allen guten Menschen als verabscheuenswert. Überdies wird der Mann wahrscheinlich selbst unter dem innerlichen Widerstreben leiden, falls er zuläßt, daß er mit dem Mund einer solchen Kulata oder unzüchtigen Frau bei einer derartigen Einung in Berührung kommt.

Vatsyayana meint allerdings, daß das Verbot der heiligen Schriften den völlig verderbten Mann nicht beeinflußt, der ja die Einung mit dem Mund nicht als sündhaft erachtet. Außerdem gibt es Möglichkeiten, die unheilvollen Folgen, die sich aus der Berührung mit dem Mund solcher Frauen ergeben, zu vermeiden.

Die Bewohner der östlichen Länder vermeiden die Einung mit jenen Frauen, die der Einung mit dem Mund frönen.

Die Männer aus Ahichhatra pflegen sich gewöhnlich mit Kurtisanen nicht zu verbinden, doch wenn sie es tun, dann vermeiden sie die Einung mit dem Mund.

Die Männer aus Saketa vollziehen aufs Geratewohl die Einung, ohne dabei die Reinheit oder die Unreinheit der Frauen zu berücksichtigen.

Die Bewohner von Pataliputra geben sich der Einung mit dem Mund niemals hin, jedoch jene von Shurasena frönen allen derartigen Dingen ohne Einschränkungen. Sie folgern: Sind die Frauen in ihrem eigentlichen Wesen unrein, wer kann dann an ihre natürliche Reinheit, ihr gutes Verhalten, ihren ererbten Stand, ihre Versprechungen und Redensarten glauben? Dennoch werden sie auf das hin nicht verworfen. Die Schriften der Religion erachten die Frauen als rein.

Vatsyayana anerkennt jedoch die unterschiedlichen

Ansichten kenntnisreicher Männer in dieser Beziehung und gesteht eine gegensätzliche Deutung der Schriften zu; deswegen sei jedem Mann eingeschärft, den örtlich geltenden Gewohnheiten und der Stimme seiner eigenen Überzeugung und Einsicht zu folgen.

Junge Masseure, die gewöhnlich Ohrschmuck tragen, erlauben es manchen Männern, die Mund-Einung bei ihnen zu vollziehen. Sie wird auch von manchen Weltmännern ausgeübt, die untereinander gut bekannt sind. In einigen Fällen geben sich ein Mann und eine Frau zusammen der Mund-Einung hin; hierbei wird in derselben Weise verfahren wie beim Küssen. Vollzieht es die Frau beim Mann, so wird es Sadharana genannt oder gewöhnlich; vollzieht sie es aber mit ihrer Dienerin, so heißt es Asadharana oder außergewöhnlich.

Die Mund-Einung zwischen einem Mann und einer Frau, die umgekehrt nebeneinander liegen und jeweils des anderen Lingam beziehungsweise Yoni küssen, wird als Kakila bezeichnet.

Aus diesem Grund meiden Kurtisanen anziehend tugendhafte, kluge und großzügige Männer und hängen statt dessen Dienern, Elefantentreibern und anderen Männern aus niederem Stand an.

Der Mund-Einung soll niemals von einem Brahmanen, der sich mit den heiligen Büchern beschäftigt hat, gefrönt werden, auch nicht von einem regierenden Beamten oder von irgendeiner sonstigen Person, die das Vertrauen der anderen Menschen genießt.

Niemals soll irgendeine Sache getan werden, bloß weil es eine Schrift gibt, die sie verteidigt; die Gebote der Lehrbücher sind allgemein gehalten und müssen deshalb für ihre besondere Anwendung im richtigen Zusammenhang ausgewählt werden.

So wird zum Beispiel in medizinischen Traktaten das Hundefleisch empfohlen, um dem Geschmackssinn und der Stärke aufzuhelfen; bedeutet das aber, daß ein kluger Mann es essen soll?

Dergleichen ist im Fall der Einung mit dem Mund alles, was gesagt werden kann, daß in einigen Fällen, bei einigen Gelegenheiten, an einigen Orten es einige Leute für brauchbar oder angenehm halten.

Schließlich muß ein Mann, ehe er sich entschließt, den einen oder den anderen Weg in dieser Sache einzuschlagen, den Zeitpunkt, den Ort, die zu seiner Verfügung stehenden Mittel, die Vorschriften der Religion, seine eigene Neigung, und noch weitere Umstände in Betracht ziehen und dementsprechend handeln.

Da jedoch diese Dinge im geheimen getan werden und weil der Sinn der Männer und Frauen im allgemeinen unbeständig ist, wer vermag da zu sagen, wie oder wann oder warum etwas getan oder nicht getan wird?

So endet das neunte Kapitel des zweiten Teils.

Zehntes Kapitel

*Das Anfangen und das Enden der Einung
sowie über die verschiedenen Möglichkeiten
der Verbindung und über den Liebeszwist*

In seinem wohleingerichteten Haus und in der Abgeschlossenheit seines Schlafgemachs, das von duftendem Räucherwerk erfüllt ist, empfängt der Weltmann, geschmückt mit Blumen und von Dienern umgeben, die dem Bad entstiegene und schön gezierte Frau; er traktiert sie mit Getränken, unterhält sich mit ihr und fordert sie auf, an der Schwelgerei teilzunehmen. Indem er sich zu ihrer Rechten setzt, liebkost er ihre Haare und ihre Hände, berührt den Saum ihres Gewandes und den Knoten ihres Untergewandes, und umarmt sie mit der linken Hand; so bereitet er sie auf die Einung vor. Sie sollen miteinander scherzen und Schmeicheleien austauschen, wie es in früheren Kapiteln angezeigt ist. Er kann dann eindringlich über Dinge sprechen, die für diese Gelegenheit passen würden, die aber anderwärts als wild und grob betrachtet würden. Danach soll er, während Lieder ertönen und die Musik der Instrumente – man tanzt vielleicht auch – und während die Feinheiten der Kunst erörtert werden, weitere Vorschläge unterbreiten und hitzigere Leidenschaft bei der Frau entfachen. Er bietet ihr dann Blumen an, Sandelholzpaste und Betelblätter; nun ist sie gänzlich erregt. Sobald er dies sieht, entläßt er die Diener, geht zu den früher beschriebenen Umarmungen über und löst sanft den Knoten ihres Untergewandes. Dies sei also gesagt über den Anfang der Einung.

Wenn nach der Einung die beiden Liebenden zufriedengestellt sind, begeben sie sich in verschiedene Waschräume, um den Blicken des anderen auszuweichen; ihr Verhalten, das dem Fremder gleicht, führt die Bezeichnung Ratavasanika. Nach der Rückkehr aus den Waschräumen verschwindet ihre Schamhaftigkeit und sie setzen sich wie gewohnt hin, um Betelblätter miteinander zu teilen. Der Mann trägt Sandelholzpaste auf den Körper seiner Geliebten auf; indem er sie mit der linken Hand umarmt, bietet er ihr seinen Trank zur Beruhigung an. Sie können dann beide mit Wasser vorliebnehmen sowie mit gesüßten Fleischspeisen und anderen Eßbarkeiten, je nach ihrem Geschmack. Die Eßbarkeiten sollen Hammelsuppe, Fleischbrühe, Braten, verschiedene Gemüse, Soßen, Mangofrüchte, getrocknetes Fleisch, runde Scheiben kandierter Zitrone oder irgendwelche anderen Speisen, die in den einzelnen Gegenden beliebt sind, miteinschließen; sie müssen süß und schmackhaft sein. Wenn sie auf dem Fußboden des Zimmers Platz genommen haben oder auf der Terrasse, um sich am Mondschein zu erfreuen, so sollen sie einander mit Witzen ergötzen; er kann sie auf seinen Schoß setzen und ihr die verschiedenen Sternbilder und Planeten erklären, etwa den Morgenstern, den Polarstern, die sieben Rishis und den Großen Bären. Auf diese Weise soll die Einung wohltuend abgeschlossen werden.

III

In diesem Zusammenhang gibt es einige Sätze: Wann die Liebenden auf angenehme Weise zu Beginn und am Ende der Einung zärtlich miteinander tändeln und so gegenseitige Vertraulichkeit entstehen lassen, werden sie bemerken, daß sie die Liebe zwischen sich vertiefen. Folgende Handlungen kommen dem Geschmack beider entgegen, zerstreuen jegliche Mißstimmung und steigern die Liebe: Hallisaka und andere Tänze, Lieder, mimische Szenen, der von Gesang begleitete Rundtanz der Frauen, das Betrachten des Mondes und der Sterne mit liebestrunkenen, gefühlvoll glänzenden Augen. Wenn sich die Liebenden der Wonne ihres ersten Zusammentreffens erinnern oder der Qual der Trennung, dann empfinden sie ihre wachsende Leidenschaft und suchen sie durch Umarmungen und Küsse auszudrücken.

Die verschiedenen Möglichkeiten der Rata oder Verbindung sind:

+ *Ragavat* oder die Liebesverbindung;
+ *Aharya* oder die Verbindung der nachträglichen Liebe;
+ *Kritrima* oder die auf künstlicher Liebe beruhende Verbindung;
+ *Vyavahita* oder die auf übertragener Liebe beruhende Verbindung;
+ *Pota* oder die Verbindung, die der unter Eunuchen gleicht;
+ *Khala* oder die herabsetzende Verbindung;
+ *Ayantrita* oder die Verbindung der ungefesselten Liebe.

✳ Man spricht von Ragavat, wenn der Mann und die Frau beim ersten Anblick in Leidenschaft zueinander entbrennen und dann die Einung entweder nach mehreren Versuchen vollziehen oder nach der Rückkehr von einer eine Trennung bewirkenden Reise oder nach Streit und Versöhnung. Diese Verbindung wird nach Belieben aufrechterhalten, bis die beiden Liebenden ganz zufriedengestellt sind.

✳ Der Begriff Aharya wird dann gebraucht, wenn die Liebenden zu einem Zeitpunkt die Einung vollziehen, da ihre Liebe noch jung und unerfahren ist.

✳ Kritrima trifft auf eine Verbindung zu, bei der die beiden Partner zusammenkommen obwohl sie in Wirklichkeit andere Personen lieben. Sie stacheln sich mit Hilfe der vierundsechzig Künste an, die in den Schriften der Wissenschaft der Liebe niedergelegt sind.
In diesem Fall besteht zwischen den Liebenden keine richtige Liebe; auch wenn sie sich der vierundsechzig Künste bedienen, müssen sie eine sorgfältige Auswahl daraus treffen.

✳ Man nennt es Vyavahita, wenn ein Mann mit einer Frau die Einung vollzieht und den verschiedenen Arten des Liebesspiels mit ihr frönt, dabei aber im geheimen an eine andere denkt, die er in Wirklichkeit liebt.

✳ Man sagt, ein Mann gebe sich der Pota Rata hin, wenn er die Einung mit einer Frau von niedrigem Rang vollzieht oder mit einer Frau einer niedrigen

Kaste oder mit einer Dienerin. Bewirkt der Mann die Einung mit einem Eunuchen, muß er irgendwelche Liebesspiele, um die Leidenschaft zu entflammen, meiden.

✦ Khala Rata ergibt sich, wenn sich eine Kurtisane der Einung mit einem ungebildeten und ungehobelten Bauern hingibt, bis ihr Verlangen gestillt ist.
Desgleichen spricht man von Khala Rata, wenn sich ein Weltmann genötigt fühlt, die Einung mit einer Frau vom Dorf oder einer minderwertigen Frau zu vollziehen.

✦ Man nennt es Ayantrita, wenn ein Mann und eine Frau sich Liebe und Vertrauen entgegenbringen und die Einung ausschließlich aus innerem Antrieb vollziehen.

Nun folgt, was die Liebesstreitigkeiten betrifft.
Eine Frau, die sich in einen Mann verliebt hat, soll nicht gestatten,

✦ daß er die Namen seiner anderen Frauen erwähnt,
✦ daß er ihre Vorzüge lobt,
✦ daß er sie mit dem Namen einer anderen Geliebten ruft,
✦ daß er einer anderen seiner Frauen fortgesetzte Aufmerksamkeit widmet.

Der Ärger der beleidigten Frau äußert sich gewöhnlich so, daß sie ein Geschrei erhebt und sich selbst körperliche Ungemach und Schmerzen zufügt. Sie schüttelt ihren Kopf, bis ihr Haar aufgelöst flattert, schlägt ihre eigenen Glieder, reißt die Blumen und Schmuckstücke von sich und wirft sich auf den Boden.

Der Mann behält indessen kaltes Blut und läßt sich nicht verwirren; er sucht sie zu besänftigen, fällt ihr zu Füßen und überredet sie, sich zu erheben und auf das Bett zu legen.

Sie antwortet ihrerseits dergestalt, daß sie sein Haar packte seinen Händen, seinem Kopf, seine Brust wiederholt Schläge versetzt und so ihren zunehmenden Ärger zeigt.

Zu guter Letzt begibt sie sich zur Tür und läßt sich dort weinend nieder.

Dattaka bringt hier die Warnung an, daß die Frau unter keinen Umständen, sei sie auch noch so verärgert, durch die Tür hinausgehen darf, da diese Geste mißverstanden werden könnte.

Wird der Frau so zugeredet, soll sie noch darin verharren, ihn herauszufordern und zu beleidigen, doch soll sie jetzt schon anfangen, Zärtlichkeiten von ihm anzunehmen. Sie kann ihrem Geliebten erlauben, sie fest zu umarmen; bei sich selbst darf sie bereits Leidenschaft spüren.

Das Nachgeben einer Kurtisane und einer Frau, die mit einem anderen Mann verheiratet ist, soll folgendermaßen beschaffen sein:

Die Frau, die in ihrem Haus einen Zwist mit ihrem Geliebten aus einer der oben erwähnten Ursachen gehabt hat, soll ihre Verärgerung auf natürliche Weise zum Ausdruck bringen.

Der Geliebte sucht sie zu versöhnen, indem er die guten Dienste der Pithamarda oder der Vita oder der Vidushaka in Anspruch nimmt; wird sie auf solche Art zum Frieden umgestimmt, soll sie sich in das Haus des Geliebten begeben und dort die Nacht verbringen.

Zum Abschluß: Ist ein Mann wohlbeschlagen in den vierundsechzig Künsten der Liebe und weiß sie anzuwenden, wenn er Frauen umwirbt, die in jenen Künsten ebenfalls bewandert sind, so kann er sich seines Erfolgs sicher sein.

Ist er mit diesen vierundsechzig Künsten der Wissenschaft der Liebe nicht vertraut, wird er unter den gebildeten Männern niemals Ansehen genießen und niemals in der Lage sein, die drei Ziele des Lebens zu erreichen, mag er auch fähig sein, die Theorie und Praxis anderer Wissenschaften zu erklären.

Auf der anderen Seite nimmt ein Mann einzig durch die gründliche Kenntnis dieser vierundsechzig Künste unter den Männern und Frauen, die über diese Begriffe sprechen, eine führende Stellung ein, obschon er von anderen Wissenschaften nichts verstehen mag.

Wer bringt diesen vierundsechzig Künsten, die weit und breit von den Gebildeten und Klugen geachtet und von allen Klassen von Kurtisanen hochgeschätzt werden, nicht Achtung entgegen?

Nanda oder Nandana bedeutet Puja oder Verehrung. Nandini bedeutet also jene Wissenschaft, in der Nanda miteinbegriffen ist. Die großen Gelehrten der Wissenschaft der Liebe erwähnen dieses Nandini unter vier Gesichtspunkten:

- Als *Subhaga* wird es von allen Hausvätern ausgeübt.
- Als *Siddha* hat es andere Dinge zur Folge: Kenntnis, Gefuhl und so fort.
- Als *Subhagankarani* führt es zu körperlichem Liebreiz und zu innerlichem Wohlbefinden.
- Als *Naripriya* nützt es den Frauen sehr.

Ein Mann, der sich in diesen vierundsechzig Künsten auskennt, wird von den Mädchen, den Frauen anderer Männer und den Kurtisanen sehr geschätzt.

So endet das zehnte Kapitel des zweiten Teils.

So endet auch der zweite Teil.

DRITTER TEIL

DIE GEWINNUNG
DER EHEFRAU

Erstes Kapitel

Das Erwählen und das Freien der Braut

Wird eine Heirat mit einem Mädchen aus der eigenen Kaste, die noch eine Jungfrau ist, in Einklang mit den heiligen Schriften in die Wege geleitet, so dient das den Zielen des Dharma und des Artha, der Nachkommenschaft, den Verwandten, der Vermehrung der Freunde und einer reinen und naturgemäßen Liebe zwischen dem verheirateten Paar.

Wenn ein Mann daher, nachdem er alles Nötige gelernt hat, sich eine Braut sucht, so soll er darauf achten, daß sie eine Jungfrau ist, daß sie mindestens drei Jahre jünger ist als er selbst, daß sie aus einer wohlhabenden Familie stammt, daß ihre Eltern sie zuverlässig hüten, daß diese noch am Leben sind, und daß überhaupt der Lebenswandel lobwürdig ist. Sie sollte viele Verwandte haben und sie auch schätzen, sowohl auf väterlicher wie auf mütterlicher Seite. Sie muß Schönheit und Charakter besitzen, stete Gesundheit und wohlabgestimmte Glieder; gute Zähne muß sie aufweisen und ohne Tadel in bezug auf Nägel, Ohren, Haar, Augen und Brüste sein. Sie darf an keinerlei Krankheiten leiden. Selbstverständlich muß der Mann dieselben Vorzüge besitzen, die er von seiner Braut erwartet.

Wenn sich ein Mann ein solches Mädchen zu seiner Braut erwählt, lehrt Ghotakamukha, wird er wahrlich das Rechte getan haben und kein ihm ebenbürtiger Mensch wird ihn deswegen tadeln können.

Bei der Erwählung der Braut sollen die Eltern und die Verwandten und die Freunde beider Teile ihre Ansichten äußern.

So müssen etwa die Freunde des Freiers bei den Eltern des Mädchens die anderen unter Umständen noch vorhandenen Freier anschwärzen, ob diese Anschuldigungen nun eindeutig zu beweisen sind oder nicht, und sie vor künftigen Gefahren warnen. Im Hinblick auf ihren Freund aber, dessen Interessen sie Unterstützung leihen wollen, sollen sie höchstes Lob spenden; sie streichen seine glänzende Herkunft heraus, seine Vollkommenheiten, und lauter derartige preiswerte Eigenschaften und Züge, die dazu beitragen können, einen günstigen Eindruck bei den Eltern zu erzeugen.

Sie sollen besonders geduldig auf die Eigenschaften des Mannes hinweisen, die am ehesten von der Mutter des Mädchens bewundert werden, und jene Vorteile aufzählen, die bereits gegenwärtig sind, und auch jene, die sich in Zukunft ergeben könnten.

Danach soll der Astrologe im Auftrag des Freiers hingesandt werden; seine Hilfe besteht darin, daß er das zu erwartende Glück – etwa größeren Reichtum – ausmalt, indem er sich auf die Konstellation der Gestirne beruft und auf die Verheißungen der Vögel sowie auf die besonderen Zeichen und Male am Körper.

Die Mutter des Mädchens muß von dem Astrologen über allen Zweifel hinaus überzeugt werden, daß ihrer

Tochter bedeutendere Vorteile erwachsen, wenn sie gerade diesen Freier heiratet – dessen Sache der Astrologe vertritt –, als wenn sie irgendeinen anderen Mann nehmen würde.

Ein Mädchen soll gemäß der günstigen Aussage der Horoskope für die Ehe ausgewählt und dementsprechend verheiratet werden.

Ghotakamukha spricht die Warnung aus, die Entscheidung über die Heirat nicht ausschließlich dem Freier und den Eltern des Mädchens zu überlassen.

Bei der Erwählung der Braut soll der Freier darauf achten, kein Mädchen zu nehmen, bei dem sich die folgenden Eigenheiten zeigen:

✦ Ein schlafendes Mädchen,
✦ ein weinendes Mädchen,
✦ ein Mädchen, welches das Haus verläßt.

Ebenso sollen die folgenden gemieden werden:

✦ Ein Mädchen mit einem unheilvoll klingenden Namen;
✦ ein Mädchen, das versteckt gehalten wird;
✦ ein Mädchen, das bereits einmal versprochen worden ist;
✦ ein Mädchen, dessen Haut braune Flecken hat;
✦ ein Mädchen, das dem Aussehen nach einem Mann ähnelt;
✦ ein Mädchen, das einen Höcker hat;
✦ ein Mädchen, das verkrüppelte Beine hat;

- ein Mädchen, dessen Stirn sich zu weit vorwölbt;
- ein Mädchen, das den Scheiterhaufen mit der Leiche ihres Vaters entzündet hat;
- ein Mädchen, das bereits zur reifen Frau herangewachsen ist;
- ein Mädchen, das stumm ist;
- ein Mädchen, das mit dem Freier bereits vertraut ist;
- ein Mädchen, das für den Freier zu jung ist;
- ein Mädchen, das ständig an Händen und Füßen schwitzt.

Desgleichen soll ein Mädchen, das einen Namen trägt, der von den Sternbildern abgeleitet ist oder nach einem Fluß oder nach einem Baum oder dessen Name auf den Laut »l« oder den Laut »r« endet oder dessen Ruf gelitten hat, bei der Erwählung einer Braut außer acht gelassen werden.

Gemäß der Ansicht einiger Weisen von ehedem führt eine Heirat dann zum Erreichen der drei Ziele des Lebens, wenn das Mädchen beim ersten Anblick das Herz erfreut und dem Auge gefällt; das trifft auf jene nicht zu, bei denen das nicht der Fall ist, und diese sollte man deswegen meiden.

Die Angehörigen des Mädchens müssen, sobald der Zeitpunkt der Varana genaht ist, sie mit schönen und geziemenden Kleidern schmücken und die Feier bis zum Nachmittag ausdehnen.

Ein heiratsfähiges Mädchen soll reizvoll angezogen sein, wenn sie jeden Nachmittag mit ihren Freundinnen Spiele betreibt, und wenn sie an religiösen oder hochzeitlichen Feierlichkeiten teilnimmt; die Leute suchen dabei ihren Anblick. Sie soll bei Festen wie eine gute Heiratspartie vorgezeigt werden und in der Lage sein, das Interesse der Leute zu erwecken.

Während der Varana-Zeremonie sollen die Familienangehörigen der Braut die Freunde des Bräutigams willkommen heißen; diese treten mit Würde, die der Feier entspricht, auf und nehmen den angebotenen glückverheißenden Reis und Quark entgegen.

Danach wird ihnen das Mädchen, das bisher unter dem einen oder anderen Vorwand gelegentlich in all seinem Putz sichtbar wurde, vorgeführt.

Die Angehörigen der Braut sollen es dann Prajapati oder dem Gottpriester überlassen, über die Heirat der Braut zu entscheiden; erfüllt von dieser Hoffnung, erörtern sie die Angelegenheit mit ihren Freunden und Verwandten und verabreden einen Zeitpunkt für die Antwort des Bräutigams.

Sodann werden die Freunde und Angehörigen des Bräutigams zu Bad und Mahl eingeladen. Sie sollen darauf achten, sich unterdessen nicht in irgendeiner Hinsicht festzulegen, sondern sich stets bloß in etwa dieser Art äußern: »Alles wird zur rechten Zeit geschehen.«

Wenn nun in der weiteren Folge die Heirat zustande kommt, kann die Hochzeitszeremonie den jeweils üblichen Landessitten entsprechend gewählt werden oder auch gemäß den nach Brahma, Prajapatya, Arsha oder Daiva genannten Riten.

In diesem Zusammenhang gibt es einige Worte: Die Spiele, die gemeinsam veranstaltet werden, Heiraten und Freundschaften, sollen nur zwischen gleichaltrigen Menschen vor sich gehen, nicht mit der Beteiligung von allzu alten noch allzu jungen Leuten.

Ein kluger Mann scheut die Beziehung mit der Familie einer Braut, innerhalb deren er wie ein Diener erachtet würde. Dergleichen nennt man die Uchcha-Verbindung.

Jene Verbindung ist am ehesten zu empfehlen, bei der beide Ehepartner in die Lage versetzt werden, sich an den Handlungen des anderen zu erfreuen.

Wenn nun ein Mann zu der Uchcha-Verbindung gedrängt worden ist, dann soll er in sein eigenes Haus zurückkehren.

Unter keinen Umständen soll er in die Heena-Heirat mit Niedrigstehenden einwilligen, denn sie ist von den Weisen und Gelehrten verurteilt worden.

So endet das erste Kapitel des dritten Teils.

Zweites Kapitel

Die Aussaat des Vertrauens in der Brautzeit

Das jungverheiratete Paar schläft drei Nächte lang auf der bloßen Erde; währenddessen wird strenge Zurückhaltung geübt. Die Nahrung muß ungesalzen, ja überhaupt ohne Würze genossen werden. Nach diesen ersten drei Tagen wird an den folgenden sieben Tagen gebadet; daneben wird lang und ausführlich Toilette gemacht – wobei Flötenmusik diese Beschäftigungen begleitet – und in Gesellschaft gegessen; man sieht sich zudem öfter Theateraufführungen an und erweist der ganzen Verwandtschaft die übliche Reverenz. Diese Regeln sollen von Angehörigen aller vier Kasten befolgt werden.

Erst nach dieser Zeitspanne beginnt der Mann sich seiner Frau zu nähern. Seine Werbung um ihre Gunst muß dabei durch zarteste Rücksichtnahme gekennzeichnet sein und in einem verschlossenen Raum zu nächtlicher Stunde vor sich gehen.

Die Schüler des Babhravya sind der Meinung, daß diese Werbung darum notwendig ist, weil die Braut, die ihren Bräutigam während der ersten drei Tage stumm und steif wie eine Säule gesehen hat, unsicher und verwirrt wird und ihn gar für einen Eunuchen hält.

Vatsyayana ist der Überzeugung, daß zwar der Bräutigam um das Vertrauen seiner Braut werben soll, daß er jedoch von der eigentlichen Einung absehen und das Gebot der Enthaltung keinesfalls übertreten soll.

Während dieser Umwerbung darf er niemals übereilt zu Werke gehen, denn die Frauen gleichen den Blumen und ertragen nur zärtliche Hände.

Die Überstürzung in der Umwerbung versäumt nicht nur, Vertrauen entstehen zu lassen, sondern erweckt auch eine Abneigung im Herzen der Braut gegen die innigste Einung. Deswegen muß der Bräutigam die ganze Zeit über sanft und zärtlich sein.

Der Mann soll das Vertrauen seiner Braut auf die folgende Art und Weise zu gewinnen suchen:

Der Mann nähere sich seiner ihm angetrauten Frau zunächst mit einer leichten und kurz dauernden Umarmung, die gewöhnlich nur ihren Oberkörper berührt; derartige Umwerbungen werden ziemlich leicht geduldet.

Ob er das in der Dunkelheit oder beim Schein einer Lampe tun soll, kommt darauf an, ob die Braut völlig herangereift ist und ob sie den Mann schon einige Zeit kennt oder ob sie noch sehr jung ist und ihren Bräutigam früher gar nicht gekannt hat.

Hat sie die Umarmung tatsächlich nicht übelgenommen, so überreicht er ihr mit dem Mund ein Betelblatt. Wenn sie es anfangs nicht annehmen will, so muß er sie zu überreden suchen und zwar mittels freundlicher Worte oder durch flehentliche Seufzer und Bitten oder gar mittels eines Kniefalls. Es ist schließlich allgemein bekannt, daß sogar eine ganz scheue oder verärgerte Frau

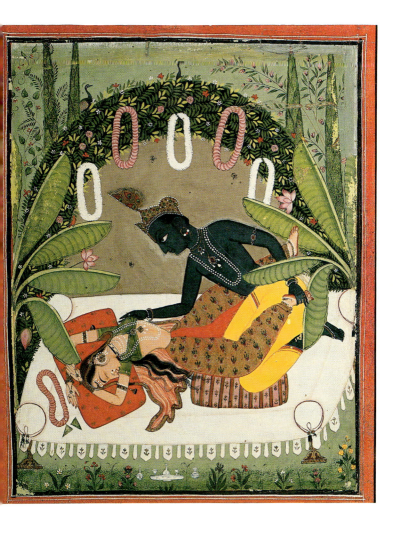

einem Kniefall ihres Gatten unmöglich widerstehen kann.

Wenn er ihr also endlich das Betelblatt mit dem Mund darreicht, benütze er die Gelegenheit und gebe ihr einen leisen und hauchzarten Kuß. Hat er den Eindruck, daß sie bereits ein wenig gewonnen ist, so muß er sie zum Reden veranlassen. Das wird am geschicktesten so durchgeführt, daß er ihr Fragen stellt, die er angeblich nicht zu beantworten weiß.

Wenn sie darauf noch nicht aus sich herausgeht, muß er sie immer wieder fragen; er bewahre dabei stets seine Freundlichkeit und Geduld.

Wenn sie sogar noch jetzt in ihrem Schweigen verharrt, lasse der Mann keinesfalls von seinen dringenden Bitten ab.

Ghotakamukha lehrt, daß alle Mädchen durchaus des Mannes Reden vernehmen, aber daß sie oftmals ihrerseits kein einziges Wort von sich geben.

Geht sie endlich auf die Unterhaltung ein, so wird sie zunächst eine Antwort durch Kopfnicken oder Kopfschütteln geben. Wenn sie wirklich ihren Liebhaber verschmähen wollte, so würde sie nicht einmal nicken.

Wenn der Bräutigam sie fragt: »Sehnst du dich nach mir oder nicht? Zieht es dich nicht zu mir hin?« so darf sie eine Zeitlang keine Antwort geben, sondern tun, als ob sie überlegen müsse; wird ihr mit weiteren dringenden Fragen zugesetzt, so sage sie gerade das Gegenteil von dem, was ihre wirkliche Meinung darstellt.

Hat dann der Mann seine Braut etwas näher kennengelernt, kann er sich auf die beredete Weise in der Anwesenheit ihrer engsten und vertrautesten Freundinnen mit ihr unterhalten.

Während dieser Unterhaltungen soll sie lächeln, wobei sie ihren Kopf aber gesenkt hält.

Falls sodann irgendeine ihrer Freundinnen gewisse Grenzen überschreitet, soll die Braut sie schelten und tadelnde Worte mit ihr wechseln.

Die Freundin soll ihrerseits behaupten, daß das Gesagte nur im Scherz geäußert worden sei, auch wenn dies tatsächlich gar nicht der Fall gewesen ist.

Daraufhin bricht die Frau dieses Gespräch ab und hüllt sich in Schweigen, sobald sie von ihrem Bräutigam angeredet wird.

Zu einer Antwort gedrängt, erwidert sie zögernd und kaum hörbar: »Das habe ich nicht gesagt.«

Hin und wieder wirft sie ihm von der Seite kokette Blicke zu. Das sind die Verhaltensweisen, die von einem Paar angewendet werden, das sich seit einer gewissen Zeitspanne kennt.

Eine Braut, die auf solche Art allmählich mit ihrem Gatten genügend vertraut geworden ist, kann Betelblätter, Sandelholzpaste und Blumengewinde für ihn herrichten, auch wenn er sie gar nicht erbeten hat, und letztere dann an seiner Oberkleidung befestigen.

Wenn sie nun damit beschäftigt ist, sollte er ihre kleinen und schwellenden Brüste in der Achchhuritaka-Weise liebkosen.

Sollte sie ihm diese zu verwehren suchen, bedrängt er sie mit der Bitte, doch ihn zu umarmen. Dann läßt er seine Hand bis zu ihrem Nabel gleiten und zieht sie wieder zurück, wobei er betont, daß er nicht die Absicht hege, weiter zu dringen. Ganz allmählich muß er sie dazu bringen, sich auf seinen Schoß zu setzen; so gelangt er weiter voran.

»Ich werde mit Zahnmalen deine Lippen zeichnen und mit Nägelmalen deine Brüste. Die gleichen Male werde ich an meinem eigenen Leib einzeichnen und dann deinen Freundinnen erzählen, daß du sie gemacht hast. Wie willst du das ihnen gegenüber dann erklären?« Indem der Mann solche Kniffe anwendet, die Kinder einschüchtern und sie zum Ruhighalten veranlassen sollen, vermag er nach und nach mit Klugheit das Vertrauen seiner jungen Frau zu gewinnen.

Während der zweiten und der dritten Nacht, wenn sie schon größere Vertraulichkeit zeigt, soll er weitere Fortschritte mit der Hilfe seiner Hände erzielen.

Sodann soll der Mann alle Teile ihres Körpers mit Küssen bedecken und über ihre Schenkel streichen, wobei er sie oftmals drückt.

Wenn sie ihm das nicht gestatten will, soll er ihre Einwände erörtern, aber zugleich mit dem Darüberhinstreichen fortfahren. Sobald er glaubt, daß sie es ertragen kann, soll er ihre Schamgegend berühren, ihr Untergewand lösen und beiseite legen und weiterhin ihre Schenkel drücken. Das sind die verschiedenen Möglichkeiten, sich der angetrauten Frau zu nähern.

Hat er mit ihr die Einung vollzogen, soll er ihr das Versprechen geben, ihr zu jeder Zeit Freude zu bereiten. Bis dahin darf er jedoch das Gebot der Enthaltsamkeit nicht übertreten.

Nach diesem wird der Gatte sie in die vierundsechzig Künste einführen; er behandelt sie mit liebevoller Sorge, schildert ihr seine Sehnsucht nach ihr, schwört ihr, daß er von nun ab alle ihre Wünsche erfüllen werde. Er zerstreut ihre Befürchtungen, die sie im Hinblick auf seine Nebenfrauen hegt, und wiederholt die Einung mit ihr, die nun nicht länger eine Jungfrau ist, in der rücksichtsvollsten und wohltuendsten Weise. Das also ist alles notwendig, um die Aussaat des Vertrauens bei einer Frau zu erwirken.

Über dieses Thema gibt es einige Worte:
Der Mann, der gemäß der Neigung seiner Braut zu handeln versteht, wird so ihr Vertrauen erwerben, daß sie sich ihm immer enger verbunden fühlt und sein treuer Geselle wird.
Niemals wird es ihm möglich sein, ein Mädchen für sich zu gewinnen, wenn er allzu genau das ausführt, was sie wünscht, oder wenn er allzusehr gegen ihre Wünsche handelt.
Der beste Weg, um sie für sich zu gewinnen, ist das Einhalten des goldenen Mittelwegs.
Der Mann, der das Geheimnis kennt, höhere Freuden zu erlangen, der den Stolz eines Mädchens achtet und ehrt, und der die Kunst beherrscht, Vertrauen in sie zu säen, wird der beliebteste der Männer.
Ein Mann, der ein Mädchen verschmäht, weil er für ihre Schamhaftigkeit nichts übrig hat, der wird von ihr wie irgendein Vieh verachtet, denn er hat bewiesen, daß er von der Wesensart einer Frau nichts versteht.
Ein Mann, der seine junge Frau mit ungezügelter Heftigkeit ergreift, jagt ihrem Herzen Furcht und Ekel, Widerwillen und Abscheu ein. Wenn ein Mädchen nicht auf

die richtige Art und Weise eingeführt worden ist, nährt sie eine Abneigung gegen den Gatten, den sie haßt, und läuft anderen Männern nach.

So endet das zweite Kapitel des dritten Teils.

Drittes Kapitel

*Die rechten Wege, das Herz der Braut zu
umschmeicheln und zu gewinnen*

Wenn ein Mann arm ist, kann er nicht um ein
Mädchen freien; wäre er nämlich auch gesegnet mit Tugenden, er würde doch abgewiesen werden. Einem Mann, der von niedriger Herkunft ist, aber manche gute Eigenschaft besitzt, oder der hinsichtlich seines Lebensunterhalts von seinen Eltern oder Brüdern abhängig ist, geht es gewiß ebenso. Keine Aussicht hat auch ein Mann, der zwar reich ist, jedoch in der Nachbarschaft wohnt, oder einer, der wie ein Kind aussieht, selbst wenn er im Haus des Mädchens aus und ein geht. Er sollte es also so anlegen, daß er das Mädchen von früher Kindheit an sich geneigt macht.

Ein Mann im südlichen Indien, der sich in einer der genannten schwierigen Situationen befindet, oder der als Waise im Haus seines Onkels mütterlicherseits lebt und selbst nicht einen Pfennig besitzt, kann also danach streben, die Tochter seines Onkels von ihrer frühen Kindheit an für sich zu gewinnen, sogar wenn sie bereits einem anderen Mann zugesagt worden ist. Versäumt er das, so wird sie sich dem Reichtum und dem Stolz ihres Vaters verpflichtet fühlen und daher für ihn unzugänglich sein.

Auf ähnliche Weise kann er versuchen, irgendein anderes Mädchen für sich zu gewinnen. Nach der Ansicht des Ghotakamukha ist das Freien um sie über jeden Tadel erhaben, wenn die Beziehungen zu ihr von der Kindheit an uneingeschränkt und aufrichtig entwickelt werden.

Der Mann sammelt mit ihr zusammen Blumen und windet sie zu Kränzen; er baut mit ihr winzige Häuser aus Lehm; sie spielen miteinander Puppen und kochen; sie verknüpfen lange Woll- oder Zwirnfäden; sie raten, was in der verschlossenen Faust des anderen verborgen ist; sie betreiben das Spiel mit dem Namen Panchasamaya, oder das andere Spiel, bei dem der mittlere Finger des Partners ergriffen werden muß, der jedoch in der geschlossenen Faust versteckt gehalten wird; sie können auch das Spiel mit den sechs Kieselsteinen machen und viele ähnliche Spiele, wie sie in der jeweiligen Gegend üblich sind und von dem Mädchen bevorzugt werden. Er kann diese Spiele entweder allein mit ihr oder in der Gesellschaft ihrer Verwandten und Diener betreiben.

Andere Spiele, die er mit ihr und mit ihren Freunden spielen sollte, machen einige Mühe notwendig:

- ✦ Das Blinde-Kuh-Spiel;
- ✦ das Spiel, bei dem auf einen Handschlag des Schiedsrichters hin ein Teilnehmer einem anderen nachrennt;
- ✦ das Spiel, das man Lavanavithika nennt;
- ✦ das Spiel, bei dem man die Arme ausstreckt und sich in einem Kreis rundum dreht, als ob man Flügel hätte;
- ✦ das Spiel, bei dem man versteckte Münzen aus Hau-

fen von Reis- und Getreidekörnern heraussuchen
muß;

◆ das Spiel, bei dem ein Teilnehmer mit geschlossenen
Augen erraten muß, wer ihm mit dem Finger auf die
Stirn getippt hat;

dazu noch andere Spiele, die in jener Gegend beliebt
sein mögen.

Der Freier soll mit dem weiblichen Wesen, das er für die
Vertraute des Mädchens zu halten hat, stets auf sehr
herzlichem Fuß stehen; je mehr beider Bekanntschaft
wächst, desto mehr soll er beider Freundschaft zu vertiefen suchen.

Wichtiger als alles sonst ist, daß er die Tochter der
Amme des erwählten Mädchens mit kleinen Aufmerksamkeiten und Freundlichkeiten bedenkt; dadurch wird
sie sowohl im jeweiligen Augenblick wie auf die Dauer
wohlgesinnt. Ist das nämlich der Fall, so wird diese
Milchschwester nichts gegen ihn einwenden, selbst
wenn sie seine Absichten erkannt hat. Im Gegenteil: sie
wird bei Gelegenheit von Nutzen sein, um die zwei
zusammenzubringen, sogar wenn sie nicht um Unterstützung angegangen worden ist, um die Verbindung zu
ermöglichen.

Sollte die Milchschwester über die Absichten des Mannes nicht unterrichtet sein, wird sie nichtsdestoweniger
dem Mädchen seine hervorstechenden Tugenden auf
eine solche Weise vor Augen stellen, daß das Mädchen
sich unweigerlich zu dem Mann hingezogen fühlt.

Der Freier muß herauszufinden suchen, ob das Mädchen

nach einer besonderen Sache Verlangen trägt; trifft dies zu, wird er sich über das Betreffende genaue Kenntnis verschaffen und dann ihren Wunsch erfüllen.

Er soll ihr Puppen und seltene Spielzeuge zum Geschenk machen, die anderen jungen Mädchen schwer erlangbar dünken.

Er zeigt ihr einen Ball, der mit verschiedenen Farben und Mustern ringsum geschmückt ist, und mancherlei anderes Spielzeug, das aus Zwirn, Holz, Horn, Elfenbein, Wachs und Ton verfertigt ist.

Er soll ihr die in der Küche nötige Arbeit zeigen, um ihr beizubringen, wie Speisen für die Familie zubereitet werden. Er zeige ihr Schnitzwerke, die einen Mann und eine Frau beisammen darstellen, und die aus einem einzigen Holzstück gefertigt sind.

Desgleichen schenke er ihr entsprechende Bildwerke, die Widder und Ziege zeigen; ferner Miniaturtempel und -häuser, die aus Ton und Bambusblättchen gemacht sind; Käfige aus Ton und anderem Material, in denen Vögel sitzen, wie etwa Papageien, Nachtigallen, Madanasarika, Lavaka, Hähne und Rebhühner;

Wassergefäße von unterschiedlicher Form und Bemalung;

kleine Apparate;

Spielzeug-Lauten;

ein Gestell, in dem man Puppen und Spielsachen aufbewahren kann;

ein Kästchen oder ein Körbchen;

roten Lack, Manahsila, Haritala, Sindoora, Rajavarta, Sandelholzpaste, Kumkum, Betelnüsse und Betelblätter. Wann auch immer sie irgend etwas in einem besonderen

Augenblick wünscht, sollte er es ihr heimlich oder ganz offen – je nach den Umständen – überreichen. Kurzum: er muß das Mädchen davon überzeugen, daß er alle ihre Wünsche erfüllen kann.

Hegt er die Absicht, sie zu treffen, so bittet er sie um eine heimliche Zusammenkunft, bei der er sie mit Geschichten unterhält.

Falls sie sich nach dem einen oder anderen seiner Geschenke, die heimlich gemacht wurden, erkundigt, gibt er als Grund seine Furcht vor ihren Eltern an und betont, daß auch andere solche Dinge begehrten.

Wird ihre Vorstellungskraft durch Märchen und Geschichten angeregt, wird er ihr Gefallen durch häufiges Erzählen zu erringen suchen.

Ist sie darauf aus, Zauberkunststücke zu sehen, soll er ihr derartige vorführen und sie dadurch in Erstaunen setzen. Interessiert sie sich für Dinge der Kunst, wird er sie damit unterhalten.

Liebt sie den Gesang, dann betöre er ihr Ohr mit melodienreichen Liedern.

In der achten Nacht des abnehmenden Mondes und in sonstigen Vollmondnächten, während Festlichkeiten und Versammlungen, an den Tagen der Mond- und der Sonnenfinsternis, oder auch bei der Gelegenheit, da das Mädchen ihn in seinem eigenen Haus besucht, sollte er sie mit verschiedenen Stirnkränzen erfreuen, mit Blattschnitzeln, mit Wachs, mit Gewandstücken, mit Ringen und Ziergegenständen, denn es darf vorausgesetzt werden, daß mit solchen Geschenken nichts Unschickliches getan wird.

Die Milchschwester, die wohl weiß, daß eben dieser

Freier anderen insofern überlegen ist, als er gewisse Vorzüge besitzt, soll darauf hinwirken, dem Mädchen die Kenntnis der vierundsechzig Künste der Liebe zu vermitteln; sie hat sie selbst zuerst von dem Freier gelernt, der in dieser Beziehung seine Erfahrung hat.

Unter dem Vorwand, die Milchschwester zu unterrichten, bietet sich dem Freier die Möglichkeit, seinem erwählten Mädchen seine Gewandtheit in der Kunst der Liebe zu offenbaren.

Er erscheint oft in eleganter Kleidung und läßt sich von ihr ungestört bewundern.

Seine wachsende Zuneigung wird ihr schließlich deutlich; gewöhnlich lieben junge Frauen den ersten Mann, den sie kennenlernen und den sie oft sehen. Fühlen sie sich auch zu jenem Mann hingezogen, so unternehmen sie doch von sich aus nichts, um mit ihm vereint zu wenden. Das ist eine allgemein gültige Regel; deswegen sind solche Umwerbungen notwendig.

Im folgenden werden nun die diesbezüglichen Anzeichen aufgeführt:

✱ Sie blickt ihm nicht geradewegs ins Gesicht. Blickt er auf sie, wird sie verlegen.

✱ Sie entblößt das eine oder andere ihrer schönen Glieder unter dem einen oder anderen Vorwand.

✱ Sie betrachtet ihn nur dann genau, wenn er in Gedanken versunken oder allein oder ein Stück entfernt ist.

✸ Wird eine Frage an sie gerichtet, so antwortet sie zwar lächelnd, doch ihre Stimme ist leise, zögernd, undeutlich, ihr Blick dabei gesenkt.

✸ Sie hat es sehr gern, lange in seiner Nähe zu verweilen.

✸ Sieht sie ihn irgendwo in der Nähe stehen, hofft sie, daß er auf sie aufmerksam werden könnte; sie spricht darum in lebhafter Weise mit ihrer Begleitung und will den Ort nicht verlassen.

✸ Sie lacht über irgend etwas in der Umgebung und erzählt eine Geschichte, um einen Vorwand zu längerem Dableiben zu haben.

✸ Sitzt gerade ein Kind auf ihrem Schoß, so umarmt und küßt sie es; auf die Stirn ihrer Dienerin macht sie ein Zeichen.

✸ In Gesellschaft ihrer Begleiterinnen spielt sie alle Züge ihrer Verliebtheit vor.

✸ Sie setzt Vertrauen in seine Freunde, achtet ihre Meinung und richtet sich danach.

✸ Sie kommt seinen Dienern freundlich entgegen, unterhält sich mit ihnen und spielt sogar auf dem Würfelbrett mit ihnen.

✸ Sie gibt ihnen Anweisungen, ihre Pflichten zu erfüllen, als ob sie ihre Herrin wäre.

✷ Wenn sie in ihrer Gegenwart von ihrem Herrn erzählen, lauscht sie aufmerksam jedem Wort.

✷ Von ihrer Milchschwester ermutigt und begleitet, geht sie in das Haus ihres Freiers und bekundet ihren Wunsch, Spiele mit ihm zu spielen oder sich mit ihm zu unterhalten, jeweils mit der Unterstützung ihrer Anstandsdame.

✷ Ist sie bei irgendeiner Gelegenheit nicht geziemend gekleidet oder geschmückt, hat sie Scheu davor, von ihm erblickt zu werden.

✷ Bittet er sie um einen Ring oder um ein Blumengewinde oder um Ohrschmuck, der aus einem Blatt verfertigt ist, holt sie das Erbetene langsam und mit Anmut hervor und legt es in die Hand ihrer Freundin, die es ihm dann überreicht.

✷ Jeglichen Schmuck, den er ihr geschenkt hat, trägt sie vom gleichen Tag ab ständig.

✷ Hört sie irgend etwas von anderen Männern, die um sie freien wollen, zeigt sie sich zutiefst erschreckt und vermeidet den Umgang mit deren Familienangehörigen.

Hat ein Mann nun durch derartige äußere Kennzeichen und Gebärden die Liebe des Mädchens zu ihm erkannt, dann muß er sich daran machen, die verschiedenen Möglichkeiten der leiblichen Einung mit ihr zu erkunden.

141

Ein junges Mädchen kann mit Hilfe von Puppen und Spielzeug gewonnen werden, eine erblühte Jungfrau durch Gewandtheit in den Künsten, und eine voll herangereifte Frau durch das Gewinnen ihrer Vertrauten.

So endet das dritte Kapitel des dritten Teils.

Viertes Kapitel

Das rechte Verhalten des Mannes bei der Inbesitznahme der Braut sowie über die geeignete Weise, mit der sich eine Frau einen begehrenswerten Mann gewinnt und festhält.

Wenn ein Mann an den verschiedenen Merkmalen, die im vorhergehenden Kapitel behandelt wurden, abgelesen hat, daß das Mädchen ihn liebt, dann soll er nach der Herbeiführung der leiblichen Einung auf folgende Art streben:

Zunächst seien die harmlosen Vorstöße genannt:

✯ Bei der Unterhaltung während der Spiele ergreift er mit bedeutungsvoller Geste ihre Hand.

✯ Danach wagt er sich daran, die Formen der Umarmung, wie sie in einem früheren Kapitel beschrieben wurden, bei ihr zu versuchen.

✯ Spielt man etwa das Patrachchhedya, so zeigt er ihr seine Sehnsucht, indem er je zwei Figuren in ein Blatt einritzt, das er ihr vorweist.

✯ Andere Zeichen dieser Art mag er gleichfalls ausschneiden und ihr bei einer sich bietenden Gelegenheit zu Gesicht kommen lassen.

✸ Tummelt sich die Gesellschaft im Wasser, taucht er fern von ihr unter, schwimmt auf sie zu, taucht neben ihr auf, berührt sie und taucht wieder unter die Wasseroberfläche.

✸ Nimmt er mit ihr an solchen mündlichen Unterhaltungen wie dem Navapatra teil, streut er im Gespräch mit ihr immer wieder Andeutungen seiner Gefühle ein; so spricht er unablässig von seinem Liebeskummer, den er wegen ihr erleiden muß.

✸ Er erzählt ihr seine Träume, ohne klar auszudrücken, daß sie selbst deren Gegenstand ist.

✸ Auch bei Theateraufführungen und im Kreise der Familie sucht er sich möglichst in ihre Nähe zu setzen und sie unter irgendeinem Vorwand zu berühren; er drückt seinen Fuß an ihren, um schließlich seinen ganzen Körper gegen den ihren zu lehnen.

✸ Hat er das erreicht, soll er jeden ihrer Finger zart liebkosen und mit seinem Zehennagel an ihren Fingernägeln kratzen.

✸ Nachdem dies alles vollzogen worden ist, bewegen sich seine Vorstöße ein weiteres Stück vorwärts.

✸ Der Mann muß mit diesen Liebkosungen fortfahren, bis sie sich daran gewöhnt hat.

Im folgenden seien die innigeren Vorstöße genannt:

* Läßt sie sich ihre Füße von ihm waschen, schlingt er seine Finger fest durch ihre Finger. Wenn er ihr irgendwelche Gegenstände anbietet oder wenn er solche von ihr entgegennimmt, zeichnet er Nagelmale auf ihre Hände.

* Bedient sie ihn mit Wasser für das Achamana, bespritzt er sie nach dem Vollzug damit.

* Wenn er an ihrer Seite an einem abgelegenen Platz sitzt oder neben ihr auf einem Lager in der Dunkelheit liegt, soll er ihr Verhalten genau beobachten.

* Er läßt sie seine Empfindungen deutlich spüren, ohne sie allzu sehr zu bedrängen.

* Wenn er zu ihr sagt: »Ich muß dir etwas ganz im geheimen anvertrauen« und sie sich danach erkundigt, hüllt er sich in Schweigen und merkt einzig und allein auf ihr Verhalten, dessen Kennzeichen im nächsten Kapitel geschildert werden.

* Ist er ihrer Zuneigung endlich völlig sicher, soll er die unter dem Vorschützen einer Erkrankung in sein Haus bitten lassen.

* Kommt sie tatsächlich, dann beschreibt er ihr sein Leiden und ersucht sie dringend, seinen Kopf zu massieren. Macht sie Anstalten, so ergreift er ihre

Hand und verleiht seinen Gefühlen Ausdruck, indem er Küsse auf ihre Augen und ihre Stirn drückt.

✱ Er bittet sie, ihm die verschriebene Arznei zu verabreichen, wobei er hinzusetzt: »Nur du kannst das tun. Niemand sonst soll dergleichen tun außer einem Mädchen.« Wenn sie sich wieder verabschiedet, dann lege er es darauf an, von ihr das Versprechen des Wiederkommens zu erhalten.
Die Methode der vorgeschützten Krankheit kann auf die Dauer von drei Tagen und drei Nächten angewendet werden.

✱ Bei jedem Besuch versucht er dessen Dauer zu vergrößern, indem er sie in Unterhaltungen über die Künste verwickelt oder Geschichten erzählt.

✱ In der Absicht, sich ihr Vertrauen zu erschmeicheln, soll er die gesellige Anwesenheit anderer Frauen nicht vermeiden; in deren Gegenwart verrät er aber seine Liebe nicht.

Ghotakamukha lehrt, daß die Werbung des Mannes um das Vertrauen des geliebten Mädchens niemals aufhören darf; er wird sein Ziel nur erreichen, wenn er sich große Mühe gibt. erst wenn er sich nach all dem Vorangegangenen schließlich sicher ist, daß er das Mädchen vollständig für sich gewonnen hat, kann er die endgültige Einung mit ihr suchen.
Im allgemeinen zeigen sich die Frauen während der Abenddämmerung wenig ängstlich; das trifft auch auf

die Nacht zu oder überhaupt auf jeden Ort, wo Dunkelheit herrscht. Es ist dann leichter, ihre Leidenschaftlichkeit zu erregen und die Einung mit ihnen zu erlangen, da sie des Mannes Zudringen nicht verwahren. Es gilt deswegen als Regel, daß man sich den Frauen bei solchen Gelegenheiten nähern soll.

Muß ein Mann feststellen, daß seine Bemühungen allein nicht ausreichen, dann versichert er sich der Unterstützung der Amme seiner Geliebten oder ihrer Busenfreundin; sowohl die eine wie die andere können sie zu gewissen Handlungen überreden, ohne die wahren Absichten zu verraten. Auf solche Art kann sich der Mann doch noch Zugang zu dem Mädchen verschaffen und seine Werbung vorantreiben.

Es besteht auch die Möglichkeit, daß er eine von seinen Dienerinnen beauftragt, sich mit seiner Geliebten anzufreunden.

Zusammenfassend ist zu sagen: Ein Mann soll sich zuerst der Neigung seiner Geliebten aus der Beobachtung ihrer Gebärden und ihres allgemeinen Verhaltens vergewissern; nachdem er sie zu verschiedenen Anlässen wie Tempelopfern, Hochzeiten, Ausflügen, Festen oder sonstigen öffentlichen Zusammenkünften begleitet hat, soll er sie umwerben, wenn niemand darauf achtet. Sodann kann er seine Werbung verstärken, wann immer er sie allein antrifft.

Vatsyayana behauptet: Ist eine Frau einem Mann wohlgesonnen und zeigt sie ihm das durch ihr Verhalten, so wird sie seine Werbung nicht zurückweisen, wenn sie zur rechten Zeit und am rechten Ort vor sich geht.

Ein Mädchen, das hervorragende weibliche Eigenschaften besitzt, dessen Familie aber einer niedrigen Kaste angehört, oder ein Mädchen, das zwar eine vornehme Abstammung aufweisen kann, das jedoch arm an Besitztümern ist und deshalb von gleichrangigen jungen Männern nicht beachtet wird, oder ein Mädchen, das Waise ist und im Haus von Verwandten leben muß, soll von sich selbst aus einen jungen Mann als Gatten suchen, sobald sie das nötige Alter erreicht hat.

Sie macht sich also an einen jungen Mann heran, der wertvolle Eigenschaften hat, der fähig ist und gut aussieht; dazu benützt sie die Zärtlichkeit, die ihr bei den Spielen in ihrer Kinderzeit eigen war.

Wenn sie dann von einem Mann annehmen darf, daß er, falls sie ihn mit ihrer Liebe klug zu umwerben weiß, mehr seinen natürlichen Sinnen als den Einsprüchen seiner Eltern folgen wird, sollte sie mit den ihr zur Verfügung stehenden Mitteln danach streben, sich möglichst häufig mit ihm zu treffen.

Das Mädchen muß dazu von ihrer Mutter und von ihren Freundinnen und ihrer Amme ermutigt werden.

Das Mädchen wählt den Ort des Zusammenkommens mit ihrem Liebhaber an einer abgelegenen Stelle; parfümiert und mit Betelblättern in der Hand läßt sie sich von ihm zu ungewohnter Stunde treffen.

Bei anderen Gelegenheiten soll sie ihm Kenntnisse in den verschiedenen Künsten offenbaren; wenn sie seinen Kopf streichelt und an sich drückt, muß die stets die gebotene Schicklichkeit beachten.

Das Mädchen hat alle die Mittel und Wege zu befolgen, die in früheren Kapiteln beschrieben worden sind, um einen Mann zum Umwerben seiner Geliebten anzuhalten. Das schließt auch das Erzählen von Geschichten ein, die dem Charakter des geliebten Mannes entsprechen.

Allerdings behaupten die weisen Lehrmeister, daß ein Mädchen niemals von sich aus die Werbung einleiten darf, so heftig auch die Leidenschaft brennen mag, da sie solcherart ihre Anmut und ihren Reiz verscherzt.

Sie muß ihre Liebesbeweise auf jene harmlosen Handlungen beschränken, die auch ihr Geliebter angewendet haben würde, wenn er sich ihr seinerseits zu nähern gesucht hätte.

Wenn sie auf seinem Schoß sitzt oder von ihm umarmt wird, darf sie keinerlei Abwehr oder Mißbilligung zur Schau tragen, sondern im Gegenteil sein Drängen begrüßen und sich zugleich ahnungslos hinsichtlich seiner wahren Absichten zeigen.

Will er sie küssen, darf sie ihm ihren Mund nicht ohne eine gewisse Gegenwehr überlassen; fordert er sie zur Anstachelung seiner Leidenschaft auf, wird sie den Lingam nur zögernd berühren.

Allen seinen Aufforderungen zum Trotz soll sie nicht allzuviel von ihrem Körper enthüllen, solange von seiner Seite keine sichere Aussicht auf Heirat besteht.

Wenn er aber andererseits völlig in sie verliebt ist und sie davon überzeugt sein kann, daß er seine Zusage nicht brechen wird, dann soll sie seiner Werbung bis zur letzten Erfüllung entgegenkommen.

Wenn sie solcherart ihr Mädchentum verloren hat, dann teilt sie diesen Umstand nur ihren Vertrauten mit.

Das also gilt für die Wege und Methoden, den geliebten Mann zu gewinnen.

Wenn ein Mädchen ihren Gatten aus einer Reihe junger Männer, die sie umwerben, auszuwählen hat, dann soll sie den liebenswürdigsten nehmen – denjenigen, der ihrer Meinung nach gern alles tut, um was sie ihn bittet, und der so zum ehelichen Glück beiträgt.

Wenn ihr Sinn allein nach Reichtum steht, dann heiratet sie einen reichen Mann – obwohl er Nebenfrauen besitzt – in völliger Mißachtung seiner Fertigkeiten, seines Aussehens und der Angemessenheit der Lage.

Ein Mädchen soll einen jungen Mann nicht abweisen, der gebildet, begabt, beherrscht und ehrlich in seinen Absichten ist und der sie mit den ihm zur Verfügung stehenden Mitteln umwirbt.

Ein Mann, der fähig ist, seine eigene Familie zu ernähren und der mit einem fügsamen Charakter gesegnet ist, muß – auch wenn er arm und ohne Bildung ist – einem Mann vorgezogen werden, der zwar hochgebildet ist, aber mehrere Frauen sein eigen nennt.

Grundsätzlich sind nämlich die Frauen solcher reichen Männer ohne Zucht und Selbstbeherrschung; obschon sie ein höchst bequemes, genußreiches Leben führen, fehlt ihnen doch das tiefere Glück.

Ein Mann von niedriger Abstammung oder ein Greis oder ein Mann, der stets unterwegs und selten daheim ist, sind zur Heirat ungeeignet; dasselbe gilt auch für einen Mann, der nur dann zu seiner Frau kommt, wenn es ihm gerade einfällt, oder für einen Spruchbeutel, oder für einen Mann, der um Geld spielt und sein Vermögen einbüßt, oder für einen Mann, der bereits viele Frauen und zahlreiche Kinder hat.

Von allen Freiern eines Mädchens, die gleichermaßen vorzügliche Eigenschaften haben, soll der allein erwählt werden, der am meisten Gesittung und die größte Liebe zeigt.

So endet das vierte Kapitel des dritten Teils.

Fünftes Kapitel

Die verschiedenen Möglichkeiten der Heirat

Sobald ein Mann feststellen muß, daß die häufigen Zusammenkünfte mit dem Mädchen an abgelegenen Orten viel Mühe bereiten, macht er sich die Amme des Mädchens durch Geschenke gefügig und treibt mittels ihres Beistands seine Werbung weiter voran.

Die Amme lobt die Vorzüge des Mannes, von denen sie weiß, daß sie von dem Mädchen geschätzt werden; dabei achtet sie darauf, ihre Bekanntschaft mit dem jungen Mann nicht durchblicken zu lassen.

Zur selben Zeit kritisiert die Amme die anderen Freier, um die sich das Mädchen nicht kümmert, und setzt sie herunter; sie legt dar, daß des Mädchens Eltern und Verwandte jene Freier ausschließlich aus Habsucht bevorzugen würden, ohne den Wert ihres Geliebten überhaupt zu kennen; sie führt in überzeugender Weise Beispiele an, wie Shakuntala und andere Mädchen, die zu ehelichem Glück gelangten, da sie sich ihre Gatten selbst erwählten.

Sie betont, wie sehr die Mädchen, die in einflußreiche Familien verheiratet wurden, sich Kümmernis aufluden, dank der Machenschaften der Nebenfrauen, wie sie manchmal verstoßen und gehaßt wurden; dagegen wäre das künftige Glück mit dem Mann ihrer Wahl so gut wie sicher.

Der Vorteil, die einzige und geliebte Gattin des Freiers zu sein, wird ihr schmackhaft gemacht.

Die Amme wirkt dahin, aus dem Sinn des Mädchens alle Gedanken an Gefahr und Furcht und Schamhaftigkeit zu vertreiben.

Sie kann alle einem weiblichen Liebesboten zu Gebote stehenden Mittel anwenden, um das Mädchen zu überzeugen.

Sie versichert dem Mädchen immer wieder, daß ihr Geliebter sie mit sich fortführen werde; so gewinnt die Amme sie mit einigem Nachdruck dafür und überredet sie zur Einwilligung in diese Abmachung.

Demnach erwartet das Mädchen ihren Geliebten an einem einsamen Ort. Er streut das Kusha-Gras und entzündet es mit dem heiligen Feuer, das ein in den Vedas beschlagener Brahmane gebracht hat; nachdem er Gaben gemäß den Smriti-Vorschriften geopfert hat, umschreitet er die Flamme dreimal zusammen mit dem Mädchen.

Von dem Vollzug dieser Zeremonie unterrichtet der Mann dann die Eltern seiner Geliebten; gemäß den von den Acharyas angenommenen Gesetzen ist ein Heiratsbund, der angesichts des heiligen Feuers geschlossen wurde, unwiderruflich gültig. Danach vollzieht er die leibliche Einung mit seiner Angetrauten und teilt dies in angemessener Weise seinen eigenen Angehörigen mit.

Er sucht es auch so einzurichten, daß die Brüder des Mädchens aus Gründen der Schicklichkeit nur ihn als Bräutigam anerkennen; dies befreit ihre Familie nämlich

von jedem Makel und von der Strafe in Form einer Geld-
buße. Sodann gewinnt er sich mittels Geschenken und
freundlicher Aufmerksamkeit die Zuneigung der Brüder.
So heiratet der Mann des Mädchens gemäß dem Gan-
dharva-Ritus der Eheschließung.

Wenn jedoch das Mädchen sich nicht mit der Heirat
einverstanden erklärt, stellt er am besten eine andere
Frau aus wohlangesehener Familie an, die leicht Zutritt
zum Haus seiner Geliebten findet. Sie muß ihm von
früher her gut bekannt sein und sollte auch ihrer Wesensart nach leidenschaftlich und liebevoll sein; so kann
sie mit Erfolg eine Zusammenkunft unter irgendeinem
Vorwand in die Wege leiten.

Er richtet dann alles so ein, daß er das heilige Feuer aus
dem Haus eines Brahmanen, der in den Vedas beschlagen ist, holt und die Hochzeitsbräuche in der oben
beschriebenen Weise vollzieht.

Soll das Mädchen in Kürze an einen anderen jungen
Mann verheiratet werden, dann schildert die Helferin
des Freiers der Mutter des Mädchens die Schwächen des
erwählten Mannes und flößt ihr so Reue über die getrof-
fene Wahl ein.

Nachdem sie dann den Freier in ein benachbartes Haus
geleitet hat – was mit Zustimmung des Mädchens geschieht –, veranlaßt sie, daß das heilige Feuer zur Nacht-
zeit aus dem Haus eines Brahmanen, der in den Vedas
beschlagen ist, geholt wird; die Zeremonie geht wieder in
der oben beschriebenen Weise vor sich.

Eine beachtliche Zeitspanne lang umschmeichle er
freundesgleich den Bruder des Mädchens, der ungefähr
in seinem eigenen Alter steht, und verpflichte ihn sich

mit Geschenken; er vollbringe zu seinem Vorteil Sachen, die Geschicklichkeit erfordern; unter Umständen läßt er ihn seine Absicht wissen.

Im allgemeinen gilt, daß junge Männer von gleichem Alter durchaus dazu neigen, ihr Leben dem Heil ihrer Freunde zu weihen, die eine ähnliche Einstellung und eine ähnliche Lebensweise haben. Auf diesem Wege dürfte es ihm ziemlich leichtfallen, eine Zusammenkunft mit seiner Geliebten durch die Vermittlung ihres Bruders zu erreichen, und zwar an einem abgelegenen Ort, der beiden zugänglich ist.

Die Paishacha-Heirat:

Die Amme läßt das Mädchen sich in der achten Nacht des wachsenden Mondes betrinken und führt sie, wobei sie einen persönlichen Grund vorschützt, an einen einsamen und leicht erreichbaren Ort.

Dort raubt der Freier dem Mädchen, das noch nicht recht bei sich selbst und daher nicht in der Lage ist, das Geschehen zu begreifen, die Blüte und vollzieht dann die zuvor beschriebene Zeremonie.

Die Rakshasa-Heirat:

Der Mann bewaffnet sich in zureichender Weise, und wenn er vernommen hat, daß das Mädchen sich in einen Garten oder nach einem benachbarten Dorf begibt, vollzieht er ihre Entführung, nachdem er den Wächtern Furcht eingejagt oder sie überwältigt hat.

Dies sind also die einzelnen Arten der Heirat.

Die oben beschriebenen Arten der Heirat sind ihrem Rang nach aufgeführt; die jeweils zuerst genannte ist besser geeignet, die religiösen Gesetze der Menschen einzuhalten, als die nachfolgende. An die jeweils nachfolgenden Arten soll man sich nur dann halten, wenn die vorausgehende unmöglich zu benützen ist.

Der entscheidende Gesichtspunkt bei den verschiedenen Heiratsarten ist nach alldem die gegenseitige Liebe des Paares. In dieser Hinsicht kann die Gandharva-Heirat als die beste betrachtet werden, obwohl sie nicht als erste aufgeführt ist. Diese Art der Heirat erfordert weder allzuviel Anstrengungen noch schließt sie die verschiedenen Stufen der Werbung in sich und ist doch ganz auf beiderseitige Liebe aufgebaut. Aus diesen Gründen also ist die Gandharva-Heirat nach allgemeiner Ansicht die beste von allen.

So endet das fünfte Kapitel des dritten Teils.

So endet auch der dritte Teil.

VIERTER TEIL

DAS RECHTE VERHALTEN
DER EHEFRAU

Erstes Kapitel

Das rechte Verhalten der ergebenen
Ehefrau und der Lebenswandel während
der längere Zeit währenden Abwesenheit
des Gatten

Alles, was die einzige Ehefrau eines Mannes tut, die eine tiefverwurzelte Neigung zu ihrem Gatten in sich trägt, geschieht ganz in Übereinstimmung mit seinem Willen und seinen Wünschen – so, als sei er eine Gottheit.

Gemäß seinem Wunsch nimmt sie die gesamte Sorge für die Familie auf sich.

Sie hält im Haus auf peinlichste Ordnung und Sauberkeit und stellt Blumen an dafür passende Plätze; sie scheuert den Fußboden des Andachtsraums, bis er vor Glätte glänzt, und opfert den Göttern dreimal am Tag.

Sie verleiht dem Ganzen also ein angenehmes Aussehen, was nach Gonardiya den Mann sehr erfreut.

Gegenüber den eigenen Eltern und jenen ihres Gatten, seinen Schwestern, den Verwandten und den Dienern soll sich die Ehefrau zuvorkommend verhalten.

An geeigneten Stellen rund um das Haus legt sie Beete für Gemüse an; sie pflanzt auch Koriander, Ingwer, Zuckerrohr, Jiraka, Sarshapa, Ajamoda, Shatapushpa und Tamalapflanzen an. Ähnlich sollen verschiedene Klettergewächse eingesetzt werden, etwa Kubjaka, Amalaka, Mallika, Jati, Kurantaka, Navamalika, Tagara,

159

Nandyavarta, Japa, Balaka, Korallenbäume sowie andere – zum Beispiel Ushiraka oder Patalika. Über den Garten verteilt werden gepflegte Plätzchen für Zwecke religiösen Kults. In der Mitte des Gartens wird ein Brunnen oder ein Teich geschaffen.

Die kluge Ehefrau verkehrt niemals mit Bettlerinnen, Bettelnonnen, verkommenen Weibern, Wahrsagerinnen, neugierigen Schwätzerinnen und solchen, die in den Künsten des Muladeva bewandert sind.
Beim Zurichten der Mahlzeiten muß sie ausfindig machen, welche Speisen ihr Gatte mag und welche er verabscheut, was ihm bekommt und was ihm übel anschlägt.
Kaum vernimmt sie den Klang seiner Stimme von draußen, so erhebt sie sich sofort und steht bereit, um jeden seiner Wünsche zu erfüllen.
Sie erlaubt nicht einer Dienerin, seine Füße zu waschen, sondern sie tut es eigenhändig.
Ohne seine Erlaubnis unternimmt sie keinen Besuch bei ihren Eltern, geht auf keine Hochzeiten, zu keinen Prozessionen, Tempelfeiern, geselligen Zusammenkünften und hält bei Ausflügen und Festlichkeiten nicht mit.
Wenn sie an Spielen und ähnlichen Vergnügungen teilnehmen möchte, soll sie vorher ihren Gatten fragen, ob es ihm angenehm ist.
Sie legt sich erst nach ihm zu Bett, steht auch vor ihm auf und weckt ihn niemals, wenn er gerade schläft.
Die Küche soll sich in einem nach innen zu gelegenen Teil des Hauses befinden und sich stets durch gute Lüftung und zureichendes Licht auszeichnen.
Hat sich der Ehemann etwas zuschulden kommen las-

sen, dann soll sie ihn nicht mit Vorwürfen plagen oder eine Szene machen. Heftige Redensarten ihm gegenüber soll sie unterlassen; für sie eignen sich am besten gelegentliche Zurechtweisungen, wenn er allein ist oder seine Freunde gegenwärtig sind. Vor allem – so betont Gonardiya – vermeidet sie die Anwendung der Künste des Muladeva, um sich Vorteile zu verschaffen, ferner das Herumlungern unter der Haustür und das Starren auf die Vorübergehenden, Schwätzereien mit ihren Freundinnen im Garten und allzu lange Aufenthalte in abgeschlossenen Räumen.

Sie darf keinesfalls vergessen, daß Schweiß, unsaubere Zähne, unangenehmer Körpergeruch und dergleichen die Leidenschaft ihres Gatten abkühlen.

Bereitet sich die Frau auf ein trautes Zusammensein mit ihrem Gatten vor, so ist zu raten, daß sie reichen Schmuck anlegt, sich mit gefärbten Blumen ziert, Kleider auswählt, die in leuchtenden Farben schimmern, und sich mit duftenden Salben und Parfüms einreibt und besprengt.

Geht sie mit ihrem Gatten zusammen aus dem Haus, so sieht er an ihr lieber ein schlichtes feingesponnenes Gewand, wenige Schmucksachen und weiße Blumen; er möchte dann auch nur einen leisen Wohlgeruch an ihr wahrnehmen.

Sie soll Gelübde und Fasten für das Glück ihres Mannes auf sich nehmen; sucht er sie davor zurückzuhalten, soll sie ihm nicht nachgeben.

Geschirr aus gebranntem Ton, Geräte aus Bambus, aus Holz, aus Leder, Töpfe aus Metall und dergleichen kauft sie zum häuslichen Gebrauch und für angemessenes Geld. Dinge, die im allgemeinen schwer zu bekommen sind, wie etwa Steinsalz, Öl, Essenzen, Arzneien und ähnliches bewahrt sie in Kürbisflaschen als Vorrat im Haus auf. Rechtzeitig muß auch der Samen von Mulaka, Aluka, Palanki, Damanaka, Amrataka, Ervaruka, Trapusa, Vartaka, Kushmanda, Alabu, Surana, Shukanasa, Svayamgupta, Tilaparnika, Agnimantha, Knoblauch, Zwiebel und anderen besorgt und ausgesät werden.

Die Ehefrau darf vor Fremden niemals über die von ihrem Gatten ihr anvertrauten Dinge sprechen, vor allem nicht über die Angelegenheiten seines Vermögens. Sie soll sich darum bemühen, die anderen Frauen an Geschicklichkeit in den Künsten, in Auftreten, Kochfertigkeiten, Charakterstärke und Gattentreue zu übertreffen.

Ihr jährliches Einkommen soll sie genau berechnen, um danach die Haushaltung einzuteilen.

Sie muß das Zubereiten von Butter aus der bei den Festmahlzeiten übriggebliebenen Milch verstehen, ferner das Gewinnen von Öl aus Sesamkapseln, von Melasse aus Zuckerrohr, und das Herstellen von Garn aus Flachs; dazu kommt das Drehen von Seilen aus Bast, um Hängematten herzustellen; das Stampfen und Enthülsen von Reis; die sachgemäße Entlohnung der Diener und ihre Verköstigung, Bekleidung und Unterbringung; die Überwachung der Feldarbeit und der Viehzucht; die Anleitung für den Bau von Wagen und Karren sowie die Obhut und Pflege der zum Familienbesitz gehörenden Widder, Hähne, Wachteln, Mynas, Kuckucksvögel, Pfauen und Gazellen.

Die abgetragenen Kleider übergibt die verständige Hausfrau jenen Dienern, die pflichteifrig gearbeitet haben, um ihnen zu zeigen, daß ihr Werk geschätzt wird; zuvor sind sie selbstverständlich geflickt und gewaschen und gefärbt worden.

Die Krüge, in denen Sura und Asava zubereitet oder aufbewahrt wird, müssen besonders sorgfältig behandelt werden, denn sie sollen zu gegebener Stunde für den Eigenbedarf benützt oder mit Gewinn verkauft werden.

Die Freunde ihres Mannes werden von der Ehefrau bei Besuchen mit Blumenkränzen, Salben und Betelblättern bewillkommnet.

Gegenüber ihrem Schwiegervater und ihrer Schwiegermutter benehme sie sich nach Gebühr, erfülle ihnen stets ihre Wünsche, widerspreche ihnen nicht, gebrauche niemals heftige Worte und lache nicht laut in ihrer Gegenwart. Sie behandle die Freunde und Feinde ihres Gatten, als ob es ihre eigenen wären.

Zu den Dienern und abhängigen Familienangehörigen sei sie großzügig und gerecht.

Bei der Gelegenheit von Festen läßt sie ihnen die gehörigen Ehren zukommen.

Die Pflichten der Ehefrau während der Abwesenheit ihres Gatten sind folgendermaßen beschaffen:

★ Ist der Ehemann einmal verreist, trägt seine Frau während seiner Abwesenheit nur glückbringenden Schmuck und beobachtet die von der Religion gebotenen Fasten. Harrt sie auch ängstlich auf Nachrichten von ihrem Mann, so versäumt sie darüber doch nicht die Sorge für den Haushalt.

✶ Sie soll in der Nähe der Schwiegermutter schlafen und sich tagsüber nach deren Wünschen richten.

✶ Sie beschäftigt sich damit, Dinge zu erwerben, die ihrem Mann gefallen dürften, und sie in Ordnung zu halten, bis ihr Mann wiederkehrt.

✶ Sie hält sich nicht bei ihren eigenen Eltern auf; ausgenommen sind Anlässe, die Freude oder Trauer bedeuten.

✶ In diesen Fällen begibt sie sich in der für die Abwesenheit des Ehemannes vorgeschriebenen schlichten Kleidung und begleitet von der Dienerschaft in das betreffende Haus, bleibt aber nicht allzu lange dort.

✶ Unter ihrer eigenen Aufsicht und mit Hilfe treuer und zuverlässiger Diener mehre sie in der Wartezeit das Vermögen ihres Mannes durch Handelsgeschäfte, die kaufmännischen Grundsätzen entsprechen.

✶ Kehrt dann endlich ihr Gatte von der Reise zurück, so empfängt sie ihn zunächst in ihren gewöhnlichen Kleidern, so daß er erkennt, auf welche Weise sie während seiner Abwesenheit gelebt hat; dann erst legt sie festliche Gewänder an, überreicht ihm verschiedene Geschenke und bringt den Hausgöttern die täglichen Opferspenden dar. Soviel sei also über die Pflichten der Ehefrau während der Abwesenheit des Gatten gesagt.

Auf diese Weise soll die eine und einzige Gattin, der das Wohlbefinden ihres Mannes am Herzen liegt, sich zu allen Zeiten tugendhaft und tadelsfrei verhalten, ob sie nun verheiratet ist oder eine wiederverehelichte Witwe oder eine Kurtisane.

Es wird gesagt, daß eine Ehefrau, die sich an den Pfad der Tugend hält, gewöhnlich religiöse Verdienste, materiellen Gewinn, gesellschaftliches Ansehen, guten Ruf und dazu einen Mann erwirbt, der keine anderen Frauen hat.

So endet das erste Kapitel des vierten Teils.

Zweites Kapitel

Die Schuldigkeit der ältesten und der jüngsten Ehefrau –
falls mehr als eine Gattin im Haus weilt, auch:
das rechte Verhalten der wiederverheirateten Witwe,
das rechte Verhalten der verdrängten Gattin,
die Rolle der Frauen im Harem des Königs,
das rechte Verhalten des Ehemanns,
dem mehr als eine Gattin zu eigen ist

Ein Mann entschließt sich dann, noch eine zweite Ehefrau zu nehmen, wenn die erste Gattin sich entweder als dumm erweist, oder wenn sie einen üblen Charakter an den Tag legt, oder wenn sie krank oder unfruchtbar ist, oder nur fortwährend Töchter auf die Welt bringt; seine eigene sinnliche Schwäche kann auch die Ursache sein.

Die Ehefrau soll vom frühesten Zeitpunkt an darauf achten, daß sie diese Möglichkeit durch die Zurschaustellung ihrer Ergebenheit, ihrer Charakterstärke und ihrer Geschicklichkeit ausschließt.

Stellt es sich heraus, daß sie unfruchtbar bleibt, ermutigt sie ihren Gatten selbst dazu, sich ein zweitesmal zu verheiraten.

Tritt dieser Fall ein, dann soll sie ihre Stellung und ihre Würde im Haushalt behaupten. Der neuen Ehefrau soll sie mit Gewandtheit entgegentreten und sie so behandeln, wie es eine ältere Schwester tut.

Sie überwacht die abendliche Ausstattung der neuen

Frau, auch wenn diese sich dagegen wehrt; ihre Fürsorge läßt sie dem Ehemann zu Ohren kommen.

Wenn die neue Frau lauthals ihr Glück auf Kosten ihres eigenen Glücks verkündet oder sich überheblich gegen sie benimmt, dann soll sie diese Dinge zu übersehen versuchen.

Bemerkt sie, daß die Neuhinzugekommene es an Aufmerksamkeit gegenüber dem Gatten fehlen läßt, so braucht auch sie nicht mehr allzusehr aufzupassen. Sieht jedoch die Neuhinzugekommene ihren eigenen Fehler ein und bemüht sich, den rechten Weg einzuschlagen, dann soll sie mit Eifer die Führung übernehmen.

Sie soll sie in den Künsten unterrichten, die ihrem Gatten noch nicht vertraut sind, und zwar unter vier Augen oder in Gegenwart ihres Gatten.

Bringt die neue Ehefrau einen Sohn zur Welt, dann soll die erste Frau ihm viel Liebe zuwenden. Auch sei sie zu der Dienerschaft der Nebenfrau freundlich.

Die Freundinnen der neuen Frau sollen auch zu ihren Freundinnen werden; sie soll darauf achten, daß sie ihren eigenen Verwandten nicht übertrieben viel Aufmerksamkeit zeigt – ebenso aber, den Verwandten der neuen Frau große Herzlichkeit entgegenzubringen.

Sind mehrere Nebenfrauen im Haus, ist es für die älteste Frau am vorteilhaftesten, in enger Beziehung zu der an Alter ihr nächsten Frau zu stehen.

Wenn die älteste Ehefrau feststellen muß, daß ihr Gatte die neue Frau allzusehr begünstigt, dann soll sie die Gattin, die zuletzt die bevorzugte war, gegen die Neuhinzugekommene aufhetzen und so einen Streit entfachen.

Sodann soll sie die Gattin versöhnen, mit der ihr Gatte gestritten hat.

Ohne sich in den Streit einzumischen, veranlaßt sie alle Nebenfrauen, sich gegen die Neuhinzugekommene zu wenden, und bewirkt, daß diese des Gatten Gunst verliert.

Sie nimmt Partei für die Frau, mit welcher der Mann gerade gestritten hat, und gießt so Öl ins Feuer.

Bemerkt sie, daß der Streit abgeflaut ist, dann soll sie ihn wiederaufleben lassen.

Besteht andererseits der Gatte darauf, alle seine Frauen zu versöhnen, dann soll sie es auf sich nehmen, die Rolle einer Friedensvermittlerin zu spielen. Das betrifft also das Benehmen der ältesten Ehefrau.

Die jüngste Ehefrau soll sich zu der ältesten Mitgattin wie zu ihrer Mutter verhalten.

Wenn sie die von ihren Anverwandten herstammenden Geschenke weiterverschenken will, dann soll sie sich von der ältesten Mitfrau beraten lassen; im allgemeinen soll sie alle Angelegenheiten, die sie selbst betreffen, unter der Anleitung der ältesten Mitfrau erledigen.

Sogar dann soll sie die Zustimmung der ältesten Mitfrau einholen, wenn die Reihe an sie kommt, mit dem Gatten zu schlafen.

Sie soll auch nichts von dem, was ihr die älteste Frau geraten hat, an die übrigen Mitfrauen ausplaudern.

Die Kinder der ältesten Mitfrau sowie der anderen Nebenfrauen soll sie mit größerer Sorgfalt behandeln als ihre eigenen Kinder; gegenüber dem Gatten zeigt sie verständlicherweise noch mehr Aufmerksamkeit.

Sie soll bei ihrem Gatten auf keinen Fall Klage über schlechte Behandlung führen, die ihr von seiten der anderen Ehefrauen widerfahren ist.

Sie muß sich darum bemühen – und zwar auf die ihr eigene Weise –, sich Achtung bei ihrem Gatten zu erwerben; bei allen sich bietenden Gelegenheiten macht sie ihm deutlich, daß es ihr eigentliches Lebensziel ist, seine Zuneigung und seine Achtung zu erringen. Das stellt die lebensspendende Arznei für sie dar.

Sie muß die Selbstbeherrschung lernen, um niemals ihren Haß auf die anderen Frauen zu offenbaren oder um nicht in Selbstlob zu verfallen.

Eine verheiratete Frau, die Geheimnisse ausplaudert, mißfällt gewöhnlich ihrem Gatten.

Gonardiya legt dar, daß die jüngste Mitfrau versuchen soll, die Zuneigung des Gatten zu gewinnen, damit sie sich gegen die älteste Mitfrau wappnen könne.

Sie soll jedoch Zuneigung und Mitleid für die älteste Mitfrau zeigen, die unglücklicherweise kinderlos ist; die gleichen Empfindungen soll sie bei ihrem Gatten zu erwecken suchen.

Ohne sich aber um die älteste Mitfrau zu kümmern, hält sie sich genau an das Verhalten, das für die eine und einzige Ehefrau an früherer Stelle beschrieben wurde.

Das gilt also für das Dasein der jüngsten Mitfrau.

Nun folgt, was die wiederverheiratete Witwe betrifft.

Die Witwe, die sich des ehelichen Lebens noch einmal zu erfreuen sucht, weil ihre Leidenschaftlichkeit unbeherrschbar ist, wird Punarbhu genannt. Sie muß allerdings die für eine Ehefrau erforderlichen Eigenschaften besitzen.

Nach der Ansicht des Babhravya steht es der Punarbhu frei, ihren Gatten zu verlassen, wenn sie feststellen muß, daß er der Vorzüge eines Weltmanns entbehrt; sie kann sich dann einen anderen Ehemann suchen.

Wird sie auch jetzt noch nicht zufriedengestellt, kann sie sich wieder einen anderen Gatten wählen, um ihr Glück zu gewährleisten.

Gonardiya legt dar, daß eine solche Frau nur dann wirkliches Glück finden kann, wenn sie einen Mann mit den an früherer Stelle beschriebenen Vorzügen heiratet und diese Verbindung mit einer befriedigenden körperlichen Einung mit ihm krönt.

Vatsyayana jedoch ist der Meinung, daß eine Witwe jeglichen Mann heiraten kann, den sie mag und der ihrer Ansicht nach zu ihr paßt.

Mit der Unterstützung ihrer Verwandten soll sie von ihrem Gatten soviel zu erlangen suchen, wie es für die Ausgaben für gesellige Feste, Toilettengegenstände einschließlich Blumen und Kränze, Almosen bei religiösen Feiern, Bewirtungen von Freunden und ähnliche Anlässe ausreichen würde.

Sie soll Schmuckstücke tragen, die ihr neuer Gatte ihr verehrt hat, oder sich neue machen lassen für das von ihm hergegebene Geld.

Sie ist keineswegs gezwungen, Schmuckstücke zu tragen, die ihr von ihren Verwandten geschenkt wurden.

Für den Fall, daß sie das Haus ihres Gatten verläßt, soll sie freiwillig Dinge zurückgeben, die sie zum Gebrauch empfangen hat; ausgenommen sind regelmäßig gegebene

Geschenke von ihm. Für den Fall jedoch, daß sie aus dem Haus gedrängt wird, braucht sie nichts zurückzugeben.

Während der Zeit, da sie im Haus des Gatten weilt, soll sie als die Herrin seines Haushalts auftreten, seinen gesetzlich angetrauten Frauen jedoch freundlich zugetan sein.

Mit Aufmerksamkeit begegnet sie allen Mitgliedern des Haushalts; die Freunde empfängt und bewillkommnet sie herzlich.

Sie entfaltet ihr ganzes Können in den Künsten und ihre Kenntnisse in anderweitigen Geschicklichkeiten.

Macht ihr Gatte Fehler, die zu Streitigkeiten mit den anderen Frauen führen können, rügt sie ihn deswegen selbst.

Während der leiblichen Einung mit ihm gebraucht sie eifrig ihre Kenntnis aller vierundsechzig Künste.

Wann immer auch sich die Gelegenheit bietet, soll sie sich die gesetzlich angetrauten Ehefrauen ihres Gatten verpflichten und schenkt auch deren Kindern Schmuck-stücke, Kränze und Blumen.

Stets soll sie sich aber wie ihre Herrin benehmen.

Wann immer auch sie jene ankleidet, soll sie es mit Herzlichkeit tun; gegenüber den Mitgliedern des Haus-halts und den Freunden soll sie mehr Gastfreundlichkeit zeigen als die übrigen Mitfrauen.

Sie soll einen Sinn für gesellige Zusammenkünfte, für Gartenfeste und für Ausflüge haben.

Das sind also die Schuldigkeiten der Punarbhu.

Jetzt folgt, was die unglückliche Frau anbetrifft.

Die Gattin, die unglücklich ist, da sie unterdrückt und

gekränkt wird, soll Freundschaft mit der am meisten bevorzugten Ehefrau ihres Mannes pflegen.

Sie soll ihre Gewandtheit in den Künsten zeigen, soweit es sich zu lohnen scheint.

Sie soll die Kinder ihres Gatten verhätscheln, alle seine Freunde für sich gewinnen und mit deren Unterstützung ihre Ergebenheit gegenüber ihrem Gatten beweisen.

Sie soll die Leitung bei religiösen Handlungen übernehmen und bei der Einhaltung von Gelübden und Fasten; sie zeigt für die Mitglieder des Haushalts die größte Aufmerksamkeit, doch sucht sie niemals auf irgendeinem Tätigkeitsgebiet die anderen Ehefrauen oder Mitglieder der Familie in den Schatten zu stellen.

Nun folgt, was ihr Verhalten im engeren Bereich betrifft. Wenn sie mit ihrem Gatten zu Bett liegt, soll sie seiner Leidenschaft ebenbürtig entgegenkommen.

Sie soll keinesfalls ihre Unwilligkeit offenbaren oder ihm Vorwürfe machen.

Hat ihr Gatte mit einer seiner Frauen gestritten, dann soll sie sich freiwillig erbieten, auf eine Versöhnung hinzuwirken.

Sie soll ihm bei allen seinen Liebesangelegenheiten Beistand leisten, ohne darüber mit irgend jemandem zu sprechen.

Auf diese Weise dürfte der Gatte erkennen, daß ihr zu vertrauen ist, und ihre Aufrichtigkeit würdigen.

Das sei also über das Verhalten der vernachlässigten Gattin gesagt.

Das Benehmen der anderen Mitfrauen im Harem soll den Richtlinien für das Benehmen der Ehefrauen folgen, wie es in den vorangegangenen Absätzen beschrieben worden ist.

Im folgenden wird nun das rechte Verhalten des Königs dargelegt.

Wenn die Dienerinnen des Harems dem König Kränze, Gefäße mit Wohlgerüchen und Gewänder reichen, sollen sie ihm bei dieser Gelegenheit mitteilen, daß sie von seinen Gemahlinnen gesandt worden sind.

Hat der König die Gaben angenommen, soll er ihnen als Gegenstück Kränze überreichen lassen, die von ihm selbst gebunden worden sind.

Am Nachmittag, wenn die Toilette beendet ist, besucht der König die Mitglieder des Harems und versammelt sie manchmal alle bei sich in einem der königlichen Gemächer.

Er erweist ihnen die Achtung und das Entgegenkommen, wie es sich für Zeit und Gelegenheit gebührt, und pflegt eine fröhliche Unterhaltung mit ihnen.

Anschließend trifft er mit den Punarbhus in seinem Harem zusammen und zeigt ihnen gegenüber das nämliche Verhalten.

Zu guter Letzt besucht er die Kurtisanen und Schauspielerinnen in seinem Harem.

Die Wohnungen aller dieser Mitglieder des Harems sind so angeordnet, wie es ihrer Rangfolge entspricht.

Nachdem der König sich von seiner Mittagsruhe erhoben hat, teilen ihm die Zofen und die Diener der geachteten Gemahlinnen mit, an wem die Reihe ist, ihm Gesellschaft zu leisten, welche gerade ihre Regel hat und dergleichen; sie überreichen ihm sodann Ring, Duftwasser und Gewänder, die von den Ehefrauen gesandt worden sind. Der König wählt die Gaben einer bestimmten Gemahlin aus und zeigt solcherart an, an wem die Reihe ist.

Bei Festlichkeiten widmet sich der König seinen Gemahlinnen, wie es ihrem Rang zukommt; er erweist ihnen allen Ehre. Auf dieselbe Weise verhält er sich während Musikdarbietungen und Theateraufführungen.

Den im Harem Eingeschlossenen ist es nicht gestattet, ihn zu verlassen; Außenstehende haben keinen Zutritt zu ihm, ausgenommen jene, deren Charakter und deren sittliches Gebaren als untadelig bekannt sind.

In den Angelegenheiten der leiblichen Einung braucht sich der König keinen Zwang aufzuerlegen.

Damit ist die Darlegung über das rechte Verhalten der Mitglieder des Harems abgeschlossen.

Es folgt die Darlegung über das rechte Verhalten des Ehemanns, der mehrere Ehefrauen hat.

Ein Ehemann, der viele Ehefrauen in seiner Obhut hat, soll gegenüber allen gerecht sein und zusehen, daß er keine vernachlässigt; er soll aber keine Mängel auf ihrer Seite dulden. Er soll nicht der einen Gattin die körperlichen Makel einer anderen verraten; auch soll er nicht vor einer Frau das Lob der Freuden singen, die er mit einer anderen genossen hat; ganz gewiß soll er aber auch nicht einer Ehefrau von den vertraulichen Vorwürfen einer anderen berichten. Wenn eine von seinen Frauen übel von einer anderen seiner Gattinnen spricht, dann soll er das keinesfalls hingehen lassen, sondern sie an die eigenen Fehler erinnern.

Er muß lernen, allen seinen Frauen auf verschiedene Weise zu gefallen. Die eine soll er zu seine Vertrauten machen; eine andere soll er mit ausdrücklicher Ehrerbietung behandeln; die dritte umsorgt er achtungsvoll; die vierte unterhält er, indem er Ausflüge mit ihr unternimmt; die fünfte erfreut er durch die Einung; die sechste überhäuft er mit Gaben und Geschenken; noch einer anderen erweist er seine Schuldigkeit, indem er ihre Verwandten ehrt, und einer weiteren durch liebevolles Umhegen.

Abschließend ist zu sagen: Die junge Ehefrau, die seinen Mißmut besiegen kann, indem sie sich genau so benimmt, wie es die Anweisungen der gelehrten Schriften über die Liebe wollen, überragt alle anderen Mitfrauen und beherrscht sie.

So endet das zweite Kapitel des vierten Teils.

So endet auch der vierte Teil.

FÜNFTER TEIL

DER UMGANG MIT DEN FRAUEN ANDERER MÄNNER

Erstes Kapitel

*Die Eigenheiten der Liebe bei Männern und
Frauen, auch: die Gründe für eine
Zurückhaltung, die Männer, die bei den Frauen
leicht Gefallen finden, die Frauen, die ohne
Beschwer gewonnen werden können*

Die Voraussetzungen, unter denen ein Mann die
Frauen anderer Männer aufsuchen kann, sind
bereits früher aufgezählt worden, doch soll er jedenfalls
vom allerersten Anfang an die folgenden Punkte abwägen: Wie weit es möglich ist, sie zu gewinnen; ob mit
ihrer Umwerbung irgendeine Gefahr verbunden ist; ob
sie es wert ist, daß man sie gewinnt und die Einung mit
ihr vollzieht; ob sie die Eignung besitzt, ihm Glück zu
bringen; ob sie seiner ganzen Existenz Schaden zufügen
könnte, und desgleichen mehr.

Muß ein Mann erkennen, daß seine Liebe zu der Frau
eines anderen Mannes an Leidenschaft immer mehr
zunimmt, dann soll er sich daranmachen, sie zu gewinnen, um sich vor weiterer Qual zu bewahren.

Die Leidenschaftlichkeit der Liebe wächst mit dem Erreichen jeder der folgenden zehn Stufen:

- ✦ Die Liebe beim ersten Anblick,
- ✦ die Verkettung im Herzen,
- ✦ unablässiges Gedenken,
- ✦ Schlaflosigkeit,

- ✦ körperliche Abzehrung,
- ✦ Abkehr von allen anderen Interessen,
- ✦ Verflüchtigung der Schamhaftigkeit,
- ✦ Verrücktheit im Geist,
- ✦ Ohnmacht und sonstige Anfälligkeit des Leibes,
- ✦ Tod.

Die Gelehrten und Weisen behaupten, daß ein Mann vom Anfang an die Geneigtheit der Frau erkennen soll, ihre Wahrhaftigkeit, ihre Lauterkeit, die Stärke oder die Schwäche ihrer Leidenschaft, ihre Gewinnbarkeit und dergleichen mehr – und dies alles aus den äußeren Merkmalen und Gebärden.

Vatsyayana ist jedoch der Meinung, daß aus den körperlichen Merkmalen und Gesten allein noch nicht ausreichend genug gefolgert werden kann, sondern daß man das Verhalten und die Einstellung einer Frau zwar auch aus ihrem Mienen- und Gebärdenspiel herauslesen und entsprechende Schlüsse ziehen kann, den Charakter aber stets berücksichtigen muß.

Gonikaputra äußert die Ansicht, daß zwar manche Frau sich zu jedem ansehnlichen Mann hingezogen fühlt, den sie erblickt, und daß auch mancher Mann jede schöne Frau begehrt, der er begegnet, daß aber doch keines von ihnen einen ernsthaften Versuch unternimmt, um das Verlangen zu stillen.

Bei den Frauen läßt sich in bezug auf die Verwirklichung in dieser Sache ein Unterschied zu der Haltung der Männer erkennen.

Obwohl eine solche Frau Liebe für einen derartigen

Mann empfindet, scheut sie doch davor zurück, die leibliche Einung mit ihm zu vollziehen; das geschieht nicht so sehr aus religiösen Erwägungen heraus als vielmehr aus anderen Gründen.

Ihre innerste Natur schreckt vor der Ausführung zurück, wenn der Mann an sie herantritt, obwohl sie gegen den Gedanken an sich nichts einzuwenden hat; sie wird schließlich nur durch geduldige und unablässige Werbung gewonnen.

Sogar der Mann sperrt sich dagegen, erobert zu werden, wenn sich die Frau ihm mit Liebesspielen und kleinen Schäkereien nähert; das tut er wohl, um seine stolze Haltung bewahren zu können.

Gelegentlich unternimmt der Mann einen Versuch, den Gegenstand seiner Zuneigung zu gewinnen, jedoch ohne irgendwelche tiefere Begründung; wenn sie ihm in diesem Fall nicht gleich entgegenkommt, verstärkt er seine Aufmerksamkeit nicht und läßt gewöhnlich bald jedes Interesse daran fahren. Desgleichen wird er gleichgültig gegenüber der Frau, sobald er sie gewonnen hat.

Der Mann verschmäht eine Frau, die allzu leicht zu gewinnen ist; er sehnt sich nach einer, bei der das nicht zutrifft. Dies ist allgemein als Wahrheit in der ganzen Welt erkannt worden.

Es folgt nun eine Aufzählung der Gründe, aus denen eine Einung abgelehnt werden kann:

✦ Die Liebe zum eigenen Gatten;
✦ die Rücksichtnahme auf Familie und Kinder;

- die Erwägung, schon zu alt zu sein;
- eine traurige Stimmung oder ein schmerzlicher Todesfall in der Familie;
- die Unmöglichkeit, sich von ihrem Gatten fortzubegeben;
- die Erwägung, daß der andere Mann sie nicht aus Liebe, sondern aus anderen Gründen begehrt; wenn sie das erkennt, empfindet sie starke Verärgerung;
- die Erwägung, daß es höchst schwierig oder gar unmöglich ist, die Empfindungen oder Neigungen des Mannes im Bezug auf sie zu ergründen; sie wird darum zögern, freundliche Gedanken für ihn zu hegen;
- die zweifelnde Unsicherheit, die ihren Sinn erfüllt, ob er sich nicht bald einer anderen Frau zuwenden wird, oder daß es für sie keine gemeinsame Zukunft geben kann, oder wegen ihres Verdachts, daß er sich bereits von irgendeiner anderen Frau angezogen fühlt;
- die Befürchtung, daß er in einen öffentlichen Handel verwickelt wird;
- die Befürchtung, sie könnte möglicherweise vernachlässigt werden, da er mit dem Kreis seiner Freunde allzu häufigen Umgang pflegt;
- der Verdacht, daß er sie weniger aus verliebten Gründen als vielmehr aus lüsterner Leichtfertigkeit umwirbt;
- die Schüchternheit, die sich wegen seiner angesehenen Stellung in der Gesellschaft einstellt;
- die Befürchtung, die sie wegen seiner wuchtigen Kraft im Fall ihrer Einung hegt, wenn sie selbst zum Typ der Gazelle gehört und zugleich von ihm an-

nimmt, er verfüge über einen gewaltigen geschlechtlichen Drang;

+ die Beschämung, die sie befällt, wenn sie sich vor-
stellt; daß er als gebildeter Weltmann in den Künsten
wohlbewandert sein wird;

+ der Gedanke, daß sie schon einmal mit ihm verkehrt
hat, aber ausschließlich auf freundschaftlichem Fuß;

+ der Eindruck, daß ihm der Sinn für die Schicklichkeit
abgeht;

+ die Wahrscheinlichkeit, daß sie von ihren Freundinnen ausgelacht wird, ruft Schüchternheit und Zurückhaltung gegen ihn hervor;

+ die Folgerung, daß die leibliche Einung mit ihm nicht
befriedigend ausfallen dürfte, weil sie zum Typ der
Elefantenkuh gehört, während sie den Mann als zum
Typ des Hasen gehörig erachtet;

+ die Sorge, daß er wegen ihr Schaden erleiden könnte;

+ die Vorstellung, daß sie selbst unzulänglich sei; daher
ermutigt sie ihn nicht;

+ die Befürchtung, daß ihre körperliche Einung an
den Tag komme und sie von ihren Angehörigen verstoßen würde;

+ das Zaudern, in das sie beim Erkennen seines schon
fortgeschrittenen Alters – seine ergrauenden Haare
verraten ihn – verfallen ist;

+ der Verdacht, daß der sie umwerbende Mann von
ihrem Gatten beauftragt worden ist, ihre Treue zu
prüfen; das führt zu einem vorsichtigen Gebaren
ihrerseits;

+ die Überlegungen, die rein religiöser Art sind.

Welche Gründe es auch sein mögen, die der Mann als Hindernisse für seine Werbung herausfindet, er soll sie von Anfang an zu überwinden trachten.

Er soll ihre Leidenschaft zu schüren suchen und darauf achten, daß ihr Zaudern, welches auf ihrer vornehmen Erziehung beruht, den Fortschritt der Beziehung nicht beeinträchtigt.

Er soll auch anderweitige Hindernisse bemerken und Wege und Mittel vorschlagen, wie diese Schwierigkeiten zu überwinden sind.

Er soll die von ihren Zweifeln und Verdächtigungen herrührenden Befürchtungen zerstreuen, indem er größere Vertraulichkeit mit ihr pflegt.

Mittels der Entfaltung seiner Männlichkeit und seiner Beschlagenheit in den Künsten soll er ihr beweisen, daß er über alles, was den geeigneten Ort und die rechte Zeit betrifft, gut Bescheid weiß.

Wenn sie ihn verdächtigt, sich in der Öffentlichkeit nicht zurückhalten zu können, soll er ihrem Sinn so zur Ruhe verhelfen, daß er einen Fußfall vor ihr macht.

Mit Hilfe seines zutunlichen Verhaltens kann er alle Einwände, die für ihr Zaudern verantwortlich sind, aus dem Weg räumen.

Nun folgen die Arten der Männer, die im allgemeinen Erfolg bei den Frauen erringen:

+ Ein Mann, der mit dem Kamasutra oder der Kunst der Liebe überhaupt wohlvertraut ist;
+ ein Mann, der es versteht, Anekdoten und Geschichten zu erzählen;

- ein Mann, der mit der Frau von Kindheit an gut bekannt ist;
- ein Mann, der reife Männlichkeit besitzt;
- ein Mann, der sich das Zutrauen der Frau durch seine überragenden Kenntnisse in den Regeln der Spiele und dergleichen erworben hat;
- ein Mann, der der Frau gehorcht;
- ein Mann, der sanft zu reden versteht;
- ein Mann, der bereits einmal die Rolle des Liebesboten gespielt hat;
- ein Mann, der ihre Geheimnisse kennt;
- ein Mann, der bereits von einer anderen, höherstehenden Frau begehrt wird;
- ein Mann, den eine Freundin heimlich zu gewinnen trachtet;
- ein Mann, der für sein gewaltiges Glück und seine angenehmen Lebensverhältnisse bekannt ist;
- ein Mann, der mit ihr zusammen erzogen worden ist;
- ein Mann, der in der Nachbarschaft lebt und in den Angelegenheiten des geschlechtlichen Umgangs als wohlbewandert gilt;
- ein Mann, der als Diener fungiert und in den Angelegenheiten des geschlechtlichen Umgangs als wohlbewandert gilt;
- ein Mann, der der Geliebte der Milchschwester ist;
- ein Mann, der gerade in die Familie hineingeheiratet hat und somit verschwägert ist;
- ein Mann, der auf Theateraufführungen und Gartenfeste versessen und als freigebiger Spender bekannt ist

+ ein Mann, der als zum Typ des Stiers gehörig bekannt ist;
+ ein Mann, der eine abenteuerliche Ader hat
+ ein Mann, der als tapfer gilt;
+ ein Mann, der dem Gatten an Wissen, an gutem Aussehen, an freudespendender Fähigkeit und ähnlichen Vorzügen überlegen ist;
+ ein Mann, der sich vornehm zu kleiden und zu benehmen versteht.

Gerade so wie sich ein Mann überlegen muß, welche Aussichten er bei seiner Werbung hat, so muß er auch herausfinden, welche Frauen am ehesten zu gewinnen sind.

Die folgenden Arten der Frauen sind wahrscheinlich leicht zu gewinnen, und zwar durch bloße Umwerbung:

+ Eine Frau, die am Eingang ihres Hauses herumlungert und auf die Straße gafft;
+ eine Frau, die gern an Schwätzereien im Haus einer Nachbarin teilnimmt;
+ eine Frau, die beständig irgendwohin starrt; eine Frau, die auf die Seite blickt, wenn man sie anschaut;
+ eine Frau, in deren Haus eine zweite Gattin eingezogen ist;
+ eine Frau, die ihren Gatten haßt;
+ eine Frau, die von ihrem Gatten gehaßt wird;
+ eine Frau, die keinerlei Einschränkungen kennt;

- eine Frau, die keine Kinder hat und deswegen stets Schutz im Haus ihrer Eltern suchen muß;
- eine Frau, deren Kinder gestorben sind;
- eine Frau, die immer emsig darauf aus ist, Gesellschaften und Plauderstunden zu veranstalten;
- eine Frau, die leidenschaftlichen Neigungen nachhängt;
- eine Frau, die mit einem Schauspieler oder Tänzer verheiratet ist;
- eine Frau, der schon im Kindesalter der angetraute Gatte gestorben ist;
- eine Frau, die arm ist;
- eine Frau, die unablässig nach Vergnügungen hascht;
- eine Frau, die als älteste Mitgattin lebt und zahlreiche Schwäger hat;
- eine Frau, die voll Stolz auf ihre Abstammung aus einer vornehmen Familie ist und deren Gatte aus niedrigem Stand kommt;
- eine Frau, die sich etwas auf ihre Gewandtheit einbildet;
- eine Frau, die über die Narrheiten ihres Gatten verärgert ist;
- eine Frau, die mit der Unzulänglichkeit ihres Gatten unzufrieden ist und deshalb danach trachtet, mehr zu gewinnen;
- eine Frau, die unter großen Anstrengungen in ihrer Mädchenzeit verlobt worden ist, deren Heirat aber dann scheiterte und die jetzt umworben wird;
- eine Frau, die viele Dinge mit einem Mann gemeinsam hat: Klugheit, Veranlagung, Charakterstärke,

allgemeine Interessen, ähnliche örtliche Gewohnheiten und gegenseitige Anziehung;

✦ eine Frau, die ohne jeglichen Anlaß oder irgendeine Schuld von den Angehörigen gedemütigt wird;

✦ eine Frau, die von den ihr an Schönheit und Talenten gleichgestellten Frauen verspottet wird;

✦ eine Frau, deren Mann für längere Zeit von daheim abwesend ist.

Die Frauen der im folgenden aufgezählten Arten der Männer sind ebenfalls leicht zu gewinnen:

✦ Ein Mann, der eifersüchtig ist;

✦ ein Mann, der schmutzig ist;

✦ ein Mann, der zu der Kaste der Chokshas gehört;

✦ ein Mann, der ein Eunuch ist;

✦ ein Mann, der sehr saumselig ist;

✦ ein Mann, der feig ist;

✦ ein Mann, der bucklig oder verwachsen ist;

✦ ein Mann, der verkrüppelt ist;

✦ ein Mann, der häßlich ist;

✦ ein Mann, der Edelsteine verarbeitet;

✦ ein Mann, der sich bäuerlich benimmt;

✦ ein Mann, dem übler Geruch anhaftet;

✦ ein Mann, der ständig kränkelt;

✦ ein Mann, der schon alt und abgezehrt ist.

Es geht die Redensart, daß die Liebe, die natürlicherweise entstanden ist und durch beiderseitige Sorgfalt gehegt wurde, dauerhaft wird und mancherlei Schwierigkeiten überlebt, sobald nur jeder Anlaß zu Befürchtungen und Verdächtigungen erkannt und ausgeräumt worden ist.

Ein Mann, der seiner Fähigkeiten in Liebesangelegenheiten sicher ist und die Zeichen und Gebärden zu deuten weiß, ist im allgemeinen in seinen Beziehungen zu den Frauen vom Erfolg begleitet.

So endet das erste Kapitel des fünften Teils.

Zweites Kapitel

*Die Annäherung an eine Frau sowie die
Bestrebung, sie für sich zu gewinnen*

Nach der Ansicht der Weisen wird ein Mädchen durch die Umwerbung mittels eines Liebesboten nicht so leicht gewonnen als durch die eigenen und persönlichen Bemühungen des in sie verliebten Mannes; jedoch die Frauen anderer Männer, die notwendigerweise ihre Empfindungen verbergen müssen, sind mittels Liebesboten viel leichter zu gewinnen als durch persönliche Umwerbung.

Vatsyayana ist der Meinung, daß in allen Fällen die persönlich betriebene Umwerbung besser ist als die Umwerbung mittels eines Liebesboten. Allerdings ist in einigen Fällen die Verwendung eines Boten notwendig.

Als grundsätzliche Regel gilt folgendes: Diejenigen Frauen, die zum ersten Mal gewonnen werden sollen und bei denen für die Verbindung mittels Reden nicht viel Gelegenheit ist, müssen durch persönliche Bemühungen berückt werden; in anderen Fällen müssen die Dienste eines Boten dazu herhalten, um den Sinn und den Körper einer Frau für das Abenteuer zu gewinnen.

Ein Mann, der darauf versessen ist, eine Frau persönlich zu umwerben, soll zuerst Blicke mit ihr tauschen und eine gewisse Vertraulichkeit pflegen.

Er kann das in der Nähe seines eigenen Hauses tun; andererseits kann er einen vorsichtigen Versuch unternehmen, sie zu sehen; das kann er wiederum in der Nähe des Hauses eines Freundes oder Verwandten oder eines hohen Beamten oder eines Arztes tun; die Gelegenheiten dazu sind verschieden, nämlich Hochzeiten, Opferfeiern, Festlichkeiten, traurige Anlässe, Gartengesellschaften und dergleichen.

Wann auch immer der Mann sie zu Gesicht bekommt, soll er unablässig auf sie schauen er soll sie beobachten, wenn sie ihre losen Haare hochsteckt oder wenn sie sich mit ihren Nägeln kratzt oder wenn sie mit ihren Schmuckstücken klimpert oder wenn sie ihre Unterlippe zusammenpreßt und sich anderen Handlungen dieser Art widmet. Er soll es so einzurichten wissen, daß er von ihr erblickt wird, wenn er im Kreis seiner Freunde weilt; er soll dann über sie sprechen, wobei er aber tut, als ob er über irgendeine andere Frau rede. Er verkündet auch überall, daß er sein Leben mit vielerlei Vergnügungen verbringe und er lebt auch großzügig. Wenn er neben einer anderen befreundeten Frau sitzt, gähnt er und streckt seine Glieder, wobei er ihren Worten deutlich gelangweilt zuhört. Kommt er dem Gegenstand seiner Zuneigung nahe, dann wendet er sich an den Jungen, der auf ihrem Schoß sitzt und erzählt ihm eine Geschichte, die auf sie gemünzt ist, die sich aber dem äußeren Anschein nach auf jemand anderen bezieht. Er erklärt ihr während seiner Geschichte auf verschlüsselte Weise seine lang gehegte Sehnsucht nach ihr und küßt das junge Kerlchen, als ob er sie küssen würde, umarmt den Burschen, bietet ihm Betelblätter an, als ob er sie ihr anbieten würde, drückt den Finger gegen sein Kinn, und widmet sich noch anderweitig dem Jungen, wobei er auf die Schicklichkeit und die geeignete Stunde achtet.

Er soll also das auf dem Schoß befindliche Kind liebkosen, ihm Spielzeug schenken, ihr ständig nahe sein und kurze Unterhaltungen mit ihr anknüpfen. Hat er sich mit einer ihr befreundeten Person angefreundet, soll er versuchen, irgendeine Ausrede für irgendein zu erledigendes Werk zu finden, das ihn in ihre Nähe bringt; von dieser Ausrede macht er weidlich Gebrauch. Außerhalb ihres Blickfelds, doch innerhalb ihrer Hörweite, unterhält er sich über Themen, die ihr Geschlecht und die Liebe betreffen.

Wenn auf eine solche Art eine gewisse Vertraulichkeit entstanden ist, läßt er bestimmte Dinge in ihrem Haus, damit sie aufgehoben würden; er erklärt dazu, daß er diese Sachen später, eine nach der anderen, wieder abholen würde.

Parfüm und Betelnüsse und ähnliches soll er häufig benützen, wenn nicht gar jeden Tag.

Indem er sein Ziel verfolgt, ein vertrauliches Verhältnis zwischen sich und der begehrten Frau zu schaffen, lädt er sie ein, Unterhaltungen mit seinen Frauen zu pflegen; er richtet es so ein, daß sie mit ihnen zusammen an abgeschlossenen Orten weilen kann.

Gemäß seiner Absicht, sie unter irgendeinem Vorwand besuchen zu können, nimmt er die Dienste von Goldschmieden, Gemmensetzern, Juwelieren, Färbern von blauen und roten Gewändern und dergleichen Leuten in Anspruch.

Auf diese Art und Weise wird er sich zu ihrem Vorteil betätigen und sowohl die Gelegenheiten haben, um sie für längere Zeit zu sehen, als auch die Möglichkeit schaffen, den Leuten als ein eifriger Mann bekannt zu werden.

Während er dieser Beschäftigung obliegt, soll er ein besonderes Augenmerk auf irgendwelche ausgefallenen Erledigungen richten, die er für sie machen kann. Wenn sie in Verlegenheit ist, wie dies oder jenes zu erledigen ist, soll er ihr einen Weg zeigen, ihr die Art und Weise erläutern, wie man Kenntnis über den betreffenden Gegenstand erlangen kann, und so seine Leistungsfähigkeit in diesen Sachen unter Beweis stellen.

Er soll lange Gespräche mit ihr und ihren Dienerinnen über die Qualitäten und Fehler der Edelsteine und sonstiger kostbarer Dinge führen; ebenso unterhält er sich mit ihnen über Geschichten aus den alten Epen.

Gelegentlich soll er in diesen Dingen eine abweichende Meinung äußern und die Frau als Schiedsrichter anrufen, über die Richtigkeit zu entscheiden.

Unterscheidet er sich jedoch von ihr selbst in gewissen Punkten, dann soll er eine ihrer vertrautesten Dienerinnen als Schiedsrichter anrufen.

Das sei also über die Mittel gesagt, wie Vertraulichkeit im Umgang mit der Frau eines anderen Mannes gepflegt wird.

Die Frau, mit der der Mann in ein vertrauliches Verhältnis gekommen ist, soll mit der nämlichen Sorgfalt umworben werden, mit welcher ein Mädchen umworben wird, sobald sie ihre Gefühle mittels unmißverständlicher Zeichen und Gebärden offenbart hat.

Im Fall, daß es sich um ein Mädchen handelt, wird jedoch die Umwerbung noch sorgfältiger und nicht so ganz offensichtlich betrieben, da ein Mädchen mit der Beschaffenheit der körperlichen Einung noch nicht vertraut ist.

Im Fall aber, daß es sich um die Frau eines anderen Mannes handelt, wird die Umwerbung um ein gewisses Maß offener betrieben, da sie bezüglich der körperlichen Einung erfahren ist.

Hat die Frau nun einmal ihre geschlechtlichen Neigungen durch gewisse Zeichen zum Ausdruck gebracht, dann soll der Mann von den ihr gehörenden Dingen den gleichen Gebrauch machen, wie sie es mit seinen Sachen halten würde. Das führt zu Gefallen auf beiden Seiten.

Unter den Dingen, die er ihr geben sollte, befinden sich köstliche Parfüms, Obergewänder, Blumen, Ringe und Betelblätter; er bittet sie auch darum, ihm eine Blume aus ihrem Haar zu geben, wenn er sich auf dem Weg zu geselligen Zusammenkünften befindet.

Überreicht er ihr diese Geschenke, ob es sich nun um Parfümbehälter oder andere Dinge handelt, dann sollten sie seine Nagel- und Zahnmale aufweisen; so drückt er seine Empfindungen für sie aus.

Auf solche Weise soll er sie im Verlauf seiner Umwerbung Schritt für Schritt von ihrer Furchtsamkeit befreien.

Im Lauf der Zeit geleitet er sie dann an einen abgeschlossenen Ort, umarmt und küßt sie, bietet ihr Betelblätter an, tauscht die umhegten Geschenke aus und erweckt durch Berührungen ihre Leidenschaft. Das bezeichnet man als die Umwerbung in der Bahya- und in der Abhyantara-Art.

Ist ein Mann damit ausgefüllt, Einfluß auf eine Frau zu gewinnen, dann soll er keinesfalls einer anderen Frau im gleichen Haus schöne Augen machen. Lebt eine alte Frau im Haus, die in geschlechtlichen Angelegenheiten Erfahrung besitzt, dann soll er sie durch Geschenke auf seine Seite bringen und sich ihrer Unterstützung versichern.

Ein Mann soll eine Frau nicht umwerben, deren Gatte auf körperlicher Genugtuung bestehen könnte; das gilt sogar, wenn sie leicht zu gewinnen wäre.

Ein kluger Mann, der seine eigenen Fähigkeiten kennt, soll nicht einmal erwägen, eine mißtrauische Frau zu umwerben, oder eine, die allzu gut gehütet wird, oder eine, die sich vor ihrem Gatten fürchtet, oder eine, die eine Schwiegermutter hat.

So endet das zweite Kapitel des fünften Teils.

Drittes Kapitel

*Die Überprüfung
der weiblichen Geneigtheit*

Wenn ein Mann einer Frau schöne Augen macht, dann soll er ihr Verhalten einer Prüfung unterziehen und daraus ihre Empfindungen beurteilen.

Die Frau, die sich nichts anmerken läßt, soll durch einen Liebesboten gewonnen werden.

Wenn sie bei der ersten Umwerbung keine Zusage macht, aber bei der zweiten Umwerbung sich zu guter Letzt zugänglicher zeigt, soll er ihr Zögern als ein günstiges Zeichen auslegen und sich daranmachen, sie durch allmähliches Vorgehen zu gewinnen.

Wenn die Frau bei der ersten Umwerbung keine Zusage macht, aber auf ihr eigenes Betreiben hin ein zweites Mal mit ihm zusammentrifft, noch dazu mit ihrem Putz geschmückt, dann soll er sie als zugänglich erachten und die Einung an einem einsamen Ort mit Gewalt vollziehen.

Eine Frau, die viele Umwerbungen über sich ergehen läßt und sich sogar nach einer langen Frist noch nicht zugänglich zeigt, muß als eine Tändlerin in Liebessachen angesehen werden; aber der Mann vermag sogar sie zu gewinnen, indem er in unablässiger Beziehung zu ihr bleibt.

In Anbetracht dessen, daß der menschliche Sinn launisch und unbeständig ist, soll er eine Zeitlang davon absehen, innigere Beziehungen zu ihr zu unterhalten.

Sucht nun eine Frau, obwohl sie umworben wird, den Mann zu meiden und gibt ihm aus Gründen ihres Stolzes und ihrer Selbstachtung und auch aus Achtung vor dem Mann keine Zusage, so kann man sie nur mit den allergrößten Anstrengungen und selbst dann nur nach einer langen Freundschaft gewinnen.

Eine solche Frau soll mit der Hilfe einer Vermittlerin gewonnen werden, die ihre Geheimnisse kennt.

Wenn sie die Vorstöße des Mannes mit barschen Worten zurückzuweisen sucht, soll er sich nicht darum kümmern oder es einfach überhören.

Ist der Mann trotz ihrer barschen Redensarten der Überzeugung, daß sie sich nach Liebe sehnt, dann soll er seine Bemühungen fortsetzen, um sie zu gewinnen.

Wenn sie zum Beispiel die Berührung ihrer Glieder duldet, aber aus dem einen oder anderen Grund die wahren Absichten des Manne nicht kennen will, dann zeigt sie ihre unschlüssige Haltung an; der Mann kann sie mit Geduld und mit unablässiger Bemühung doch noch gewinnen.

Schläft sie zum Beispiel in seiner Nähe, soll er sich ebenfalls schlafend stellen und dabei seine Hand auf ihre Hand legen; schiebt sie die Hand nicht beiseite, während sie zu schlafen vorgibt, tut dies aber sogleich beim Erwachen, dann soll er das als eine Ermutigung für die weitere Umwerbung gelten lassen.

In ähnlicher Weise soll er eines seiner Beine über ihre Beine legen.

Wenn solche Gesten für eine längere Zeitspanne erlaubt

werden, dann soll er sich daranmachen, die schlafende Frau zu umarmen.

Wenn sie plötzlich aufwacht, weil sie die innige Umarmung keinesfalls hinnehmen will, aber am nächsten Tag sich gleicherweise ungeniert beträgt wie an den vorangegangenen Tagen, dann kann er daraus endgültig schließen, daß sie seine Umwerbung wünscht. Wenn er sie jedoch am nächsten Tag nicht sieht, dann weiß er, daß sie wahrscheinlich durch einen Liebesboten zu gewinnen ist.

Wenn er sie für längere Zeit nicht gesehen hat, aber sie danach auf die gewöhnliche Weise seine Umwerbung hinnimmt, soll er seine Bemühungen von neuem aufnehmen, da sie damit ihre Gefühle bereits durch Zeichen und Gebärden ausgedrückt hat.

Wenn eine Frau, ohne von dem Mann umworben worden zu sein, ihn an einem abgelegenen Ort einlädt, dann zeigt sie ihm, daß sie zugänglich ist. Sie deutet dies auf folgende Arten an:

✦ Sie bebt und spricht mit einer stockenden Stimme.

✦ Sie schwitzt an Händen und Fingern, im Gesicht und an den Füßen.

✦ Sie macht das Anerbieten, seinen Kopf zu drücken und seine Schenkel zu massieren.

✦ Während sie massiert, steigert sich ihre Leidenschaft; während sie ihn mit der Hand frottiert, berührt sie mit der anderen Hand seine Glieder, eines nach dem anderen, und umarmt ihn zuletzt.

✳ Indem sie sich den Anschein der Ermüdung gibt, lehnt sie sich halb schlafend an ihn, gurrt vor Vergnügen und umschlingt ihn mit Armen und Beinen.

✳ Sie läßt ihre Stirn auf seinen Schenkeln ruhen.

✳ Wenn er sie ersucht, die verbindenden Gelenke seiner Schenkel zu massieren, dann nimmt sie keine ablehnende Haltung ein.

✳ Sie hält ihre Hand eine Weile ganz ruhig an der besagten Stelle.

✳ Wenn der Mann sie ganz fest mit seinen Schenkeln umschlingt, widerstrebt und entzieht sie sich ihm erst nach einer längeren Weile.

✳ Wenn sie solcherart die Umwerbung des Mannes bejaht hat, begibt sie sich am darauffolgenden Tag wieder unter dem Vorwand, ihn massieren zu wollen, zu ihm.

✳ Sie umwirbt ihn nicht allzu offenkundig; nichtsdestoweniger zaudert sie jedoch nicht, wenn sie umworben wird.

✳ Sie gibt ihre Empfindungen an einsamen Orten kund.

✴ Trifft sie ihn aber auf öffentlichen Plätzen, dann benimmt sie sich ganz alltäglich und zeigt ihre Gefühle nicht.

Auf die nämliche Weise reagiert sie, wenn sie von einem Diener im Auftrag des Geliebten umworben wird. Sie wird allerdings durch einen Liebesboten gewonnen, der um ihre zuinnerst verhaltenen Geheimnisse weiß.
Zeigt sie Zurückhaltung, dann muß er ausfindig zu machen suchen, ob das ihre echte Einstellung ist oder ob sie nur etwas vorspielt. Auf solche Weise vermag er ihre Empfindungen einer Prüfung zu unterziehen.

Der Mann soll sich zuerst darum bekümmern, Bekanntschaft mit der Frau zu schließen; alsdann soll er eine Unterhaltung mit ihr beginnen und je nach der Möglichkeit ihre Neigungen in Liebesangelegenheiten zu klären suchen.
Gelingt es ihm, sich durch ihre Haltung über ihre Neigungen zu vergewissern, dann soll er alle Scheu und Ängstlichkeit beiseite setzen und seine Umwerbung stürmisch vorantreiben.
Gibt eine Frau ihren Gefühlen mittels Zeichen und Gebärden Ausdruck, dann soll sie sogleich beim ersten Zusammentreffen umworben werden.
Wenn eine Frau von einem Mann nicht allzu stürmisch und hitzig angegangen wird und dennoch eine günstige Zusage erteilt, dann kann sie als unmittelbar gewonnen erachtet werden und als begierig auf körperliche Einung.
Diese besonderen Einzelheiten des Vorgehens sind zum

Nutzen jener Männer bestimmt, die bei der einen oder anderen Frau eine zaudernde Haltung feststellen müssen oder Furchtsamkeit oder überhaupt Empfindungen, die erst zu überprüfen sind.

So endet das dritte Kapitel des fünften Teils.

Viertes Kapitel

Die Aufgaben des Liebesboten

Wenn eine Frau dem Mann noch unbekannt ist, auf die er es abgesehen hat, oder wenn er sie nur sehr selten zu sehen bekommt, dann soll er die Hilfe einer Liebesbotin in Anspruch nehmen und durch sie seine Umwerbung vorantreiben.

Die Liebesbotin, die mit der umworbenen Frau auf vertrautem Fuß steht, soll alle ihre guten Seiten entfalten: Sie zeigt ihr bemalte Blätter, auf denen wohlvertraute Geschichten dargestellt sind; sie berät sie mit Hinweisen für verschiedene Arten der Toilette, die zur Verschönerung ihres Aussehens beitragen; sie ergötzt sie mit beliebten Anekdoten; sie rezitiert Gedichte; sie frönt dem Klatsch über andere Frauen; sie unterhält sie überhaupt mit Schmeicheleien und dem Lobpreis ihrer Schönheit, ihres leutseligen Wesens, ihrer Anpassungsfähigkeit und anderer Tugenden.

Sie läßt sie Reue verspüren, indem sie erklärt: »Wie kann bloß eine derart vollkommene Frau, wie du es bist, einen solchen Gatten haben?« Oder sie ruft aus: »Oh, der Glückliche: Er ist es nicht einmal wert, dein Diener zu sein!«

Hat die Liebesbotin auf diese Weise das Vertrauen der

Frau gewonnen, dann soll sie heimlich über ihres Gatten üble Leidenschaften, seine Eifersucht, seine Falschheit, seine Undankbarkeit, seine langweilige Art, seinen Geiz, seine Launen, sein Unvermögen zu körperlichen Freuden und vielerlei solcher Schwächen sprechen.

Also soll sie über die Fehler ihres Gatten reden und allmählich in ein vertrauliches Verhältnis mit ihr kommen.

Wenn die Frau zum Typ der Gazelle gehört und ihr Gatte zum Typ des Hasen, dann sollte dieser Umstand nicht erwähnt werden, denn dabei handelt es sich um keinen Fehler.

Wenn die Frau entweder dem Typ der Stute angehört oder dem Typ der Elefantenkuh, der Mann dagegen zum Typ des Hengstes oder des Stiers, dann ist die Verbindung nicht unangenehm; sollte der Mann aber zum Typ des Hasen gehören, dürfte die Verbindung nicht zufriedenstellend ausfallen.

Gonikaputra vertritt die folgende Ansicht: Wenn der Mann eine Frau zu umwerben wünscht, die sich zu ihrem ersten geschlechtlichen Abenteuer anschickt und deren Gefühle noch unbestimmt sind, soll er die Unterstützung einer Liebesbotin benützen.

Diese schildert der Frau die gediegene Lebensart des Mannes, vor allem seine Gewandtheit und Eignung für die leibliche Einung mit ihr.

Hat die Liebesbotin das Vertrauen der Frau gewonnen, dann soll sie ihren Auftrag zu erfüllen suchen, indem sie folgendermaßen spricht:

»Oh, du Glückliche, vernimm doch diesen eigenartigen Umstand! Seit er dich das erstemal gesehen hat, ist dieser Mann, der von vornehmer Abstammung ist, völlig von Sinnen. Da er von Natur aus ungemein zartbesaitet ist und noch niemals zuvor solche seelischen Qualen erlitten hat, muß der bedauernswerte Mann jetzt wahrscheinlich dahinsiechen.« Glaubt der Mann am nächsten Tag feststellen zu können, daß die Liebesbotin viel Geduld beim Zuhören gefunden hat, beginnt er mit allgemeinem Klatsch und sucht durch die Beobachtung ihres Verhaltens, ihrer Redeweise, ihres Ausdrucks und ihres wohlwollenden Zuhörens zu erkennen, ob sie das als angenehm empfindet.

Während nun die Frau lauscht, soll die Liebesbotin die Geschichten von Ahalya, Avimaraka, Shakuntala und andere bekannte Erzählungen, die von Ehefrauen handeln, zum besten geben.

Anschließend soll sie seine Fähigkeiten in Liebesangelegenheiten, seine Kenntnis der vierundsechzig Künste und der vierundsechzig Panchalika-Arten, sein ansehnliches Vermögen, seine Lobwürdigkeit, sein vergangenes Liebesleben und seine kürzlichen Abenteuer rühmen. Sie soll dabei sorgfältig auf ihre Reaktionen achten.

Hat sie ihre Reaktionen bemerkt, schwätzt die Liebesbotin lächelnd weiter.

Die Frau lädt sie zum Sitzen ein, fragt sie, wo sie den letzten Tag verbracht habe, wie sie geschlafen und gespeist habe und was sie sonst noch getan.

Sie führt sie an einen abgelegenen Platz, um sich Geschichten berichten zu lassen, wobei sie dann tut, als ob sie in Gedanken versunken dasitze, während ihr Seufzer voll des Verlangens entfliehen.

Die Liebesbotin überbringt ihr Geschenke und erinnert sie an festliche und freudige Gelegenheiten; die Frau läßt sie schließlich nur unter der Bedingung fortgehen, daß sie verspricht, bald wiederzukommen.

Teilt die Liebesbotin der Frau die Empfindungen des werbenden Geliebten mit, so ruft diese dabei aus: »Oh, liebe Freundin, du sprichst doch stets die Wahrheit – warum sagst du denn so Grausames zu mir?«

Nach diesem Ausruf fährt jene in der Unterhaltung fort, indem sie die Fehler und Schwächen des Liebhabers zugibt.

Die umworbene Frau begehrt danach, der Liebesbotin gewisse Dinge zu erzählen, nachdem sie ihren Liebhaber getroffen hat; sie scheut aber davor zurück und möchte gern befragt werden.

Wird ihr das vom Liebhaber gehegte Verlangen mitgeteilt, dann spottet sie darüber, ohne aber irgendeine endgültige Bemerkung fallenzulassen.

Sobald nun die Liebesbotin die Einstellung der Frau voll und ganz abzuschätzen vermag, soll sie weitere Versuche unternehmen, um die Sache des Liebhabers voranzutreiben. Sie frischt die Erinnerung an Zusammentreffen mit ihm in vergangenen Tagen wieder auf, oder falls sich die beiden früher noch nicht gekannt haben, malt sie in leuchtenden Farben die guten Eigenschaften und die liebevolle Wesensart des Mannes aus, und gewinnt auf solche Weise ihr Zutrauen.

Nach Auddalaki ist die Liebesbotin nutzlos, wenn sich der Mann und die Frau nicht bereits früher gekannt haben und die Frau ihre Neigung nicht schon mittels Zeichen und Gebärden kundgetan hat.

Die Anhänger des Babhravya halten jedoch die Liebesbotin in solchen Fällen gerade für notwendig.

Gemäß der Ansicht des Gonikaputra wird dagegen die
Liebesbotin für den Mann und die Frau dann notwendig,
wenn sie einander schon, kennen, aber ihrer gegenseitigen Liebe noch nicht Ausdruck verliehen haben.

Vatsyayana nun meint, daß die Liebesbotin unerläßlich
ist, wenn der Mann und die Frau noch nicht miteinander bekannt geworden sind und ihre beiderseitige Leidenschaft noch nicht zum Ausdruck gebracht haben.

Die Liebesbotin fängt damit an, daß sie der Frau Geschenke überbringt, die ihr Gefallen finden: Betelblätter,
Parfüm, Kränze, Ringe und Gewänder – alle vom Liebhaber gesandt. Der Liebhaber hat daran vorher bedeu-
tungsvolle Nagel- und Zahnmale angebracht sowie andere sinnige Zeichen.

Die Gewandstücke sollen den Aufdruck seiner in rote
Farbe getauchten Handfläche tragen. Auch die einge-
ritzten Muster der Bhurjapatra, die seine Sehnsucht
ausdrücken, sollen darunter zu finden sein. Auf Blätter
geschriebene Liebesbriefe sollen mit Ohrschmuck und
Blumenzierat für den Kopf beigefügt werden.

Alle diese Geschenke sind dazu bestimmt, seine Liebe zu
vermelden; die Frau soll sie in ähnlicher Weise beantworten.

Auf diese Weise kann durch den gegenseitigen Aus-
tausch von Geschenken eine persönliche Beziehung
dank der Dienste der Liebesbotin hergestellt werden.

Die Anhänger des Babhravya behaupten, daß die Zusammenkunft der Liebenden am besten bei der Gelegenheit eines Gangs zu einer Tempelfeier in die Wege

geleitet werden kann, oder während einer Versammlung zu Ehren einer Gottheit, während der Spiele in den Gärten, während der Schwimmwettkämpfe, oder während Hochzeitsfeiern, Opferhandlungen, Begräbnissen, Festlichkeiten; auch unter Ausnutzung von Katastrophen, Kriegen oder während Theateraufführungen.

Gonikaputra meint, daß der für eine Zusammenkunft geeignete Platz das Haus einer vertrauten Freundin ist, oder das einer Bettelnonne oder die Aufenthaltsstätte einer Büßerin. Nach der Ansicht Vatsyayanas ist der geeignete Ort für solche Zusammenkünfte das eigene Haus der Frau, denn hier kann man dem Liebhaber den geheimen Ein- und Ausgang leicht zeigen. Für den Fall, daß Schwierigkeiten auftreten, bietet sich rasch eine Ausflucht an; da der Ein- und Ausgang gewöhnlich geheimgehalten wird, ist jedem Zwischenfall vorgebeugt.

Unter den Liebesbotinnen gibt es verschiedene Arten, und zwar folgende:

- ✦ Die Botin, die den Liebeshandel ganz und gar zu lenken vermag;
- ✦ die Botin, die nur einen Teil der Liebesangelegenheit auf sich nimmt;
- ✦ die Botin, die bloß als Briefträgerin dient;
- ✦ die Botin, die im Grund genommen nur sich selbst dient;
- ✦ die Botin, die der vernachlässigten Ehefrau dient;
- ✦ die Botin, die im Auftrag ihres eigenen Gatten handelt, dessen volles Vertrauen sie genießt;

+ die Botin, die stumm ist;
+ die Botin, die verschlüsselte Mitteilungen überbringt.

Die erste Art der Liebesbotin kennt die Absichten beider Seiten und weiß ihre eigene Geschicklichkeit wohl zu nutzen; sie wird nur in jenen Fällen zu Hilfe genommen, bei denen sich Mann und Frau bereits kennen und schon gelegentlich miteinander gesprochen haben.
Wird sie von der Frau beauftragt, dann erweist sie sich als nützlich, wenn die Liebenden sich schon bekannt sind, aber noch nicht miteinander gesprochen haben.
Manchmal übt sie ihr Geschäft auch aus bloßer Neugierde aus und sucht ein Paar zusammenzubringen, das sich überhaupt nicht kennt.

Die zweite Art der Liebesbotin ist davon unterrichtet, daß eine gewisse Annäherung bereits stattgefunden hat und ein Teil der ganzen Affäre schon abgeschlossen ist; ihr Auftrag ist die Vollendung des verbliebenen Teils.
Man bedient sich ihrer dann, wenn der Mann und die Frau sich schon gesehen haben, sich aber nur mehr sehr selten treffen können.

Die dritte Art der Liebesbotin – als Patrahara bezeichnet – überbringt nur mündliche Botschaften.
Sie ist zu gebrauchen, wenn zwischen den Liebenden eine sehr große Vertrautheit besteht.
Sie hat dann bloß den einen oder den anderen über Ort und Zeit der nächsten Zusammenkunft zu benachrichtigen.

चपक बरण आसन नो मः ‍ुहः ख
नोः नर नारी सयोग ई नय मीत्र राम त
ळ करय नोगः ॥२९॥

Die vierte Art der Liebesbotin – als Svayamduti bezeichnet – versucht, wenn sie bei einem Mann einen Auftrag auszurichten hat, ihn für sich selbst zu ergattern. Sie läßt ihn – verführerisch träge – ihr Verlangen nach Einung erkennen, indem sie so daherredet, als ob sie nichts von ihrem wirklichen Auftrag wüßte. Sie spricht verächtlich über seine Frau; sie zeigt sich eifersüchtig; sie überreicht ihm ein Geschenk, das ihre Zahn- und Nagelmale trägt; sie sagt ihm, daß sie ursprünglich ihm als Gatten hätte angetraut werden sollen; sie fragt ihn vertraulich, wer schöner sei, sie oder seine Gattin.

Sie läßt sich von ihm an einem abgelegenen Ort treffen; nur dort soll er sie umwerben. Unter dem Vorwand, die Botin für eine andere Frau zu sein, deren Liebesbotschaft sie ihm mitteilen müsse, sucht ihn die Svayamduti für sich selbst zu gewinnen, wobei sie der Frau, die sie tatsächlich beauftragt hat, irgendwelche Mängel nachsagt und sie auf solche Weise außer Kurs setzt.

An dieser Stelle ist auch der männliche Bote zu erwähnen, der für einen Mann wirbt, jedoch dem Beispiel der Svayamduti folgt und alles nur zu seinem eigenen Vorteil auszunützen sucht.

Die Mudhaduti, die fünfte Art der Liebesbotin, nimmt sich der vernachlässigten, jungen und unschuldigen Ehefrau an. Nachdem sie ihr Vertrauen erworben hat, ohne ihr irgendwelche Angst einzujagen, forscht die Mudhaduti – die genau weiß, daß die junge Frau in ihren Gatten durchaus verliebt ist – sie über die Angelegenheiten ihres Ehemannes aus, lehrt; sie die verschiedenen Weisen der Einung, schmückt sie mit Juwelen und Zierat, bringt ihr die wirksame Anwendung ihrer Reize bei, prägt selbst Nagel- und Zahnmale auf den Körper der jungen Frau ein, und lenkt auf diese Weise die Aufmerksamkeit des Gatten auf seine Ehefrau, wodurch er in Leidenschaft entbrennt.

Die Mudhaduti soll auch die Entgegnungen des Gatten der Ehefrau überbringen.

Die Bharyaduti, die sechste Art der Liebesbotin, kann die beschränkte Ehefrau eines Mannes sein, die von ihm beauftragt wurde, das Vertrauen einer anderen Frau zu erwerben, die er zu erfreuen wünscht; er läßt dabei seine Fähigkeiten von ihr darlegen. Die Gefühle der anderen Frau erfährt der Mann ebenfalls mit der Hilfe seiner eigenen Frau.

Fernerhin kann der Mann eine jüngere Dienerin, die in Sachen der Liebe unerfahren ist, ins Haus der Frau schicken, und zwar unter einem simplen Vorwand. In dem Blumenkranz oder dem Ohrschmuck aus Blättern, den sie als Geschenk überreichen soll, verbirgt er vorher seinen Liebesbrief, an dem er Nagel- und Zahnmale angebracht hat. Die junge Dienerin soll die Frau auch um eine Antwort ersuchen. Diese siebente Art der Liebesbotin wird Mukaduti genannt.

Die achte Art der Liebesbotin – als Vataduti bezeichnet – überbringt einer Frau die Liebesbotschaft eines Mannes auf solche Weise, daß sie irgendwelchen dritten Personen unverständlich bleibt, für die Liebenden aber voll Bedeutung ist. Die Botschaft weist zwar gewöhnliche Ausdrücke auf, besitzt aber doppelten Sinn. Die Vataduti ersucht die Frau auch um eine Erwiderung.

Eine Witwe, eine Wahrsagerin, eine Dienerin, eine Bettlerin, eine Künstlerin: Von diesen ist jede befähigt, Vertrauen bei einer Frau zu erwecken; sie haben als Liebesbotinnen gewöhnlich Erfolg.

Eine solche vermag Abneigung gegen den Gatten in den Sinn der Ehefrau zu säen, ihr von seinen anderweitigen Liebesaffären zu berichten, die vielen Wonnen der Liebe vor ihr auszubreiten und ihr neuartige Weisen der körperlichen Einung aufzuzählen.

Sie kann die Liebe des Mannes zu ihr schildern, seine Fähigkeiten in den Angelegenheiten der Liebe hervorheben, auf die Anziehungskraft hinweisen, die er auf verschiedene andere Frauen ausübt, und ihr zu guter Letzt sagen, daß er entschlossen ist, keine andere als gerade sie zu besitzen.

Eine Liebesbotin verfügt auch über die Begabung, irgendwelche Dinge, die dem Liebhaber mißglückt sind, bei der Frau wieder in Ordnung zu bringen; es können dies Dinge sein, die dem Liebhaber nicht einmal aufgefallen sind. Sie vollbringt das dank ihrer Geschicklichkeit, Redegewandtheit und Beschlagenheit.

So endet das vierte Kapitel des fünften Teils.

Fünftes Kapitel

Die Liebe hoher Persönlichkeiten zu den
Frauen anderer Männer

Weder Königen noch Ministern bietet sich die Möglichkeit, das Haus eines gewöhnlichen Mannes zu betreten. Das gemeine Volk vermag ihre Taten und Handlungen zu sehen und ihnen aus einem gewissen Abstand zu folgen – gerade so wie die dreifältig lebende Welt die Sonne aufgehen sieht und nach ihr sich erhebt, wie sie ihr Überqueren des himmlischen Pfads beobachtet und die Handlungen dann demgemäß einrichtet.

Darum folgt aus diesem, daß Könige und Minister niemals irgend etwas tun sollen, was getadelt werden kann; sie werden erkennen müssen, daß solches Tun unmöglich auszuführen ist und ganz und gar verwerflich. Wenn es aber unbedingt darauf ankommt, so und nicht anders zu handeln, dann gibt es da gewisse Mittel und Wege, um derartiges auszuführen.

✴ Die Frauen in den Dörfern können durch ein bloßes Wort seitens des Dorfschulzen, des dörflichen Steuereinnehmers oder eines Sohnes des Getreidemeisters gewonnen werden. Solche Frauen werden von den Vitas als Charshanis bezeichnet.

✭ Diese Charshanis können gewonnen werden, während sie mit dem Korndreschen beschäftigt sind oder mit dem Speisen zubereiten, beim Betreten des Kornspeichers, beim Herein- und Heraustragen von Dingen ins oder aus dem Haus, beim Säubern und Schmücken des Hauses, beim Säen des Samens oder beim Umpflanzen, beim Einkaufen von roher Baumwolle, Wolle, Flachs, Hanf und Faden zum Spinnen, beim Herstellen solchen Garns, während des An- und Verkaufs anderer Sachen, oder überhaupt bei der Beschäftigung mit ähnlichen Dingen.

✭ Auf dieselbe Weise kann der Beamte, der für das Vieh zuständig ist, die Frauen der Hirten gewinnen.

✭ Der Beamte für die Werbearbeiten ist in der Lage, die Witwen zu gewinnen, die mittellosen Frauen oder auch jene, die sich vom weltlichen Leben zurückgezogen haben.

✭ Der städtische Aufseher ist in der Lage, die zu niemand gehörigen Frauen zu gewinnen, da er ihre Geheimnisse durch seine nächtlichen Rundgänge kennengelernt hat.

✭ Der Beamte für den Markt hat die Möglichkeit, die Frauen der Käufer und der Verkäufer zu gewinnen, während er mit seinem Auftrag zu tun hat, Waren für den königlichen Haushalt zu erwerben und zu verkaufen.

Nach allgemeiner Regel widmen sich die Frauen, die in Pattana, Nayara und Kharvata leben, in Vollmondnächten zusammen mit den Frauen aus dem Harem eines Herrschers den Spielen, ebenso in der achten Nacht des wachsenden Mondes und während des Suvasantaka-Festes im Frühling.

Wenn das Spiel vorüber ist, sollen diese Frauen aus den Städten getrennt die Wohnungen der einzelnen Herrschergemahlinnen betreten – je nach dem Grad der Bekanntschaft mit ihnen –, und nachdem sie Klatsch und Geschichten ausgetauscht haben, ihnen die gebührende Ehre erwiesen wurde und sie auch reichlich vom Trank genossen haben, werden sie zur Stunde der Dämmerung zum Verlassen der Gemächer angehalten.

Bei solchen Gelegenheiten soll eine Vertraute des Königs, die bereits mit der Frau bekannt ist, nach welcher der König verlangt, an sie herantreten, wenn sie sich auf den Nachhauseweg gemacht hat, und sie dazu einladen, die schönen Dinge rund um den Palast anzusehen.

Im geeigneten Augenblick soll sie sagen:

✭ »Bei diesem Spiel will ich dir schöne Dinge im königlichen Palast zeigen.

Ich werde dir den Smaragdboden zeigen, die mit Rubinen besetzten Fliesen, den Garten, die weinlaubbekränzten Bögen, das Haus mit den Bädern und die Paläste mit geheimen Zugängen in den Wänden, die Gemälde, die Dinge für den königlichen Zeitvertreib, künstliche Vorrichtungen, Vögel, Käfige mit Tigern und Löwen, und andere solcher Dinge.«

✮ Dann soll sie ihr in vertraulichem Ton von des Königs Liebe zu ihr berichten, wobei sie seine Geschicklichkeit im Liebesspiel rühmt.

✮ Zu guter Letzt soll sie eine Zusammenkunft mit dem König vereinbaren, wobei sie ihr versichert, daß es ein Geheimnis bleiben würde, das nur ihnen dreien bekannt wäre.

Für den Fall, daß sich die Frau nicht einverstanden erklärt, soll sich der König persönlich zu ihr begeben, mit Geschenken und Liebesanträgen ihr Gefallen erwecken und sie bereitwillig in Gesellschaft anderer Frauen fortgehen lassen.

Falls der König die Bekanntschaft des Mannes gemacht hat, dessen Ehefrau er begehrt, sollen die anderen Frauen des Königs jene Frau dazu einladen, täglich den Harem zu besuchen, so, als ob sie ihr eine Gunst erweisen wollten. Alsdann soll die königliche Liebesbotin zu ihr gesandt werden und in der oben beschriebenen Weise vorgehen.

Es ist auch möglich, daß eine der königlichen Gemahlinnen sich mit der Frau anfreundet, die mit der Hilfe einer Dienerin zu gewinnen ist. Sobald eine gewisse Beziehung angeknüpft ist, soll die königliche Gemahlin sie unter einem Vorwand treffen. Nachdem die Frau dem Harem einen Besuch abgestattet hat, soll eine Vertraute der Gemahlin dorthin kommen und in der oben beschriebenen Weise vorgehen.

Es kann sich auch so abspielen, daß die Frau, der die Werbung gilt, für ihre außergewöhnliche Gewandtheit in einer der Künste wohlbekannt ist; sie soll alsdann von den königlichen Gemahlinnen in den Harem eingeladen und ersucht werden, doch ihre Geschicklichkeit zu entfalten. Hat sie dies getan, soll sie ehrenvoll mit Geschenken bedacht und mit der Vertrauten des Königs bekannt gemacht werden. Die Vertraute beginnt ihr Werk in der Weise, wie es bereits oben beschrieben wurde.

Weiterhin kann eine Bettlerin, die mit einer Gemahlin des Königs verbündet ist, zu der Frau, die der König begehrt und deren Gatte seinen Reichtum verloren haben mag oder aus dem einen oder anderen Grund vor dem König Furcht hegt, folgendes sagen: »Diese eine königliche Gemahlin, die vom König besonders geschätzt wird und der jeder Wunsch erfüllt wird, leiht mir gern ihr Ohr. Sie ist von Natur aus großmütig, und daher will ich sie auf solche Weise angehen: Ich werde erreichen, daß du in den Harem eingelassen wirst, und sie wird es dann fertigbringen, daß jeglicher Anlaß zu Befürchtungen betreffs einer Gefahr, die von seiten des Königs droht, verschwindet.« Hat die Bettlerin dank ihrer Mühe die Frau auf diese Art gewonnen und ihr den Zugang zum Harem erwirkt – für zwei- oder dreimal –, dann soll ihr die Lieblingsgemahlin jegliche Gunst zukommen lassen. Ist sodann die Frau durch die Gunst der königlichen Gemahlin erfreut worden und hat Gefallen daran gefunden, wird sie wiederum von der Vertrauten des Königs umworben und in derselben Weise, wie es oben beschrieben wurde, angegangen.

Was in bezug auf die Frau ausgeführt worden ist, deren Gatte Gründe hat, den König zu fürchten, gilt auch für die folgenden Frauen:

+ Die Frau eines Mannes, der eine Beschäftigung sucht;
+ die Frau eines Mannes, der von hochgestellten Beamten bedrückt wird;
+ die Frau eines Mannes, der mit Gewalt gefangengehalten wird.
+ die Frau eines Mannes, dessen Tätigkeit ungesetzlich ist;
+ die Frau eines Mannes, der unzufrieden ist;
+ die Frau eines Mannes, der nach der Gunst des Königs strebt;
+ die Frau eines Mannes, der ehrgeizig ist;
+ die Frau eines Mannes, der von seinen Verwandten bedrückt wird;
+ die Frau eines Mannes, der danach begehrt, die anderen Mitglieder seiner Kaste zu übertrumpfen;
+ die Frau eines Mannes, der spioniert;
+ die Frau eines Mannes, den sein Geschäft zwingt, die Gunst des Königs zu erringen.

Wenn die Frau, die gewonnen werden soll, mit jemand anderem verbunden ist, soll sie vom König festgenommen und unter Umständen im Harem angestellt werden; allmählich wird sie dort zu einer ständigen Sklavin.
Ihr Gatte soll vom König mit Hilfe seiner Spione als ein Verräter angeklagt werden; danach kann die Frau leicht in Gewahrsam wie zur Bestrafung genommen und all-

mählich in den Harem eingewöhnt werden. Dies sind die heimlichen Wege, auf denen es dem König möglich ist, die Frauen anderer Männer für sich zu gewinnen.

Unter gar keinen Umständen soll der König jemals die Wohnung anderer Leute betreten.

Abhira, der König von Kotta, der in das Haus eines anderen Mannes gegangen war, wurde von einem Wäscher getötet, der im Auftrag des Bruders handelte. Desgleichen wurde Jayatsena, der König von Kashi, von dem obersten Stallmeister getötet.

Umwirbt der König die Frauen anderer Männer offen, dann mag er das entsprechend den örtlichen Sitten tun. In der Gegend von Andhra gehen frischverheiratete Bauernmädchen am zehnten Tag ihrer Hochzeit in den Harem, um Geschenke zu überbringen; nachdem sie ihrer Blüte beraubt worden sind, wird ihnen die Heimkehr gestattet.

In der Gegend von Vatsagulma pflegen die Frauen aus dem Harem der Minister des Nachts zum König zu gehen und seinen Wünschen zu willfahren.

In der Gegend von Vidarbha gestatten die Frauen des königlichen Harems den schönen Bauersfrauen den Zugang zum Harem und lassen sie dort an die vierzehn Tage oder einen Monat zu demselben Zweck verbringen.

In der Gegend von Aparanta werden schöne Frauen dem König und den Ministern als Geschenke verehrt.

In der Gegend von Saurashtra besuchen die Frauen, ob sie nun aus Dörfern oder Städten stammen, den königlichen Harem – entweder allein oder in Gruppen – und dienen dem Vergnügen des Königs.

Das sind die unterschiedlichen Wege und Mittel, die

von den verschiedenen Königen entsprechend den verschiedenen Gegenden benützt werden. Auf solche Weise können sie ihr Verlangen befriedigen.

Ein König aber, dem die Wohlfahrt seines Volkes am Herzen liegt, soll diese Wege und Mittel nicht benützen, denn ein Herrscher, der die sechs Feinde der Menschheit – die sechs Leidenschaften – im Zaum halten kann, der vermag die Welt zu erobern.

So endet das fünfte Kapitel des fünften Teils.

Sechstes Kapitel

*Die Frauen im Harem des Königs sowie
die Hütung der eigenen Ehefrau*

Da den Frauen des Harems nicht gestattet ist, andere Männer zu treffen und sie sehr streng bewacht werden, sie aber nur einen einzigen Gatten für alle zusammen haben, sind sie körperlich unbefriedigt; sie bereiten sich deshalb gegenseitiges Vergnügen, und zwar auf verschiedene Weise, was im folgenden beschrieben wird.

Sie kleiden die Tochter einer Amme oder eine Freundin oder eine Dienerin wie einen Mann an und versehen sie mit künstlichen Vorrichtungen, etwa mit dem Teil oder dem Ganzen von Wurzeln und Früchten.

Sie können mit Personen, die wie Männer aussehen, die aber weder Schnurr- noch Kinnbart haben, die Einung betreiben.

Ein König, der den leidenschaftlichen Frauen mitleidsvoll entgegenkommen will, besucht in einer Nacht viele seiner Frauen, obwohl sein eigenes Verlangen längst gestillt ist; er gebraucht künstliche Hilfsmittel, um sich der Einung zu widmen, bis die Frauen zufrieden sind. Zu jener aber, die er wirklich liebt und die in der betreffenden Nacht an der Reihe ist – nachdem sie die ordnungsgemäße Reinigung von der monatlichen Regel vollzogen hat –, begibt er sich mit ursprünglicher Leidenschaft. Dieser Brauch herrscht im Osten vor.

Ähnlich wie die Frauen im Harem gibt es Männer, die nicht in der Lage sind, Ihr Verlangen zu stillen; sie versuchen es auf unnatürliche Weise, indem sie die Hand zu Hilfe nehmen oder der Bestialität oder der Umarmung von Bildsäulen frönen.

Die Frauen im Harem schmuggeln mit der Hilfe der Dienerinnen gebildete Männer – als Frauen, verkleidet – zu sich herein.

Die Töchter der Ammen, denen die heimlichen Begierden der Frauen im Harem bekannt sind, sollen danach streben, einen vornehmen Mann zum Aufsuchen des Harems zu bewegen, indem sie ihn auf zukünftige Vorteile hinweisen. Sie sollen ihm gewisse sachdienliche Nachrichten anvertrauen betreffs des leichten Zugangs, des sicheren Ausgangs, der Lage des Palastes, der mangelnden Wachsamkeit der Wächter, und der Sorglosigkeit und Ungenauigkeit der Diener.

Sie sollen jedoch damit nicht einen Mann zu drängen versuchen, der keine Neigung zu diesem Abenteuer zeigt; sie sollen das alles auch nicht in die Wege leiten, wenn Eingang und Ausgang zu der Örtlichkeit mit Schwierigkeiten verbunden sind. Das würde die Sicherheit des Mannes gefährden.

Vatsyayana ist der Ansicht, daß ein Mann keinesfalls den Harem betreten sollte, selbst wenn er leicht zugänglich ist, da das gesamte Unternehmen mit Gefahren gespickt ist.

Wird er jedoch immer wieder eingeladen, so muß er den ihm zufließenden Gewinn in Betracht ziehen, und nachdem er alle notwendigen Vorkehrungen getroffen hat, soll er nur jene Vergnügungsgärten im Harem betreten, die geeignete Ausgänge haben und lange seitliche Umzäunungen, die gerade von wenigen, nicht allzu aufmerksamen Wächtern gehütet werden. Er darf das nur wagen, wenn der König die Residenz verlassen hat; er sieht sich die Seitenausgänge genügend an und geht täglich an den Wächtern mit der einen oder anderen Ausrede vorbei, sooft es nur möglich ist.

Er soll vorgeben, mit einer der Dienerinnen im Harem ein Liebesverhältnis zu haben. Sie soll von seinen wahren Absichten unterrichtet werden; ist es ihr nicht möglich, mit ihm zusammenzutreffen, dann tut sie so, als ob sie in betrübter Stimmung wäre.

Er soll sein Vorgehen mit Hilfe der Botinnen betreiben, die Zugang zum Harem haben; welche Mittel und Wege dabei gebräuchlich sind, ist in einem früheren Kapitel erwähnt worden. Er soll die Bekanntschaft aller Spione des Königs suchen.

Ist es der Botin nicht möglich, in den Harem zu gelangen, um der Frau, die gewonnen werden soll, die Nachricht zu überbringen, dann wartet er am Tor des Palastes – vorausgesetzt, die Frau hat ihrer Neigung schon Ausdruck verliehen – und verwickelt den Wächter in eine Unterhaltung, wobei er vorgibt, eine der Dienerinnen treffen zu wollen.

Während er das tut, soll er einen Blick der Frau, die sich nach ihm sehnt, zu erhaschen suchen und seine eigenen Empfindungen durch Zeichen und Gebärden ausdrükken.

Der Platz, an dem sie gewöhnlich erscheint, soll von ihm als geeignet ausersehen werden, um ihr Porträt und das seine daneben niederzulegen, fernerhin auch Gedichte mit doppelsinnigem Gehalt, Spielzeug mit von ihm eingeprägten Zeichen, aus Blumen verfertigten Kopfschmuck, der ebenfalls seine Zeichen trägt, sowie einen Ring.

Er beachtet mit großer Sorgfalt ihre Antwort auf diese Andenken und sucht sodann in den Harem zu gelangen. Wenn er weiß, daß ein bestimmter Platz häufig von seiner Geliebten aufgesucht wird, sollte er sich dort vorher verbergen.

Zu nächtlicher Stunde soll er den Palast betreten, verkleidet als einer der Wächter und mit deren stillschweigender Einwilligung; er kann verborgen hinein- und hinausgehen, wenn er sich mit Rupfen und Tüchern verhüllt hat.

Auch kann er sich selbst und seinen Schatten unsichtbar machen, indem er magische Kunstgriffe anwendet wie etwa Ruta und Aputa.

Dies geht folgendermaßen vor sich: Die Barthaare eines Mungo, der Samen von Choraka und vom Kürbis, die Augäpfel einer Schlange – all das wird zusammen gekocht, ohne daß irgendein Rauch aufsteigen darf, und danach in eine Salbe verwandelt, indem man die gleiche Menge Wasser hinzugibt. Trägt jemand diese Salbe auf seine Augen auf, wird er selbst und sein Schatten unsichtbar.

Bei Dunkelheit oder in mondbeschienenen Nächten soll er den Palast in der Begleitung von Dienerinnen, die Fackeln tragen, betreten und verlassen, oder mittels eines unterirdischen Ganges.

Die allgemeine Regel besagt, daß ein junger Mann einen Palast betreten kann, wenn irgendwelche Güter hinausgeschafft werden, oder wenn Fahrzeuge eintreffen, oder während geselliger Zusammenkünfte und Festlichkeiten, oder wenn die Dienerinnen bei dem einen Palasttor hinaus- und bei dem anderen wieder hineingehen, oder wenn der Wohnsitz verlegt wird, oder wenn die Wächter sich ablösen, oder während der Gartenfeste, oder wenn eine Wallfahrt angetreten wird, oder wenn die Rückkehr von einer Wallfahrt erfolgt, oder während der König abwesend ist oder eine längere Wallfahrt unternommen hat.

Die Frauen im Harem, die ihre Geheimnisse untereinander kennen und denen ein Ziel gemeinsam ist, erlangen solcherart die Wonne der Einung; damit hat der Harem aufgehört, uneinnehmbar zu sein, wie er es ehedem war. Auf diese Weise vermögen die Frauen die Früchte ihrer Bemühungen zu genießen, ohne sich gegenseitig das Vergnügen zu verderben.

In der Gegend von Aparanta haben nur die Frauen Zugang zum königlichen Harem; nur sie sind in der Lage, irgendwelchen Personen den Zutritt zu erlauben oder zu verbieten, da ein Harem in der dortigen Gegend nicht gleichermaßen bewacht wird.

In der Gegend von Abhira stillen die Frauen ihr Verlangen mit der Hilfe der Kshatriya-Wächter, die außerhalb des Harems auf Posten stehen.

In der Gegend von Vatsagulamaka schmuggeln die Frauen junge Männer, die als Dienerinnen verkleidet sind, in den Harem.

In der Gegend von Vidarbha vollziehen die königlichen Prinzen, die uneingeschränkten Zugang zum Harem haben, ganz offen die Einung mit dessen Mitgliedern, die eigene Mutter ausgenommen.

In der Gegend von Strirajya vollziehen die Frauen des Harems die Einung nur mit denen, die Zutritt zu ihrem Palast haben, also nur mit ihren Verwandten und den Männern ihrer eigenen Gemeinschaft.

In der Provinz Gauda vollziehen sie die Einung nur mit Brahmanen, Freunden, Dienern, Sklaven und Botenjungen.

In der Gegend von Sindhu vollziehen sie die Einung mit Türhütern, Dienern und anderen Männern vom Gesinde, die leichten Zugang zum Harem haben.

Im Gebiet des Himalaya sind die Männer voll Abenteuermut; sie bestechen die Wächter mit Geld, dringen so in den Harem ein und vollziehen die Einung mit den Frauen.

In den Gegenden von Banga, Anga und Kalinga erhalten die gelehrten Brahmanen die königliche Genehmigung, den Harem zu betreten, und zwar mit der Absicht, Blumen zu überbringen und der Unterhaltung mit den Frauen zu obliegen. Obwohl sich gewöhnlich ein Vorhang zwischen ihnen befindet, ermöglichen sie es doch, die Einung mit den Haremsinsassen zu vollziehen.

In den Gegenden im Osten verbergen die Frauen des Harems einen jungen und kraftvollen Mann jeweils unter einem Haufen von neun oder zehn Frauen.

Das sei also über die Umwerbung der Frauen anderer Männer gesagt.

Aus diesen Gründen sollte also ein Mann seine eigene Gattin behüten.

Die alten Weisen sind der Meinung, daß die ausgewählten Wächter von hitziger Leidenschaft frei sein sollen.

Gonikaputra beruft sich darauf, daß ein Wächter von einem anderen Mann bezwungen werden kann, wenn er von schurkischem Charakter oder der Bestechung zugänglich ist; daher soll er mit Sorgfalt ausgewählt werden, so daß er diesen Versuchungen nicht unterliegt.

Nach Vatsyayana müssen die Wächter die eine Eigenschaft der Treue besitzen; nur jene, die furchtlos sind und unempfänglich gegen Bestechungen, sollen angestellt werden, da sie allein als treu erfunden werden.

Die Anhänger des Babhravya sind der Ansicht, daß ein Mann seiner Frau gestatten soll, sich mit einer jungen Frau anzufreunden, die hinwiederum ihn über die Geheimnisse anderer Leute unterrichten würde und auf diese Weise die Unbescholtenheit seiner Gattin überprüfen könne.

Vatsyayana lehrt jedoch, daß irgendwelche Schwächen bei jungen Frauen ganz selbstverständlich sind; deshalb sollen sie nicht ohne notwendigen Anlaß mit ihnen bekannt gemacht werden.

Die folgenden Umstände führen – wie gemeinhin gesagt wird – zum Verderben der Frauen; sie sollen darum gemieden werden:

✦ Schwatzhaftigkeit;
✦ Mangel an Zurückhaltung;
✦ Unabhängigkeit von ihrem Gatten;
✦ allzuviel Umgang mit anderen Männern;

- fortgesetzte und lange Abwesenheit des Gatten infolge einer Reise;
- Aufenthalt in einer fremden Gegend für ziemlich lange Zeit;
- Einbuße des Lebensunterhalts von seiten des Gatten;
- die Gesellschaft leichtfertiger Frauen;
- die Eifersucht des Gatten.

Der Mann, der in der Wissenschaft der Liebe beschlagen ist und wohlbewandert in den verschiedenen Wegen und Mitteln, die Frauen anderer Männer zu gewinnen, wie es in diesem Teil beschrieben worden ist, wird aller Wahrscheinlichkeit nach nicht hintergangen, soweit es seine eigene Frau betrifft.

Er wäre jedoch schlecht beraten, wenn er selbst zu diesen Mitteln greifen würde, da sie nämlich nicht ganz naturgemäß sind; überdies sind sie mit Gefahren für ihn selbst verknüpft und verstoßen außerdem gegen die Vorschriften des Dharma und des Artha.

Dieser Teil des Kamasutra ist zum Zweck des Wohlbefindens der Männer bestimmt und zu ihrer Hinleitung zu den Wegen, ihre Frauen zu behüten. Er ist nicht zu gebrauchen, um die Frauen anderer Männer zu verführen und solcherart die eigene Zukunft zu beeinträchtigen.

So endet das sechste Kapitel des fünften Teils.

So endet auch der fünfte Teil.

SECHSTER TEIL

DIE KURTISANEN

Erstes Kapitel

*Die Erwählung des geeigneten Mannes
sowie über die rechten Weisen,
ihn zu verführen*

Die Kurtisanen hofieren ihre Liebhaber zum Teil wegen des körperlichen Vergnügens, im Grund genommen aber zum Zweck des Lebensunterhalts.

Das erste ist ein natürliches Streben, das zweite jedoch ist gewiß nicht natürlich, wenn sie es auch als natürlich erscheinen lassen müssen.

Die Männer schätzen jene Kurtisanen, die auf sie köstlich reizvoll wirken, da sie ein Gefühl des Vertrauens in ihnen zu erwecken vermögen.

Die Kurtisane muß sich bemühen, dem Mann als Tatsache einzuprägen, daß ihre Liebe zu ihm ursprünglich sei und nicht etwa ein Mittel, um ihren Bedürfnissen aufzuhelfen. Da sie ihren Einfluß auf ihn behaupten will, zieht sie ihre Vergütung mit Gewitztheit und Bedachtsamkeit aus ihm heraus.

Die Kurtisane soll unter der Tür ihres Hauses stehen, wobei sie ihren zierlichsten Schmuck trägt, und auf die Hauptstraße blicken; sie hat sich gleich einer Ware auf dem Markt zu präsentieren, ohne daß sie sich allzu weitgehend enthüllt.

Sie soll größten Wert darauf legen, mit solchen Leuten Freundschaften zu schließen, die in der Lage sind, ande-

ren Frauen die jungen Männer abspenstig zu machen
und sie ihr selbst zuzuführen, bedrohliche Zwischenfälle
zu bereinigen, bei dem Erwerb des Lebensunterhalts
mitzuwirken, und sie vor Hintansetzungen und vor Leuten, mit denen sie in Streit geraten ist, zu schützen.
Dafür sind am ehesten geeignet:

+ Beamte, die über Gesetz und Ordnung wachen,
+ ältere Verwaltungsbeamte,
+ Wahrsager,
+ unbedenkliche Burschen,
+ einflußreiche Männer,
+ Künstler oder Lehrer, die in den vierundsechzig Kün-
  sten Bescheid wissen,
+ Pithamardas,
+ Vitas,
+ Vidushakas,
+ Blumenverkäufer,
+ Parfümhändler,
+ Wirte, die berauschende Getränke ausschenken,
+ Wäscher,
+ Barbiere,
+ Bettler, und andere, die ihr beizustehen vermögen.

Die folgenden Männer bieten die beste Möglichkeit, sich
mit ihnen zum alleinigen Zweck des Gelderwerbs abzu-
geben:

+ Junge Männer, die ungebunden sind;
+ blutjunge Männer;
+ Männer, die Vermögen besitzen;

- Männer, die ein regelmäßiges Einkommen beziehen;
- Männer, die dem König dienen;
- Männer, deren Reichtum durch ererbtes oder zufällig gewonnenes Geld zustande kam;
- Männer, die eitel sind und sich selbst für geschickt halten;
- Männer, die glauben, sie seien überall geliebt;
- Männer, die ihren Lebensunterhalt am gleichen Ort erworben haben;
- Männer, die gern prahlen;
- ferner einer, der zwar ein Eunuch ist, aber gern ein richtiger Mann sein möchte;
- ein Eifersüchtiger, der Rivalen hat;
- ein von Natur aus Freigebiger;
- einer, der beim König oder dessen Minister großen Einfluß hat;
- einer, der unerschütterlich auf sein Glück vertraut;
- einer, der im Geschäftsleben einen Konkurrenten hat;
- einer, der dem Geld nicht viel Bedeutung zumißt;
- einer, der sich nicht mehr um die Befehle seiner Eltern kümmert;
- einer, der von seinesgleichen hochgeschätzt wird;
- ein einziger Sohn, dessen Vater viel Geld besitzt;
- ein Asket, den zwischendurch die Lust überfällt;
- einer, der Geld verschwendet und als sehr männlich zu gelten wünscht;
- einer, der in der Medizin erfahren ist.

Es gibt jedoch auch Männer, die verschiedene Vorzüge aufweisen, derentwegen eine Kurtisane sich in ein Verhältnis mit einem solchen einlassen sollte; sie erntet dann Ruhm und Liebe und auch materielle Vorteile.

Zu den Männern, die wegen ihrer Vorzüge umworben werden sollen, zählen die folgenden:

+ Männer von hoher Geburt,
+ gebildete Männer,
+ mit den verschiedenen Anschauungen vertraute Männer,
+ Dichter,
+ gute Geschichtenerzähler,
+ Männer mit großer Rednergabe,
+ würdevolle Männer,
+ Männer, die in den verschiedenen Künsten bewandert sind,
+ Männer, die Weise und Gelehrte zu schätzen wissen,
+ ehrgeizige und zu großen Dingen entschlossene Männer,
+ auch gefühlstiefe,
+ zur Treue fähige,
+ großherzige,
+ den Freunden ergebene Männer;
+ ferner solche, die am religiösen und gesellschaftlichen Leben eifrig teilnehmen,
+ gern zu Theateraufführungen gehen,
+ gesund, von vollkommenem Wuchs und kräftig sind,
+ bei Spielen mittun,
+ von starker Männlichkeit sind,
+ aber auch liebenswürdiges Benehmen zeigen, den Frauen zu schmeicheln wissen,
+ ihnen niemals hörig,

◆ selbständig und
◆ freien Sinnes sind.

So sind also die Vorzüge des Mannes beschaffen, die von der Kurtisane voll und ganz beachtet werden sollen.

Die Vorzüge, die bei einer Kurtisane selbst begehrenswert sind, sehen folgendermaßen aus:
Sie soll Schönheit besitzen und Jugend, die glückverheißenden Körpermale, anmutige Redeweise, Wertschätzung der Tugenden und Vollkommenheiten bei dem jungen Mann, keinen überdeutlichen Hang zum Reichtum, Verlangen nach Liebe und körperlicher Einung; ihr Sinn sei fest, redlich und offen bei allen ihren Händeln; ständig soll sie danach streben, sich besondere Kenntnisse und Erfahrungen anzueignen; Kleinlichkeit sei bei ihr verpönt; gesellige Veranstaltungen und alle Künste bedeuten ihr viel.
Einer Kurtisane werden die folgenden Eigenschaften zugeschrieben, durch die sie sich tatsächlich im allgemeinen auszeichnet:
Sie muß Verstand besitzen, Willenskraft und gute Manieren; ihr Verhalten sei redlich, sie zeige Dankbarkeit, sie beweise Weitsicht bei ihren Handlungen, sie sei von gleichbleibender Einstellung und schätze das vornehme Leben; sie soll wissen, was sich an bestimmten Orten und zu bestimmten Zeiten schickt und was nicht; ihre Rede soll von Bettelei frei sein, ebenso von grellem Gelächter, von Verleumdung und übler Nachrede, von Wut, Habgier, Mißachtung, Wankelmut, vorlautem Geschwätz; sie muß Kenntnisse von der Wissenschaft der

Liebe haben und von allen Kunstfertigkeiten, die damit in Zusammenhang gebracht werden.

Die Mängel und Schwächen kann man durch die Umkehrung der soeben erwähnten guten Eigenschaften feststellen. Mängel, die einen Mann unannehmbar machen, sind bei folgenden Männern zu finden:

- Einer, der von einem auszehrenden Übel befallen ist;
- einer, der durch eine ansteckende Krankheit die Einung zur Gefahr werden läßt;
- einer, dessen Atem übel riecht;
- einer, der seiner Gattin zu sehr verbunden ist;
- einer, der grobe Worte gebraucht;
- einer, der geizig ist;
- einer, der grausam ist;
- ein Dieb,
- ein Heuchler;
- einer, der Vorliebe für Verführung mittels Magie hat;
- einer, der sich weder um Ehre noch Unehre kümmert;
- einer, der Schmähungen zufügt;
- einer, der sich für Geld sogar von seinen Feinden kaufen ließe, und
- schließlich einer, der übertriebene Schüchternheit bezeugt.

Die Ursachen, aus denen sich eine Kurtisane den Männern zuwendet, können nach der Ansicht der Weisen sein:

- Leidenschaft,
- Furcht,

- Geldgier,
- Eifersucht,
- Voreingenommenheit,
- Rachsucht,
- bloße Neugier,
- Kummer,
- religiöse Pflichterfüllung,
- Schüchternheit,
- Ruhmbegierde,
- Mitleid,
- freundschaftliche Hilfe,
- die Ähnlichkeit mit einem Freund,
- gute Beziehungen,
- unvermeidliche Abnahme der Leidenschaft,
- die Ebenbürtigkeit,
- die Kastengleichheit,
- die Nachbarschaft,
- der andauernde Umgang
- und der Rang.

Nach der Ansicht Vatsyayanas sind die Hauptgründe für die Umwerbung: Geld, Befreiung aus einer beengten Lage und Liebe zu der betreffenden Person.

Eine Kurtisane braucht ihrer wirklichen Verliebtheit niemals irgendwelches Geld zu opfern, denn dieses ist notwendig für ihr ganzes Dasein. In gewissen Fällen, wenn sie sich die Furcht vor einem bösen Geschick vertreiben will, soll sie das Gewicht von Geld und Liebe entsprechend abwägen.

Nun folgt die Darlegung über die Umwerbung des geeigneten Mannes.

Sogar wenn sie eingeladen wird, soll die Kurtisane sich nicht sogleich zu dem in Frage kommenden Mann begeben, noch auch allzu schnell in sein Drängen einwilligen, da die Männer nicht gern Frauen mögen, die sich allzu leicht gewinnen lassen.

Sie soll jedoch einen ihrer eigenen Helfer, etwa einen von denen, die sich mit Frottieren beschäftigen, oder Musikanten und Spaßmacher, beauftragen – es kann auch irgend jemand sein, der den Bedürfnissen des Mannes aufwartet, seine Neigungen abzuschätzen.

Durch sie soll sie herausfinden, ob sich der Mann gut oder schlecht aufführt, ob er an einer körperlichen Einung mit ihr interessiert ist oder nicht, ob er selbständig oder anhänglich ist und ob er Großzügigkeit besitzt.

Danach soll sie den Vita aussenden, um die Verbindung mit dem Mann in die Wege zu leiten.

Der Pithamarda soll den Mann in die Behausung der Kurtisane geleiten oder er bringt sie ihrerseits zu dem Aufenthaltsort des Mannes, und zwar unter dem Vorwand, ihr Hahnen-, Widder- und Wachtelkämpfe zu zeigen oder den Papageien und den Mynas lauschen zu wollen oder um Musikdarbietungen oder Theateraufführungen zu besuchen.

Bei seinem Eintreffen soll sie ihm irgendwelche Andenken ihrer Liebe verehren. Das hinterläßt in seinem Herzen einen guten und günstigen Eindruck, besonders, wenn sie noch erzählt, daß kein gewöhnlicher Mensch jemals solch ein Andenken empfängt.

Sie muß ihn mit Gesprächen unterhalten und ihm zu gefallen suchen, indem sie ihm Betelblätter, Kränze und dergleichen anbietet. Ist er in sein Haus zurückgekehrt, soll sie ihm öfters das eine oder andere Geschenk durch ihre Dienerin, die sich auf angenehme Unterhaltung und Späße versteht, zukommen lassen. Sofern sie nur kann, soll die Kurtisane unter dem einen oder anderen Vorwand den Pithamarda in das Haus des Mannes begleiten.

Sooft er ihr Haus tritt, soll sie ihn liebevoll mit Betelblättern begrüßen, mit wohlriechender Sandelholzsalbe und hübsch geflochtenen Blumengewinden, und Gespräche über die Dichtung und die Künste beginnen.

Wenn ihre beiderseitige Liebe wächst, sollen sie häufig Geschenke austauschen; sie soll ihm verschiedene Geschenke darbieten, und er soll ihr Ringe und Obergewänder schenken; auf diese Weise sollen sie sich gegenseitig ihr Verlangen nach der körperlichen Einung bezeugen.

Sie soll ihn immer mehr erfreuen, indem sie ihn mit liebevoller Fürsorge, mit Geschenken und Gaben überhäuft und ihm einladende, verlockende und anreizende Ansuchen stellt, bis die Einung mit ihm vollzogen ist.

Das sei also über die Umwerbung und Einladung des geeigneten Mannes dargelegt.

So endet das erste Kapitel des sechsten Teils.

Zweites Kapitel

Das Verhalten einer willfährigen Kurtisane

Hat nun also eine Kurtisane mit ihrem Liebhaber die Einung vollzogen, dann ist ihr anzuraten, sich geradeso zu verhalten, als ob sie seine eine und einzige Gattin wäre. Sie soll es so einrichten, daß er sich zu ihr hingezogen, aber nicht völlig gebunden fühlt; sie ihrerseits soll ihn bei ihren Handlungen durch ihre Ergebenheit erfreuen.

Stets muß dem Liebhaber vor Augen geführt werden, daß sie ihrer gewöhnlich gierigen und hartherzigen Mutter gehorcht. Ist zufällig keine Mutter vorhanden, so tut es für diesen Gehorsamserweis auch die Amme.

Die Mutter oder die Amme soll ihrerseits darauf bedacht sein, dem Liebhaber den Eindruck zu vermitteln, als ob sie ihn ungern sehe; unter gewissen Umständen reißt sie bei jeder Gelegenheit ihre Tochter sogar mit Gewalt von ihm weg und verspricht sie einem anderen.

Die junge Kurtisane selbst zeigt darüber Ärger, Trübsinn, Angst und Beschämung, widersetzt sich aber dem Verbot der Mutter nicht.

In solch einem Fall kann die Kurtisane manchmal vorgeben, sie leide unter dem einen oder anderen Gebrechen; der Liebhaber kann dies möglicherweise als rein

zufällig erachten. Ohne deswegen richtiggehend verärgert über sie zu sein und unter Hintansetzung seiner
eigenen Vermutung über ihre Krankheit, mag er annehmen, sie sei am besten zeitweilig zu meiden.
Diese vorgeschützte Krankheit wird indessen zum aus-
reichenden Grund, die Einung mit dem bisherigen Liebhaber nicht mehr zu vollziehen.
Sie sendet ihre Dienerin zu ihm, um den Blütenkranz,
den er getragen hat, und die restlichen Betelblätter
zurückzufordern.

Gegenüber ihrem neuen Liebhaber zeigt sie ihre Empfindungen des Erstaunens und der Bewunderung hinsichtlich seiner Gewandtheit in Liebesangelegenheiten; sie
bittet ihn des öfteren, sie in den vierundsechzig Weisen
des Liebesspiels zu unterweisen. Sie wendet sodann die
verschiedenen Stellungen an, die er sie gelehrt hat,
verhält sich so, wie er es gern mag, vertraut ihm alle ihre
Wünsche an, verbirgt die Mängel ihres Leibes, sieht über
seine Gewohnheit hinweg, im Bett mit von ihr abge-
wandtem Gesicht zu schlafen, erlaubt ihm, sie zu kosen,
küßt ihn, während er schläft, bis sie ihn zu guter Letzt
umarmen kann.
Wenn er in Gedanken versunken ist, soll sie ihn an-
blicken. Wenn er die Hauptstraße entlanggeht, dann
soll sie ihn von ihrem Haus aus beobachten; entdeckt er
sie, dann soll sie beschämt tun – etwas, das sich insgesamt als eine schlaue Berechnung bewähren dürfte. Sie
äußert Haß gegen das, was er haßt, und findet Gefallen
an dem, was ihm gefällt; sie bevorzugt dasselbe, was er
schätzt, und beweist Teilnahme ebenso an seinen Leiden

241

wie an seinen Freuden. Sie zeigt sich neugierig, indem sie herauszufinden trachtet, ob er sich zu einem anderen Mädchen hingezogen fühlt; trifft dieser Fall zu, dann soll sie sich höchst temperamentvoll gebärden und ihm eifersüchtig auf den Kopf zusagen, daß die Nagel- und Zahnmale an seinem Körper – die sie selbst angebracht hat – von einer anderen Frau eingeprägt worden seien.

Sie soll ihm ihre Liebe niemals offen zum Ausdruck bringen, sondern sie ihm bloß durch Zeichen und Gesten zeigen. Gelegentlich mag sie ihre Gefühle offener ausdrücken, wenn sie nämlich einen Rausch vorschützt; sie rühmt ihn für alle die guten Taten, die er getan hat.

Sie lauscht immer aufmerksam auf das, was er sagt; sie lobt ihn gemäß dem genauen Verständnis seiner Ansicht; ihre Entgegnungen sollen zeigen, daß sie über bestimmte Dinge auch eine Menge weiß; sie erwidert verständnisvoll seinen Fragen, vorausgesetzt, daß sie überzeugt ist, daß er sie wirklich liebt.

Sie soll ihm beweisen, daß sie mit Aufmerksamkeit zuhört, wenn er irgendwelche Geschichten erzählt, ausgenommen, sie handeln von einer seiner Ehefrauen.

Sie drückt ihr Mitgefühl und ihre Betrübtheit aus, wenn er seufzt oder gähnt oder in der Erzählung steckenbleibt oder hinfällt.

Sie vergißt niemals den Ausruf: »Der Gott segne dich!« oder »Ein langes Leben!« wenn er während des Sprechens oder des Lachens niest.

Kann sie ihre üble Laune schlecht verbergen, dann schätzt sie Krankheit vor, die sie feindlich bedrücken.

Niemals soll sie es sich einfallen lassen, einen anderen Liebhaber wegen seiner guten Eigenschaften lobend zu erwähnen; sie darf auch keinen Menschen tadeln, der offensichtlich die gleichen Mängel und Schwächen wie ihr Liebhaber hat; sie hegt und pflegt jede Kleinigkeit, die er ihr einmal geschenkt hat.

Wenn es ihrem Liebhaber übel geht, wenn ein schwerer Schicksalsschlag ihn getroffen hat, dann legt sie keinerlei Schmuck an; beschuldigt er sie fälschlich, dann weigert sie sich, Nahrung zu sich zu nehmen.
Sie zeigt Mitgefühl mit ihm bei jedem Mißgeschick, das ihm zustößt, und erklärt sich bereit, das Land mit ihm zu verlassen.
Wird er vom König festgehalten, soll sie sich bereit erklären, das Lösegeld für ihn zu hinterlegen.
Wenn sie ihm Lieder vorsingt, so flechte sie stets seinen Namen und die seiner Familienangehörigen ein. Sie legt seine Hand auf ihre Stirn und Brust, wenn er sich müde fühlt, und schläft dann auf dieses Heilmittel hin ein; will sie nicht schlafen, dann sitzt sie auf seinem Schoß; verläßt er den Raum, folgt sie ihm.
Sie wünscht sich einen Sohn von ihm; sie betont, ihn keinesfalls überleben zu wollen.
Sie darf niemals vor ihm von den geheimen Angelegenheiten anderer Leute sprechen.
Sie sucht ihn von der Übernahme von Fasten und Gelübden abzuhalten, indem sie darauf besteht, diese Fasten und Gelübde selber zu übernehmen. Faßt er doch ein Gelübde, so opfert und fastet sie mit ihm.
Ihr und sein Hab und Gut behandelt sie mit der gleichen Sorgfalt. Sie weigert sich, in Gesellschaft zu gehen, wenn er nicht dabei ist.

Sie sucht ihn auf, ohne Rücksicht auf hinderliche Umstände zu nehmen, wie etwa Kälte, Hitze, Regenwetter oder Räubergefahr.

Wenn sie den Armen Almosen spendet, um Glück in der jenseitigen Welt zu haben, dann soll sie den Wunsch äußern, auch dort seine Geliebte sein zu dürfen.

Sie paßt ihre Ansichten und Urteile und ihren Geschmack ganz seinen Ansichten und Empfindungen und Geschmacksrichtungen an; sie verdächtigt ihn, die Magie des Muladeva angewendet zu haben.

Sie streitet fortwährend mit ihrer Mutter darüber, ob sie ihm gegenüber redlich sein solle oder nicht; wenn sie mit Gewalt von ihrer Mutter einem anderen Liebhaber zugeführt wird, soll sie drohen, sich zu vergiften oder zu Tod zu hungern oder sich mit einer Waffe zu erstechen oder sich zu erhängen.

Sie versichert dem Liebhaber durch geheime Boten, daß es nicht ihre, sondern die Schuld ihrer Mutter sei, wenn sie sich einem anderen Liebhaber verbunden hat.

Sie soll ihren eigenen Stand kritisch betrachten; sie soll niemals streiten; in Geldfragen entscheidet sie niemals etwas, wenn ihre Mutter abwesend ist.

Sie soll immer wieder auszudrücken versuchen, wie glücklich sie gewesen ist, daß sie seine Liebe errungen hat. Wenn er von einer Krankheit genesen ist oder wenn einer seiner langgehegten Wünsche in Erfüllung gegangen ist oder wenn er gerade eine Glückssträhne hat und infolgedessen eine Zunahme seines Vermögens erlebt, dann soll sie voll Dankbarkeit Opfer darbringen, und zwar in Erfüllung des Gelübdes, das sie zuvor abgelegt hat.

Im alltäglichen Leben soll sie sich mit Schmuck zieren und nahrhafte Speisen in mäßiger Menge zu sich nehmen.

Die von dem Liebhaber getragenen Blumengewinde benützt sie, indem sie Stolz und Freude an den Tag legt; die Speisen nimmt sie erst zu sich, nachdem er gegessen hat. Für den Fall, daß über irgendwelche anderen Menschen gesprochen wird, soll sie zwischendurch einwerfen, daß sogar ein so begabter Mensch wie ihr Liebhaber in dieser Angelegenheit unmöglich eine endgültige Entscheidung fällen könne.

Sie soll seine Familie loben, sein gutes Betragen, seine Zuständigkeit in den Künsten, seine vornehme Herkunft, seine gründlichen Kenntnisse, sein natürliches Aussehen, seinen Reichtum, seine Nachbarschaft, die guten Eigenschaften seiner Freunde, seine Jugend und seine gewinnende Redeweise.

Wenn er bereits in der Musik beschlagen und mit den anderen Künsten auch vertraut ist, soll sie ihn ermutigen, seine Fertigkeiten in den Künsten noch zu erweitern.

Bricht ihr Liebhaber zu einer Reise auf, soll sie ernsthafte Schwüre auf ihr eigenes Leben nehmen und ihn solchermaßen zu rascher Rückkehr auffordern.

Nun folgt die Darlegung über ihr Verhalten während seiner Abwesenheit:

Wenn ihr Liebhaber von zu Hause fort ist, soll die Kurtisane ihre Aufmachung allein auf Häuslichkeit beschränken. Sie soll davon absehen, Schmuckstücke zu tragen, ausgenommen den Mangala-Schmuck und ein Armband aus Muschelschalen.

Sie soll die Erinnerung pflegen, Wahrsagerinnen aufsuchen, auf die Plätze und Straßen gehen, um gute Anzeichen zu mitternächtlicher Stunde zu beobachten, und die Stellung von Sonne, Mond, Sternen und Sternbildern beneiden.

Hat sie ein guter Traum in der Nacht erquickt, verkündet sie ihren Freunden und Verwandten, daß sie bald wieder mit ihrem Liebhaber vereint sein würde.

Hat sie aber ein arger Traum heimgesucht, zeigt sie Angst, und sie vollbringt Opferhandlungen, um die Gottheiten zu versöhnen, so daß kein Unheil über ihn komme.

Wenn er heil zurückkehrt, dann sagt sie dem Gott der Liebe und den anderen Gottheiten Dank; sie holt die Glücksschale in der Gesellschaft ihrer Freunde nach Hause.

Sie soll Krähen füttern als ein Andenken an ihre Opferzeremonien.

Während das Opfer für den Gott der Liebe und die anderen Gottheiten unmittelbar nach der Wiedervereinigung mit dem Liebhaber vollzogen werden soll, muß die Fütterung der Krähen später erfolgen.

Ist sie überzeugt, daß er ihr völlig verfallen ist, dann soll sie sagen, daß sie ihm in den Tod folgen würde.

Die Eigenschaften eines Liebhabers, der einer Kurtisane völlig verfallen ist, sind die folgenden:

Er setzt sein ganzes Vertrauen in sie; er paßt sich ihr in jeder Beziehung an; er erfüllt alle ihre Wünsche; er hegt in keinerlei Weise ein Mißtrauen gegen sie, und ihn gelüstet niemals nach einem Geldgewinn auf ihre Kosten.

Was immer hier dargelegt worden ist, entspricht dem Weisen Dattaka. Entdeckt die Kurtisane darin eine Lücke, soll sie auf die Wege anderer Menschen ihr Augenmerk richten und danach vorgehen; dazu dient auch eine Untersuchung der Natur der in Frage kommenden Menschen.

Da die Empfindung der Liebe zart beschaffen ist und die Frauen habsüchtig sind – weil auch ihre Handlungen trügen und in die Irre führen, darum sind sogar in der Wissenschaft der Liebe erfahrene Männer manchmal nicht in der Lage, die wahre Natur ihrer Liebe richtig einzuschätzen.

Gelegentlich zeigen die Frauen ihren Liebhabern Zuneigung, gelegentlich Abneigung; manchmal steht ihr Sinn danach, die Männer zu erfreuen, und manchmal, sie preiszugeben; hie und da können sie aus ihnen allen Reichtum, den sie besitzen mögen, herausziehen.

So endet das zweite Kapitel des sechsten Teils.

Drittes Kapitel

*Die Wege, Geld zu erlangen, sowie über die
Zeichen dahinschwindender Zuneigung,
auch:
Die Möglichkeit, den Liebhaber loszuwerden*

Für eine Kurtisane bieten sich zwei Wege, um Geld aus dem ihr zugeneigten Mann herauszuziehen: der natürliche Weg und der wohlbedachte Weg.

Die Gelehrten meinen, eine Kurtisane, die in der Lage sei, das bereits vereinbarte Honorar einzuziehen oder gelegentlich mehr als das, solle nicht versuchen, noch darüber hinaus etwas zu ergattern.

Vatsyayana ist der Ansicht, daß der Liebhaber bei geschickter Behandlung ihr gewöhnlich das Doppelte des Lohnes gibt, der im vornhinein von ihnen vereinbart worden ist.

Mit folgenden Methoden wird aus dem Liebhaber Geld herausgezogen:

Wird es Zeit für sie, den Händlern, von denen sie Waren bezogen hat, die Rechnungen zu bezahlen, dann erledigt sie dieses Geschäft in seiner Gegenwart, und zwar mit ihren eigenen Sachen, etwa Schmucksachen, Süßfleisch, Nahrungsmittel, Getränke, Blumen, Parfüm, Gewandstücken und dergleichen.

Er wird dafür gerühmt, daß er solch ein großes Vermögen habe.

248

Sie behauptet, mit Spenden zu gewissen Feierlichkeiten beitragen zu müssen, etwa indem sie Bäume einpflanzt oder eine Zisterne anlegen läßt, oder etwas für den Bau eines Gottertempels stiftet, oder religiöse Zeremonien abhält, oder einen Hain zu errichten beginnt, oder Gartengesellschaften und sonstige Feste veranstaltet, oder Gaben für ihre Freunde benötigt.

Sie nimmt die von ihr begehrten Dinge, die Künstler verfertigt haben, wenn die Rechnung von ihrem Liebhaber beglichen ist.

Sie klagt darüber, daß ihre Schmucksachen von Räubern oder von Soldaten gestohlen worden seien, während sie auf dem Weg zu seinem Haus war.

Sie spiegelt ihm vor, daß verschiedene ihrer Besitztümer durch einen Brand zerstört worden seien, oder durch das Eindringen eines Diebes durch ein Loch in der Wand oder die Schlamperei ihrer Mutter.

Sie läßt ihm durch heimliche Helfer Einzelheiten über Schmuckstücke mitteilen, die sie von anderen besessen hat und die jetzt zurückverlangt worden sind. Sie kann denselben Kunstgriff auch mit den von ihm verehrten Schmucksachen anwenden; zudem kann sie noch ihre Ausgaben für die Besuche in seinem Haus erwähnen.

Sie tut so, als ob sie sich wegen des Liebhabers in Schulden stürze und erweckt den Anschein, als ob sie mit ihrer Mutter wegen der Ausgaben, die sie zugunsten des Galans mache, in Streit geraten sei.

Sie verkündet betrübt, daß sie zu Gesellschaften und Festen seiner Freunde nicht hingehen könne, da sie keine Geschenke für ihn habe.

Um das dem Liebhaber plausibel zu machen, muß sie ihn

an die zahlreichen und wertvollen Geschenke erinnern, die er von seinen Freunden erhalten hat.

Sie unterläßt bestimmte, unbedingt notwendige Erledigungen, indem sie vorgibt, kein Geld dafür zu haben.

Sie behauptet, die eine oder andere Handwerkerleistung an ihrem Haus müsse notwendig ausgeführt werden, aber ihr mangle das Geld dazu.

Sie muß vorgeblich Honorare an Ärzte und Minister zahlen, welche diese verlangt haben sollen.

Freunden und Wohltätern hat sie ihrer Schilderung nach aus der Klemme helfen müssen.

Für an sich unaufschiebbare Haushaltserledigungen hat sie leider hie und da kein Geld.

Eigentlich sollte sie ganz dringend ein Geschenk zu der Geburt eines Sohnes einer Freundin haben, doch reicht ihr Geld bedauerlicherweise nicht dazu aus.

Sie muß leider die ausgefallenen Gelüste und kostspieligen Anwandlungen ihrer Freundin während deren Schwangerschaft zu befriedigen suchen; doch dazu ist mehr Geld erforderlich, als sie gerade besitzt.

Sie täuscht eine Erkrankung vor, für deren Behandlung sie kein Geld hat.

Sie sollte unbedingt ihre in Not geratene Freundin unterstützen.

Sogar ihre Schmucksachen will sie verkaufen, um für ihren Liebhaber etwas tun zu können. Sie läßt sich während der Anwesenheit ihres Liebhabers von einem Händler aufsuchen, und bietet ihm einige ihrer Schmucksachen und Einrichtungsgegenstände zum Verkauf an; ihr Ziel dabei ist, neue und größere Gegenstände zu gewinnen.

Sie läßt sich von dem Kaufmann diese Küchengeräte anbieten; sie behauptet dabei, solche wären für sie sehr wünschenswert, denn bei dem unter Kurtisanen üblichen gegenseitigen Ausborgen derartiger Gegenstände gebe es öfters die Möglichkeit des Umtauschs.

Sie schwärmt immer wieder von der früheren Großzügigkeit ihres Liebhabers.

Sie läßt ihren Liebhaber wissen, daß sie durch ihre heimlichen Helfer erfahren habe, um wieviel mehr Geld doch andere Kurtisanen von ihm bekommen hätten.

Sind während eines Besuchs des Liebhabers auch andere Kurtisanen anwesend, so rühmt sie sich in verschämter Weise der großen Einkünfte, die sie dank ihrem Liebsten beziehe.

Sie soll davon berichten, daß sie die Angebote ehemaliger Liebhaber glatt abgeschlagen habe, obwohl von diesen große Gewinne zu erwarten gewesen wären.

Sie schildert in Gegenwart ihres Liebhabers die Freigebigkeit seiner Nebenbuhler.

Merkt die Kurtisane, daß er nicht zu ihr zurückkehren will, soll sie ihn bitten, so wie es ein Kind tut.

Das sind so die verschiedenen Wege, um zu Geld zu gelangen.

Eine Kurtisane soll stets nach dem Stand der Empfindungen ihres Liebhabers forschen und darüber unterrichtet sein, ob er sein Interesse an ihr verloren hat oder nicht. Sie soll das aus seinem Verhalten ablesen, dem Wechsel seiner Stimmung und aus dem Ausdruck seines Gesichts.

Die Kennzeichen, woran man merken kann, daß ein Liebhaber gleichgültig wird, sind die folgenden:

* Er bietet ihr weder mehr noch auch weniger an. Er hat Umgang mit jenen Leuten, die der Kurtisane unfreundlich gesinnt sind.

* Er widmet sich Beschäftigungen, die irgend etwas anderes betreffen, und gibt dafür lahme Entschuldigungen an.

* Er unterläßt es sogar, ihr das tägliche Haushaltsgeld auszuhändigen.

* Er versäumt, seine ihr gegebenen Versprechen einzulösen, oder er versucht absichtlich, sie zu seinem eigenen Vorteil mißzuverstehen.

* Er unterhält sich mit seinen Freunden in Gesten und Zeichen, die sie nicht versteht.

* Er schläft in einem anderen Haus, wobei er als Entschuldigung anführt, er habe irgendeine dringende Angelegenheit für einen seiner Freunde zu erledigen.

* Er unterhält sich heimlich mit den Dienern seiner früheren Geliebten.

Die Kurtisane soll, sobald sie die Gewißheit hat, daß ihr Liebhaber gleichgültig wird, in der folgenden Weise vorgehen:

Wenn sie erkennt, daß ihr Liebhaber gleichgültig gegenüber ihr wird, soll sie selbst die Schmuckstücke einlösen und ihm unter irgendeinem Vorwand einen Teil dieses Geldes geben, ehe er dazukommt, dasselbe anzufordern. Ihr Hauptgläubiger soll ihr den übrigen Erlös mit Gewalt aus den Händen reißen; muß sie feststellen, daß der Liebhaber das Recht des Gläubigers, dies an sich zu nehmen, in Zweifel zieht, soll sie die Angelegenheit vor die Richter bringen. Das ist also die Haltung, die eine Kurtisane einnehmen soll, wenn sie an ihrem Liebhaber Gleichgültigkeit wahrnimmt.

Die Kurtisane soll stets daran festhalten, freundschaftliche Beziehungen mit ihrem Liebhaber aufrechtzuerhalten, der ihr früher in großzügiger Weise Geld und dergleichen verehrt hat; sogar wenn er ihr jetzt weniger gibt, aber doch bei ihr bleibt, soll sie sich ihm trotz dieses Stands ihrer Angelegenheit freundlich erweisen.

Hat sie sich aber einen anderen Liebhaber zugelegt, soll sie ihren vormaligen Liebhaber, der arm geworden ist und keine Mittel mehr hat, um sich selbst zu erhalten, hinauswerfen.

Nun werden im folgenden die Wege und Mittel beschrieben, die einer Kurtisane zur Verfügung stehen, um einen derartigen Liebhaber hinauszuwerfen.

✸ Sie tut begeistert Dinge, die er nicht mag.

✸ In seiner Gegenwart beschäftigt sie sich mit Sachen, die er verabscheut.

☆ Sie hält den Mund geschürzt.

☆ Sie stampft mit den Füßen auf den Boden.

☆ Sie unterhält sich über Themen, von denen er nichts weiß.

☆ Sie zeigt keinerlei Verwunderung oder Überraschung für seine Kenntnisse von ihren Geheimnissen.

☆ Sein Stolz wird, sooft sich nur eine Gelegenheit bietet, gedemütigt.

☆ Sie sucht den Umgang mit Leuten, die ihm überlegen sind und dies auch zeigen.

☆ Sie macht abfällige Bemerkungen und widerspricht ihm.

☆ Sie lästert über die Männer, die bekanntermaßen die gleichen Fehler haben wie er selbst.

☆ Sie behandelt ihn mit völliger Gleichgültigkeit.

☆ Sie verbirgt sich in einem heimlichen Winkel.

☆ Sie will von seinen Geschenken nichts wissen.

☆ Sie verhüllt ihren Körper.

☆ Sie zeigt sich unzufrieden über seine Nagel- und Zahnmale.

✶ Sie bewegt ihre Glieder kaum und zeigt keine Leidenschaftlichkeit.

✶ Will er sie küssen, so werden ihm die Lippen ver-
weigert.

✶ Sie läßt seine Umarmungen gefühllos über sich ergehen, indem sie die Hände verschränkt. Sie fordert
ihn auf, sich doch leidenschaftlich zu zeigen, wenn er
bereits ermüdet ist.

✶ Sie spottet über ihn, wenn er dazu nicht imstande ist.

✶ Sie rühmt ihn nicht einmal, wenn er imstande ist, die
Einung fortzusetzen.

✶ Sie stellt sich in seiner Anwesenheit schlafend.

✶ Bemerkt sie seine Mißstimmung aus gewissen Zeichen
und Gebärden, dann geht sie zur Stunde der Einung
zu einer anderen bedeutenden Persönlichkeit hin.

✶ Sie verdreht seine Worte mit größter Hartnäckigkeit.

✶ Sie lacht, wenn es gar nichts zu lachen gibt.

✶ Noch wirksamer ist ein Gelächter über einen anderen Witz als über den, den er gerade erzählt.

✶ Sie blickt die Diener an, wenn er spricht, oder stößt
sie mit der Hand.

- ✦ Sie spricht von völlig anderen Dingen während seiner Rede.

- ✦ Sie wirft die Bemerkung hin, seine Fehler und schwachen Seiten seien so beschaffen, daß keine Aussicht auf Besserung bestehe.

- ✦ Sie plaudert seine Geheimnisse aus; sie beschuldigt ihn nämlich mittelbar, indem sie die Dienerin irgendeines Vergehens bezichtigt.

- ✦ Sie zeigt sich nicht, wenn er kommt, um sie zu treffen; sie bittet ihn um nichts, das er ihr nicht geben könnte; zu guter Letzt soll sie den Mann verlassen.

Diese Methode für das Verhalten der Kurtisane gegenüber ihrem Liebhaber ist von Dattaka niedergeschrieben worden.

Vom Beginn bis zum Abschluß soll das Verhalten einer Kurtisane auf die Einung mit dem geeigneten Mann gerichtet sein, und zwar nach gebührender Würdigung seiner Bedürfnisse und Tätigkeiten; des weiteren soll sie bestrebt sein, ihren Liebhaber zu erfreuen, wenn sie körperlich vereint mit ihm ist; fühlt er sich zu ihr hingezogen, soll sie Geld aus ihm herausziehen, und schließlich soll sie sich seiner entledigen, wenn er in Armut geraten ist. Richtet sich eine Kurtisane nach den Verhaltensregeln, wie sie oben beschrieben wurden, kann sie niemals von den Männern, die sie umwerben, betrogen werden; sie wird dann auf jeden Fall ihr Glück machen.

So endet das dritte Kapitel des sechsten Teils.

Viertes Kapitel

*Die erneute Einung
mit einem früheren Liebhaber*

Sobald eine Kurtisane sich anschickt, einen Liebhaber, dessen Vermögen sie ausgebeutet hat, zu
verabschieden, soll sie sich mit ihrem früheren Liebhaber versöhnen, dessen Verhältnis mit ihr aus dem einen
oder anderen Grund abgebrochen worden ist.

Dieser frühere Liebhaber soll nur dann umworben werden, wenn er sich nicht mit einer anderen Kurtisane
verbunden hat, oder wenn er eine gewisse Neigung zur
Versöhnung zeigt, und wenn sein Vermögen zufriedenstellend beschaffen ist.

Ist er jedoch bereits mit irgendeiner anderen Kurtisane
verbunden, soll sie die Angelegenheit prüfen und erst
dann zu einem Entschluß gelangen, wenn sie in Betracht
gezogen hat, zu welcher der folgenden Gruppen er gehört:

✦ Ein Liebhaber, der sie aus eigenem Antrieb verlassen
  hat und in derselben Weise auch mit einer anderen
  Kurtisane verfahren ist.

✦ Ein Liebhaber, der verabschiedet worden ist und sie
  deshalb verlassen hat, und der in ähnlicher Weise
  von einer zweiten Kurtisane abgeschoben wurde und
  diese also auch deswegen aufgegeben hat.

- Ein Liebhaber, der sie verlassen hat, der aber von einer zweiten verabschiedet worden ist und diene deswegen aufgegeben bat.
- Ein Liebhaber, der die erste Kurtisane verlassen und sich einer anderen zugewendet hat.
- Ein Liebhaber, der von ihr verabschiedet worden ist und sie deshalb verlassen hat.
- Ein Liebhaber, der abgeschoben wurde und deswegen die erste Kurtisane verlassen hat, sich nachher aber einer anderen Kurtisane verbunden hat.

Hat ein Mann die erste Kurtisane verlassen und nachher auch noch eine zweite, und schickt er dann Botschaften, so soll er als ein wankelmütiger Mensch angesehen werden und damit als einer, der die Vorzüge der Geliebten nicht verdient.

Ein Mann, der von der ersten Kurtisane verabschiedet worden ist und sie deswegen verlassen hat, und dem das gleiche Geschick von einer zweiten widerfährt, die er also auch so verläßt, kann als geeignet für eine Versöhnung gelten; zutreffen muß allerdings folgendes: Die Kurtisane muß erkennen, daß er stetigen Sinnes ist und daß seine Vermögenslage gut ist; wenn sie auch entdeckt, daß er von der zweiten Kurtisane abgeschoben wurde, nachdem sie eine große Entlohnung von ihm ergattert und ihn daraufhin verärgert hat, darf sie als wahrscheinlich erachten, daß dieser Mann sie gebührend honorieren wird.

Ist ein Mann verabschiedet worden, weil er entweder an Geldmangel zu leiden begann oder weil er sich als geizig erwies, dann soll keine Verbindung mit ihm angeknüpft werden.

Hat ein Mann die erste Kurtisane aus eigenem Antrieb verlassen, während er von der zweiten verabschiedet wurde und sie deshalb verlassen hat, wird er von der ersten noch einmal erhört, wenn er ihr Geld im voraus zahlt.

Wenn der Liebhaber, der die erste Kurtisane aus eigenem Antrieb verlassen hat, sich mit einer anderen Kurtisane verbindet, aber der ersten immer noch Botschaften zukommen läßt, soll sie sein Angebot nach dem Abwägen des Für und Wider wie folgt betrachten:

★ »Er ist zu mir gekommen, weil er mehr Vergnügen erwartet hat; er möchte zu mir zurückkommen, weil er kein besonderes Vergnügen bei jener anderen Frau erfahren hat; er will gern herausfinden, welche von den beiden er vorzuziehen hat; er wird mir wahrscheinlich eine große Summe Geldes dank seiner Leidenschaft für mich geben, wenn ich ihn wieder gewonnen habe.«

★ »Da er gemerkt hat, daß die andere Frau größere Mängel aufweist als ich, weiß er jetzt meine vielen guten Eigenschaften zu schätzen; da er kommt, um mich zu bewundern, wird er mir eine große Summe Geldes geben.«

Nun folgt die Darlegung über die andere Art des Liebhabers, der keiner Versöhnung wert ist:

Sie kann ihn als zu jung und unreif ansehen, oder sie merkt, daß er verschiedenen Kurtisanen zu gleicher Zeit den Hof macht, oder sie entdeckt seine Absicht, sie zu betrügen, oder sie glaubt, daß er nur zeitweilig eine wetterwendische Vernarrtheit für sie hegt. In diesen Fällen kann sie sich mit ihm versöhnen oder auch nicht.

Der Fall eines Mannes, der von der ersten Kurtisane verabschiedet worden ist und sie deswegen verlassen hat, der sich nachher mit einer zweiten verband und diese aus eigenem Antrieb verließ, soll in der folgenden Weise betrachtet werden – vorausgesetzt, daß er der ersten Kurtisane weiterhin Botschaften sendet:

✦ »Er möchte zu mir zurückkommen aus Leidenschaft für mich; er wird mir wahrscheinlich große Reichtümer zukommen lassen, da er jetzt von meinen Vorzügen beeindruckt ist; er ist in mich verliebt und meidet die Gesellschaft der anderen Frau.«

✦ »Ich habe ihn ehedem ungerechterweise abgeschoben; vielleicht möchte er sich rächen, indem er mir wieder den Hof macht; vielleicht will er sein Geld von mir zurückgewinnen, das ich von Berufs wegen verdient habe; vielleicht will er mich wieder in sein Vertrauen ziehen; vielleicht möchte er, daß ich ihm dafür irgendeinen Gefallen erweise; vielleicht möchte er bloß meine Beziehungen zu meinem gegenwärtigen Liebhaber zerstören und mich dann plötzlich verlassen.«

Sie soll mit einer solchen Art von ehemaligen Liebhabern keine Versöhnung anstreben, denn deren Absichten sind nicht redlich.

Ein unschlüssiger Liebhaber soll nicht allzu rasch umworben werden, sondern erst nach einer längeren Zeitspanne.

Auf diese Weise soll ein Liebhaber, der verabschiedet
worden ist, sich sodann an eine andere Kurtisane ge-
hängt hat, weiterhin aber Botschaften an die erste sendet, beurteilt und behandelt werden.

Sie soll selbst dem früheren Liebhaber, der jetzt ein
anderweitiges Verhältnis hat, durch seine Boten Antworten zukommen lassen. Ihre Begründung soll so
lauten:

✯ »Er ist von mir auf Grund gewisser Fehler abgeschoben worden; er ist deswegen gezwungen gewesen,
anderswohin zu gehen, und soll darum wieder zu mir
zurückgeholt werden.«

✯ »Sobald er anfängt, Verbindung mit mir aufzuneh-
men, werden seine Beziehungen zu der anderen Frau
von selbst in die Brüche gehen.«

✯ »Ich werde dann erreichen, daß sein Stolz gedämpft
wird.«

✯ »Dies ist der geeignete Zeitpunkt im Hinblick auf sein
Einkommen; seine Stellung in der Gesellschaft hat
sich verbessert; er hat ein höheres Amt zuerteilt
bekommen; er hat seine Gattin verloren; er ist unab-

hängig geworden; er hat sich von seinen Eltern getrennt.«

★ »Indem ich mich mit diesem Mann wieder aussöhne, werde ich mir einen reichen Liebhaber zulegen.«

★ »Er wird jetzt von seiner Gattin gedemütigt; ich werde ihn gegen sie ausspielen.«

★ »Ein Freund des verabschiedeten Liebhabers ist in die Frau verliebt, die sozusagen meine Mitgattin war. Ich werde jenen Freund entfremden, indem ich eine Zusammenkunft meines ehemaligen Liebhabers mit jener Frau in die Wege leite.«

★ »Ich werde den Anschein erwecken, als ob er sich an jede wegwerfen würde, indem ich seine Wankelmütigkeit anstachle.«

Für das Absenden von Botschaften stehen der Kurtisane folgende Möglichkeiten zur Verfügung:

★ Die Pithamardas und andere Boten benachrichtigen den zurückgesetzten Liebhaber dahingehend, daß die Kurtisane trotz ihrer echten Zuneigung für ihn gezwungen gewesen wäre, ihn abzuschieben, und zwar wegen des ekelhaften Benehmens ihrer Mutter.

★ Außerdem sei die Beziehung der Kurtisane zu ihrem gegenwärtigen Liebhaber in Wirklichkeit gegen ihre

Neigung zustande gekommen Die Boten schildern ihm ihr Mißfallen an ihrem gegenwärtigen Galan.

Sie rufen in ihm die Erinnerung an seine Lieben zu ihr in vergangenen Tagen wach, indem sie ihm Andenken der Liebe zeigen, die er ihr früher geschenkt hat. Sie malen ihm die Liebesszenen aus, die sich einstmals zwischen ihnen abgespielt haben.

Die Andenken sollen an den einen oder anderen Beweis der Dankbarkeit gemahnen, den der Liebhaber der Kurtisane einst erstellte. Damit ist die Darlegung der Wege und Mittel für die Versöhnung mit dem verabschiedeten Liebhaber abgeschlossen.

Nach der Ansicht der alten Weisen verhält er sich so, daß im Fall einer Kurtisane, die vor die Wahl zwischen einem verabschiedeten Liebhaber und einem bisher fremden Liebhaber gestellt ist, der verabschiedete Liebhaber vorzuziehen ist, da ihr seine Verhaltensweise bekannt ist, seine Zuneigung zu ihr ebenfalls bewiesen wurde, und ihr es also insgesamt leichter fällt, sich mit ihm zu verbinden. Vatsyayana meint jedoch folgendes:
Da der verabschiedete Liebhaber vermutlich sein Vermögen durch sie eingebüßt hat, dürfte er nicht in der Lage sein, ihr Reichtümer zukommen zu lassen, und daher kann sie kaum noch Zutrauen zu ihm fassen; hingegen kann der neue Liebhaber wohl ziemlich leicht zufriedengestellt werden.
Allerdings sollen die Unterschiede im Charakter der beiden Männer ordnungsgemäß in Betracht gezogen werden.

Es gibt drei Gründe, warum sich eine Kurtisane wieder mit einem verabschiedeten Liebhaber versöhnen soll:

Um seine Verbindung mit einer anderen Kurtisane zu zerbrechen, oder um einen bestimmten Mann von einer bestimmten Frau zu trennen, oder um ihren gegenwärtigen Liebhaber zu vertreiben.

Ein leidenschaftlich zugetaner Liebhaber wird gewöhnlich durch eine Beziehung zu einem neuen Mann aufgeschreckt; er sieht über die Fehler der Kurtisane, mit der er verbunden ist, hinweg – und wenn es ihn sogar eine große Summe Geldes kostet.

Eine Kurtisane soll den Liebhaber rühmen, der mit ihr verbunden ist und mit niemand sonst; sie soll jedoch den Liebhaber verspotten, der sowohl mit ihr wie mit einer anderen Beziehungen aufrechterhält.

Trifft nun eine Botschaft von einem neuen Liebhaber ein, dann soll sie ihn erhören, wenn er in der Lage ist, ihr eine beachtliche Geldsumme zu zahlen. Wenn ein ehemaliger Liebhaber, den sie verabschiedet hat, ihr wieder Botschaften schickt, soll sie eine gewisse Zeitspanne abwarten, ehe sie ihn erhört. Sie soll die Versöhnung eine Weile hinausziehen, ohne tatsächlich ihren gegenwärtigen Galan aufzugeben.

Sie soll mit ihrem derzeitigen Liebhaber sprechen, der ihr zugeneigt ist und den sie zu lenken vermag, ehe sie sich einem neuen Liebhaber zuwendet. Sie soll Geld von dem neuen Liebhaber zu erhalten suchen, doch gleichzeitig den Liebhaber, der ihr ihm Augenblick zugetan ist, erfreuen.

264

Die kluge Kurtisane soll ihre Verbindung mit einem fortgewiesenen Liebhaber nur dann wieder aufnehmen, wenn sie überzeugt ist, daß ein glückliches Geschick, geldlicher Gewinn, Liebe und Freundschaft als das Ergebnis einer solchen Versöhnung wahrscheinlich zu erwarten sind.

So endet das vierte Kapitel des sechsten Teils.

Fünftes Kapitel

Der Gewinn und
seine verschiedenen Arten

Eine Kurtisane, die sich mit verschiedenen Liebhabern auf einmal zu verbinden vermag, kann täglich großen Reichtum erringen; sie soll sich nicht damit zufriedengeben, einem einzigen Liebhaber zugetan zu sein.

Sie soll ihre Preise jede Nacht festsetzen, indem sie den Ort in Betracht zieht, die Stunde, die Lage, ihre Vorzüge und hervorstechenden Reize, ihre Außergewöhnlichkeit und dergleichen, wie es sich eben mit den Eigenschaften anderer vergleichen läßt.

Stellt sie fest, daß ein bestimmter Mann sich dazu anbietet, umworben zu werden, soll sie ihm Botschaften senden. Sie selbst soll ihre Botschaften jenen Männern mitteilen, die seine ständigen Freunde sind.

Kennt sie einmal seine Neigungen, soll der Mann zwei-, drei- oder viermal darum angegangen werden, etwas mehr Geld herauszurücken. Sie soll alle Wege einschlagen und alle Mittel anwenden, um ihn zu erobern und Geld aus ihm herauszuziehen.

Gemäß der Ansicht der alten Weisen kann die Kurtisane, die eine große Summe Geldes von dem Mann zu erhalten wünscht, den sie erhört, dies erreichen, wenn sie viele Liebhaber auf einmal hat. Was sie von jedem von ihnen erhält, bedingt den Wert für den anderen.

Die Meinung Vatsyayanas lautet dahingehend, daß jener Liebhaber vorzuziehen ist, der ihr Geld gibt, da Goldmünzen, die einmal gegeben wurden, niemals zurückgenommen werden; daher sind auch Goldmünzen die Grundlage aller geschäftlichen Verhandlungen.

Die folgende Aufzählung zeigt den Wert der Bezahlung gemäß der Reihenfolge: Gold, Silber, Kupfer, Bronze, Eisen, Bettstellen, Bettdecken, Seidenkleider, Parfüm oder Sandelholz, Pfefferkörner, Möbelstücke, Butter, Öl, Korn und Vieh.

Wenn mehr als ein Mann dieses der Kurtisane anbietet und die angebotenen Dinge von gleichem Wert sind, soll sie jenen Mann zuerst erwählen, der aus ihrer eigenen Stadt kommt; die zweite Wahl soll auf jenen Mann fallen, der von ihrer Freundin empfohlen worden ist. Sie soll auch die Möglichkeit in Betracht ziehen, daß das Angebot nicht erneuert wird; ebenso soll sie die Großherzigkeit und die Würde der Bewerber abwägen, ihre Eigenschaften und Tugenden sowie den Grad ihrer Neigung für jeden von ihnen.

Die alten Weisen meinen, daß ein Mann, der großzügig ist, einem vorzuziehen ist, der ihr leidenschaftlich zugetan sein mag. Seine Großzügigkeit muß sich in der Form von großzügiger Bezahlung und Geschenken äußern.

Wie jedoch Vatsyayana meint, ist es einer Kurtisane durchaus möglich, einen ihr leidenschaftlich zugetanen Mann zur Großzügigkeit zu veranlassen. Wenn der Mann zufällig ein Geizkragen ist, kann er doch dazu gebracht werden, etwas Geld in Form von Geschenken auszugeben; ein Mann jedoch, der ihr nicht wirklich ergeben ist, mag er auch großzügig sein, kann nicht zum Erweis seiner Großzügigkeit veranlaßt werden.

Gemäß der Lehre der alten Meister ist ein wohlhabender Mann einem Habenichts vorzuziehen; unter den reichen Männern soll sie den wählen, der ihre Wünsche erfüllt.

Vatsyayana behauptet, daß der Liebhaber, der den Wünschen der Kurtisane nachkommt, sich selbst ihr gegenüber für verpflichtet hält, während der großzügige Mann sein erstes Geschenk oder Honorar nicht als Erweis für seine Verpflichtung ansieht.

Unter diesen wieder soll der erhört werden, der als der würdigste zu erachten ist.

Die alten Meister erklären, wenn es zu einer Wahl kommt zwischen einem Mann, der sich selbst der Kurtisane gegenüber für verpflichtet hält, und einem, der großzügig ist, dann sei der letztere zu bevorzugen.

Vatsyayana behauptet, daß ein großzügiger Liebhaber ihr Bemühen nicht mißachtet, auch wenn es in der Vergangenheit gewisse Fehler ihrerseits gegeben hat. Das trifft sogar noch zu, wenn ihm von Nebenbuhlerinnen falsche Nachrichten hinsichtlich der Kurtisane zugeflüstert werden. Insgesamt sind großzügige Liebhaber von Natur aus von vornehmer Gesinnung, redlich und rücksichtsvoll. Der Liebhaber, der sich selbst der Kurtisane gegenüber verpflichtet hält, bedenkt gewöhnlich ihre ehemalige Beziehung; er wird nicht leicht durch falsche Anschuldigungen gegen sie voreingenommen, da er von ihrem Verhalten in der Vergangenheit günstig beeindruckt worden ist.

Zieht man alle Dinge in Betracht, dann ist der Liebhaber, der Würde besitzt und von dem die Kurtisane künftige Vorteile erhoffen darf, in höchstem Maß begehrenswert.

Steht sie vor der Wahl, ob sie nun einen von einer Freundin empfohlenen Liebhaber erhören soll oder einen Liebhaber, von dem ein Geldgewinn zu erwarten ist, dann soll sie nach der Meinung der alten Gelehrten – dem letzteren den Vorzug geben.

Vatsyayana meint, daß geldliche Vorteile sich aller Wahrscheinlichkeit nach zu irgendeinem Zeitpunkt von seiten eines reichen Liebhabers einstellen werden, während ein Freund, der nicht zufriedengestellt wird, sich wahrscheinlich ärgert und sich abkehrt.

Allerdings besteht nach der Ansicht Vatsyayanas folgender Unterschied zwischen den beiden Männern: Wenn der Freund sich nicht erbietet, am nämlichen Tag zu bezahlen, wird er das höchstwahrscheinlich nach einer gewissen Zeitspanne nachholen.

Unter diesen Umständen soll sie ihren Freund damit besänftigen, daß eine bestimmte Sache dringender Erledigung bedürfe; sie verspricht ihm, sich ihm am nächsten Tag zu widmen; auf diese Art soll sie das Angebot ihres Freundes annehmen, obwohl es erst nach einer gewissen Zeit ausgeführt werden kann.

Muß sich eine Kurtisane zwischen der Möglichkeit, Geld zu erwerben, und jener, irgendeine Gefahr abzuwenden, entscheiden, dann soll sie nach der Ansicht der alten Meister die erstere wählen.

Vatsyayana weicht aber mit seiner Meinung von ihnen ab, und zwar insofern, als Geld als eine bestimmte Größe bemessen werden kann, während das Unglück, sollte es einmal die Kurtisane heimsuchen, von Ungewißheit begleitet ist; niemand vermag zu erkennen, wann es aufhören wird.

Allerdings kann auch das Elend groß und gering sein; eine Kurtisane muß ihre Urteilskraft in dieser Hinsicht schulen.

Aus diesem Grund hält Vatsyayana daran fest, daß die Vermeidung von Gefahr und Elend bei der Wahl an erster Stelle steht, denn der Gewinn von Geld ist schließlich doch von zeitbedingtem Wert.

Das von den Kurtisanen erworbene Geld soll zum Teil die Ausgaben für folgendes bestreiten:

Die Errichtung von Tempeln, Zisternen, Gärten, Hainen, Brücken, Lehmhütten; die Übergabe von Tausenden von Kühen durch einen Mittelsmann an die Brahmanen; die Anschaffungen für die Götteropfer sowie für andere Gaben aus religiösen Gründen; das Beisteuern zu Schätzen zu deren Gunsten und dergleichen.

Das sind also die wohltätigen Handlungen, die von den besten Kurtisanen – man nennt sie Ganikas – ausgeführt werden müssen, nachdem sie Reichtümer auf sich gehäuft haben.

Die Gewinne der anderen Kurtisanen, deren Lebensunterhalt von ihren körperlichen Reizen abhängt, sollen dazu dienen, damit sie sich mit Schmuck ausstatten können, mit Juwelen und allen Arten von Putz; ferner zum Ausschmücken und Einrichten des Hauses, zum Aufstellen kostbarer Gefäße und zum Unterhalt einer Anzahl von Dienern. So wird bei diesen Kurtisanen – die man Rupajiva nennt – der Reichtum vorgewiesen.

Die Kurtisanen schließlich, die man als Kumbhadasi bezeichnet, lassen den Erwerb von Gütern daran erkennen, daß sie stets weiße Gewänder tragen. Sie verfügen über genügend Nahrungsmittel, um ihren Appetit zu stillen, und sie beschränken ihre Aufmachung auf den täglichen Gebrauch von Wohlgerüchen, von Betelblättern, und das Anlegen von einigen goldenen Schmuckstücken, die allerdings meistens nur vergoldet sind.

Die alten Meister bestehen darauf, daß dies die drei Arten der Kurtisanen und zugleich ihrer entsprechenden Einkommensgruppen sind.

Vatsyayana jedoch vertritt die Ansicht, daß der Erwerb von Vermögen durch diese drei Gruppen nicht immer mit ihrem gesellschaftlichen Stand übereinstimmt. Er hängt von so verschiedenen Umständen ab, wie es die Gegend ist, der Zeitpunkt, die geldliche Lage des Liebhabers, ihre eigenen Fähigkeiten und die Veranlagung der Leute in der jeweiligen Gegend.

Den Kurtisanen wird angeraten, selbst kleine Beträge von ihrem Liebhaber anzunehmen. Ihr Verhalten wird von verschiedenen Umständen bedingt: Zum Beispiel kann es eine Kurtisane darauf abgesehen haben, ihren Liebhaber von der Zuwendung zu einer anderen abzuhalten; oder sie kann danach streben, sich schnell einen Liebhaber zu schnappen, der bereits einer anderen zugetan ist; oder sie trachtet danach, ihre Nebenbuhlerin ihrer Gewinne zu berauben. Sie soll stets ihre Lage berücksichtigen, ihren Wohlstand, ihre Würde, ihre geschlechtliche Anziehungskraft und dergleichen; demgemäß soll die ihr Verhalten bei der Herstellung der Verbindung mit einem bestimmten Liebhaber einrichten.

Sie kann danach streben, ihm bei der Bewältigung irgendeiner unglücklichen Angelegenheit zur Seite zu stehen; oder sie kann in Erwägung ziehen, ob sie ihn mit kleinen Aufmerksamkeiten unterstützen soll, die einer ihrer früheren Liebhaber ihr erwiesen hat, der sich aber inzwischen einer anderen Kurtisane zugewandt hat. Auf diese Weise kann sie ihn entweder aus Liebe begehren oder ihn abschieben, indem sie etwas an ihm auszusetzen hat, oder tatsächlich einen völlig neuen Liebhaber für sich zu erobern suchen.

Wenn einem Kurtisane Ansehen gewinnen will und für die Zukunft Würde, dann soll sie ihren Liebhaber verwünschen, ihn schelten und nicht das geringste Ding von ihm annehmen.

Die Kurtisane soll ihre Ansprüche an ihren Liebhaber nur in den folgenden Fällen ausdrücklich erheben:

+ Wenn sie ihn zu verlassen wünscht und einen anderen Galan hofieren will;
+ wenn der Liebhaber sie wahrscheinlich verlassen wird, um zu heiraten;
+ wenn ihr Liebhaber dazu neigt, sein Vermögen zu verschwenden;
+ wenn ihr Liebhaber sich aufmacht, um die Unterstützung seines Vaters oder Gönners zu suchen, nachdem er ausgebeutelt dasteht;
+ wenn ihr Liebhaber aller Wahrscheinlichkeit nach seine gegenwärtige hohe Stellung verlieren wird oder wenn er sich als wankelmütig erweist.

॥थपरसपरत्रामनाड्हा॥ वारां

रिवीव्यरोकरह। दोयदोयंवरणप

वरगह। दृंपतिकेलकरत्रनीरां

श्रामननोमपरसपरधांस॥१५॥इति

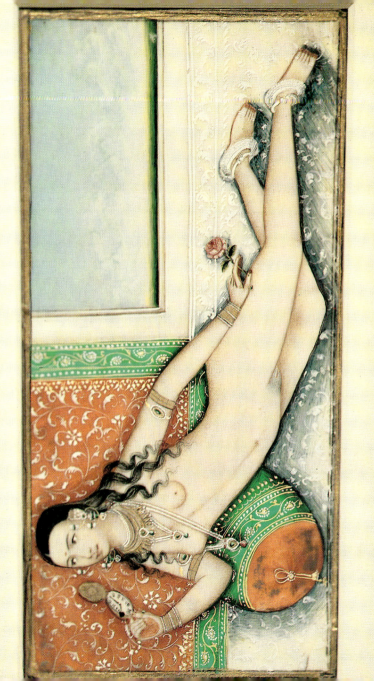

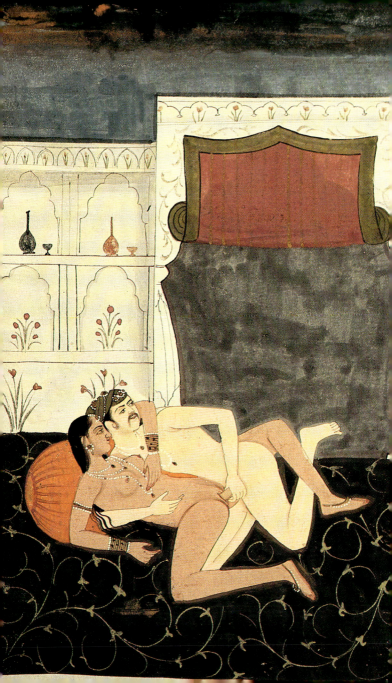

Die folgenden Fälle sind zu erwähnen, wenn eine Kurtisane zu ihrem Vorteil alle Betätigungen einer Ehefrau nachahmt, um sich der Wohltaten des Mannes zu versichern:

✦ Wenn ihr Liebhaber wahrscheinlich vom König eine Belohnung empfangen wird;
✦ wenn ihr Liebhaber wahrscheinlich zu einem Beamten in höherem Rang befördert wird;
✦ wenn für ihren Liebhaber der Zeitpunkt herangenaht ist, da er seine Gewinnrechnung aufstellt;
✦ wenn wahrscheinlich seine Getreidefuhren und anderen Waren bald eintreffen werden;
✦ wenn ihm wahrscheinlich eine üppige Ernte zuteil wird;
✦ wenn sie denkt, daß etwas Gutes, an ihm getan, wohl nicht ohne Lohn bleiben wird;
✦ wenn sie überzeugt ist, daß er von seinem Wort nicht abgehen wird.

In diesem Zusammenhang gibt es einige Sätze:
Eine Kurtisane soll vorübergehende oder dauernde Beziehungen mit Männern meiden, die ihr Vermögen unter großen Mühen erworben haben, oder die ständig die Gunst des Königs besitzen, oder die von Natur aus der Freundlichkeit bar sind. Sie hat sich immer in einem Abstand von diesen Leuten zu halten.
Sie soll statt dessen jegliche Anstrengung unternehmen, wie die Einung mit wohlhabenden und gutsituierten Männern zuwege zu bringen oder auch mit jenen, deren Meidung oder Vernachlässigung auf irgendeine Weise

gefährlich werden könnte. Die Kurtisane soll sich, selbst wenn sie Ausgaben auf sich laden muß, jenen ehrgeizigen, fähigen und tapferen Männern zuwenden, die sie anständig belohnen, wenn sie von ihr – sogar ohne große Mühe – erfreut werden.

So endet das fünfte Kapitel des sechsten Teils.

Sechstes Kapitel

*Der Gewinn des Geldes sowie sonstige
Gesichtspunkte, auch: Die verschiedenen
Möglichkeiten, eine Kurtisane zu sein*

Wenn eine Kurtisane sich um finanziellen Gewinn und tatsächliche Bezahlung bemüht, geschieht es oft, daß plötzlich Schwierigkeiten auftauchen, die hinwiederum noch ärgere Schwierigkeiten nach sich ziehen.
Die Gründe dafür sind die folgenden:

+ Schwäche des Verstandes und Mangel an Urteilskraft;
+ übertriebene Leidenschaft;
+ unbeherrschte Eitelkeit;
+ übertriebene Heuchelei;
+ betonte Offenheit;
+ überschäumende Vertraulichkeit;
+ übertriebener Zorn;
+ Gedankenlosigkeit;
+ Abenteuerlust;
+ Einfluß eines übelwollenden Dämons.

Diese Fehler haben gewöhnlich zur Folge:

+ Verlust des Ansehens und der Aussicht auf künftiges Glück;

- ✦ Verausgabung an flüchtige Dinge;
- ✦ Austrocknung der wahrscheinlichen Einnahmequelle;
- ✦ Beendigung des gegenwärtigen Einkommens;
- ✦ Schrumpfen der Fähigkeit, neue Liebhaber anzulocken, weil die geschlechtliche Anziehungskraft abnimmt;
- ✦ körperliches Leiden oder Tod
- ✦ Abschneiden ihrer Haarlocken;
- ✦ Prügel mit Seilen und dann noch Hiebe
- ✦ Mißgestaltung der Glieder.

Die Kurtisane soll deswegen die Gesellschaft von Leuten meiden, deren Einfluß auf sie in diesem Sinne widrig ist, selbst wenn sie dabei eine finanzielle Einbuße erleidet.

Nun ist Artha oder der Gewinn dreifach gegliedert: der Gewinn von Vermögen, der Gewinn religiöser Verdienste, und der Gewinn an leiblicher Lust. Anartha oder der Verlust des Gewinns ist gleichermaßen dreifach gegliedert: übles Geschick, Verlust der religiösen Verdienste und Einbuße an leiblicher Lust.
Wird irgendeiner dieser Pfade gewählt und eingeschlagen, sind die sich daraus ergebenden Auswirkungen so festgelegt, daß sie in rascher Folge abrollen.

- ✦ Wenn der Gewinn – in Form von Geld – zweifelhaft wird, spricht man von Shudda oder einem einfachen Zweifel, nämlich ob es sich überhaupt um einen Gewinn handelt.
Es erhebt sich jedoch ein gemischter Zweifel oder

Samkirna, wenn es über keinen Aspekt Gewißheit gibt, etwa so: Ob dies nun sein kann oder nicht sein kann, oder ob jenes auch sein könne oder nicht sein könne.

✦ Wenn sich zwei Dinge aus einem Vorgang ergeben, während er vollbracht wird, so nennt man das Ubhayatah Yoga oder die Bewirkung zweier Ergebnisse.

✦ Wenn es verschiedene Ergebnisse aus einem Vorgang gibt, während er vollbracht wird, so heißt das Samantatah Yoga. Diese Bestimmungen werden weiter unten in diesem Kapitel erläutert werden.

Nachdem wir das Wesen des Artha erklärt haben und des entgegengesetzten dreifachen Anartha, wenden wir uns den beigesellten Vorteilen zu, die eine Kurtisane erwarten darf, nachdem sie unmittelbar einen Geldgewinn durch die Betörung eines Liebhabers aus der höchsten Schicht errungen hat; es sind dies:

Sie wird von anderen Liebhabern als einer Umwerbung wert gehalten; sie erwirbt eine angesehene Stellung für die Zukunft; sie wird ganz allgemein zu einer gesuchten Kurtisane. Man spricht hier von Arthanubandha.

Wenn aber eine Kurtisane sich mit einem Mann verbindet, von dem sie allein finanziellen Gewinn herausschlagen kann, dann wird in diesem Fall Artha nicht von beigesellten Vorteilen begleitet; hier spricht man von Niranubandha.

In den folgenden Fällen zieht der Gewinn gewöhnlich unwillkommene Folgen nach sich; hier ist also der Begriff Anarthabandha am Platz:

✺ Wenn das von der Kurtisane angenommene Geld zufällig von dem Liebhaber überreicht wurde, nachdem er es von irgend jemand anderem unrechtmäßig empfangen hat;

✺ wenn der Verlust des Liebhabers an Ansehen oder gesellschaftlicher Stellung dazu führt, daß der Lohn der Kurtisane von einem Staatsbeamten abgenommen wird, wozu noch die Verwirkung ihres persönlichen Vermögens kommt;

✺ wenn sie einen Liebhaber aus niedriger Kaste hofiert, womit sie ihre Würde und ihren guten Namen aufs Spiel setzt; dasselbe gilt für einen unbeliebten Galan.

Aber selbst den Schwierigkeiten folgen manchmal gute Auswirkungen auf dem Fuß; das heißt dann Arthanubandha:

Das Hofieren eines tapferen Mannes oder eines Ministers oder eines Geizkragens, das sogar auf ihre eigenen Kosten vor sich geht, mag gelegentlich fruchtlos sein – ohne Zweifel; manchmal aber trägt es Früchte, indem nämlich dadurch mögliche Schwierigkeiten abgewendet werden. Diese Methode wird empfohlen, um den Ursachen für den Geldverlust entgegenzuwirken; es verhilft sehr wahrscheinlich zu Ansehen.

Hofiert nun eine Kurtisane auf ihre eigenen Kosten entweder einen Geizkragen oder einen Mann, der sich selbst für sehr glücklich hält, oder einen, der ihr gegenüber undankbar ist, oder einen, der zu Betrügerei neigt, dann sind ihre Anstrengungen gewöhnlich fruchtlos, da hierbei keine Verdienste zu ernten sind, das nennt man auch Niranubandha.

Wenn sie einen Mann umschmeichelt, der vom König begünstigt wird, oder einen, der über großen Einfluß verfügt, oder einen, der recht grausam ist, so sind ihre Bemühungen ebenfalls vergeblich, denn die Verabschiedung eines solchen Liebhabers verursacht ihr beträchtliche Schwierigkeiten. Es handelt sich hier um einen Fall, bei dem ein Geldverlust zu gewärtigen ist, der zudem von verschiedenen sonstigen Schwierigkeiten begleitet ist; dergleichen wird als Anarthanubandha bezeichnet.

So haben auch Fälle, in denen Dharma und Kama miteingeschlossen sind, Schwierigkeiten zur Folge; aus diesen Schwierigkeiten ergeben sich wiederum weitere Schwierigkeiten.

Jetzt wenden wir uns den Fällen des einfachen Zweifels zu. Es gibt deren sechs:

✭ Zuerst kommt der Fall, in welchem Artha miteingeschlossen ist: Der Liebhaber ist zwar völlig erfreut worden, läßt aber keine Gewißheit entstehen, ob er der Kurtisane seine Schuld bezahlen wird.

✭ An zweiter Stelle kommt der Fall, bei dem Dharma miteingeschlossen ist: Ein Liebhaber, von dem die Kurtisane Geld erpreßt und den sie nachher als einen unnützen Liebhaber abgeschoben hat, hält sich von weiteren Geldausgaben für sie zurück.

✱ An dritter Stelle kommt der Fall, bei dem Kama miteingeschlossen ist: Die Kurtisane versichert sich eines Liebhabers, den sie begünstigt, begibt sich aber trotzdem zu einem anderen Mann, einem Diener oder einem Angehörigen einer niedrigen Kaste.

✱ An vierter Stelle kommt der Fall, in welchem Anartha miteingeschlossen ist: Sie findet einen mächtigen und einflußreichen Liebhaber, der jedoch von niedriger Abstammung ist und den sie nicht wirklich gern hat; nun zweifelt sie, ob er ihr Schwierigkeiten bereiten wird oder nicht.

✱ An fünfter Stelle kommt der Fall, bei dem Adharma miteingeschlossen ist: Ihr Liebhaber ist gänzlich ohne Erfolg, aber er will sie nicht lassen, ehe sie ihn nicht verabschiedet; nun zweifelt sie, ob er sodann nach seinem Tod in die Welt der Pitris gelangen wird.

✱ An sechster Stelle kommt der Fall, bei dem Dvesha miteingeschlossen ist: Sie wartet darauf, ihre Leidenschaft stillen zu können, aber sie ist nicht in der Lage, den richtigen Mann zu ergattern; infolgedessen empfindet sie Abneigung gegen ihren Beruf.

Jetzt folgt die Darlegung über die gemischten Zweifel.

✱ Umwirbt die Kurtisane einen Liebhaber aus einer anderen Gegend, dessen Benehmen ihr unbekannt ist, oder will sie einen Mann betören, der von ihrem gegenwärtigen Liebhaber abhängig ist, oder ist sie einer bedeutenden Persönlichkeit zugetan, oder einem Gast, dann erhebt sich in ihrem Sinn ein gemischter Zweifel – in diesem Fall einer, der Artha oder Anartha betrifft.

* Umwirbt die Kurtisane einen Mann auf die Empfehlungen eines Freundes hin oder aus Mitleid im Fall eines gelehrten Brahmanen oder einen Asketen oder einen, der gewisse Gelübde beobachtet, oder einen, der einer religiösen Vereinigung beigetreten ist, oder einen, der sie voller Leidenschaftlichkeit zu sehen begehrt, oder einen, der zu sterben verlangt, dann ergibt sich daraus ein gemischter Zweifel – hier also einer, der Dharma oder Adharma betrifft.

* Umwirbt die Kurtisane einen Mann, von dem sie bloß etwas gehört hat, ohne irgendwelche Einzelheiten über seine übrigen notwendigen Vorzüge und seinen Stand zu erfahren, dann wird dies zu einem Fall des gemischten Zweifels – hier einer, der Kama oder Dvesha betrifft.

Kurzum, gemischte Zweifel entstehen, wenn verschiedene, einander ausschließende Umstände zusammen ein Problem ergeben.

Es handelt sich um einen Fall von doppeltem Gewinn, wenn eine Kurtisane einen neuen Liebhaber hofiert und Geld damit verdient, während sie gleichzeitig Geld von einem Nebenbuhler in Empfang nimmt, der bereits ein Verhältnis mit ihr hat.

Es handelt sich um einen Fall von finanziellem Verlust, wenn eine Kurtisane einen neuen Liebhaber auf ihre eigenen Kosten umwirbt die Bemühungen sich aber als fruchtlos erweisen. Ihr früherer Liebhaber, der zu diesem Zeitpunkt ein Verhältnis mit ihr hat, wird durch das Hofieren des anderen Galans verärgert und holt sich alle Geschenke zurück, die er ihr verehrt hatte.

Es handelt sich um einen Fall von zweifelhaftem Gewinn in beiden Richtungen, wenn sich eine Kurtisane fragt, ob das Hofieren eines neuen Liebhabers ihr Gewinn einbringen wird oder nicht, indessen sie noch mit ihrem vormaligen Liebhaber verbunden ist, bei dem sie auch nicht weiß, ob er ihr irgendwelches Geld geben wird.

Es handelt sich um einen Fall von Geldverlust in beiden Richtungen, wenn eine Kurtisane auf ihre eigenen Kosten einen neuen Liebhaber umwirbt, aber im Zweifel ist, ob er sie bezahlen wird oder nicht, während sie sich zur gleichen Zeit fragt, ob ihr bisheriger Liebhaber verärgert sein würde oder nicht, ferner ob er sich gegen ihre Hinwendung zu einem neuen Liebhaber stemmen würde; des weiteren: ob er ihr aus Zorn ein Leid zufügen oder aus Eifersucht das Geld zurückholen würde, das er ihr gegeben hat.

Diese Fälle sind gemäß der Meinung des Auddalaki aufgezählt worden.

Die folgenden Fälle entsprechen der Ansicht des Babhravya:

✸ Es handelt sich um einen Fall von geldlichem Gewinn in beiden Richtungen, wenn eine Kurtisane, während sie einen neuen Liebhaber umwirbt, Geld von ihm erhält, indessen sie auch weiterhin Geld von ihrem gegenwärtigen Liebhaber erhält, ohne ihn tatsächlich zu hofieren.

★ Es handelt sich um einen Fall von zweifelhaftem Gewinn in beiden Richtungen, wenn eine Kurtisane, ohne Auslagen zuzusetzen, einen neuen Galan umwirbt und sich fragt, ob er ihr Geld geben wird oder nicht. Ebenso verhält es sich, wenn eine Kurtisane, ohne die Verbindung zu pflegen, Zweifel hat, ob ihr Liebhaber ihr mehr Geld geben wird oder ob er fortfährt, ihr soviel zu verabreichen, wie er es in der Vergangenheit getan hat.

★ Es handelt sich um einen Fall von finanziellem Verlust in beiden Richtungen, wenn eine Kurtisane auf ihre eigenen Kosten einen neuen Liebhaber umwirbt, jedoch vergeblich, während der bisherige Liebhaber, der ein Verhältnis mit ihr hat, aber von ihr nicht hofiert wird, sein Geld zurückverlangt, das er ihr gegeben hat.

★ Es handelt sich um einen Fall von zweifelhaftem Verlust in beiden Richtungen, wenn eine Kurtisane auf ihre eigenen Kosten einen neuen Liebhaber umwirbt, sich aber fragt, ob sie sich wohl des mächtigen und reichen Liebhabers wird versichern können. Sie befürchtet, daß der neue Liebhaber aus Zorn darüber, daß sie den Galan, mit dem sie bereits verbunden ist, noch hofiert, ihr irgendwelches Leid zufügt oder den Zustrom von Gewinnen an sie verhindert.

Durch die Kombination der oben erwähnten Fälle entstehen die nun folgenden sechs Arten von gemischten Auswirkungen:

+ Gewinn von dem einen Liebhaber und Verlust von dem anderen;
+ Gewinn von dem einen und zweifelhafter Gewinn von dem anderen;
+ Gewinn von dem einen und zweifelhafter Verlust von dem anderen;
+ Verlust von dem einen und zweifelhafter Gewinn vom dem anderen;
+ Verlust von dem einen und zweifelhafter Verlust von dem anderen;
+ zweifelhafter Gewinn von dem einen und zweifelhafter Verlust von dem anderen.

Dies sind die sechs Samkirna Yogas.

In derartigen Fällen soll sich die Kurtisane mit ihren Freunden beraten, die ihr zu helfen vermögen, ob sie mit ihrem Hofieren fortfahren soll, das ihr viel Reichtum einbringen kann, selbst wenn ein Zweifel besteht ob der Gefahr eines großen Mißgeschicks oder der Möglichkeit, es abzuwenden.

Auf dieselbe Weise sollen die Fälle, bei denen Dharma und Kama miteingeschlossen sind, von ihr gelöst werden. Die Fälle können zusammen oder getrennt behandelt werden. Man bezeichnet sie als die verschiedenen Ubhayatah Yogas: Shudda, Samkirna und Vyatishakta. Wenn sich mehrere Vitas zusammenschließen, um eine Kurtisane auszuhalten, so nennt man das Goshti-Parigrahat, was bedeutet, daß sie von einer Gruppe ausgehalten wird.

Die Kurtisane, die von einer Anzahl von Männern ohne irgendeine Ordnung oder Regeln betreffs zeitlicher Festlegung besucht wird, soll unter ihnen einen Streit anzustiften suchen und solchermaßen Geld aus jedem von ihnen herausziehen.

Sie läßt an Festtagen – etwa anläßlich des Suvasantaka – jedem von ihnen durch ihre Mutter ausrichten, sie werde den umschmeicheln, welcher der Mutter einen Gefallen erweise und einen bestimmten Wunsch erfülle. Sie soll immer über ihre Gewinne wachen, wenn unter ihren verschiedenen Liebhabern Eifersucht herrscht.

Die Kombinationen von Gewinnen und Verlusten in alle Richtungen sind hier folgendermaßen beschaffen: Gewinne von einem Liebhaber, Gewinne von allen Galanen; Verlust von einem, Verlust von allen; Gewinne von der Hälfte von ihnen, Gewinne von allen; Verluste von der Hälfte von ihnen, Verluste von allen. Hier spricht man von Samantatah Yogas.

Der zweifelhafte Gewinn und der zweifelhafte Verlust sollen auf die oben erläuterte Weise bedacht werden; sie sind als gemischt zu betrachten, wenn sie in Kombinationen auftreten.

Desgleichen sollen die Fälle, bei denen Dharma und Kama miteingeschlossen sind, in der nämlichen Weise bedacht werden.

Eine Kurtisane kann zu einer der verschiedenen Gruppen, die im folgenden aufgezählt werden, gehören:

- *Kumbhadasi* oder eine Frau, die Magddienste verrichtet.
- *Paricharika* oder eine Frau, die ihrem Herrn aufwartet.
- *Kulata* oder eine ausschweifende Frau, die wegen der leiblichen Lust in ein anderes Haus und zu einem anderen Mann geht, da sie ihren Gatten fürchtet.
- *Svairini* oder eine Frau, die mit ihrem Gatten unzufrieden ist und deswegen leibliche Lust bei einem anderen Mann sucht, was entweder in ihrem eigenen Haus oder in dem des anderen Mannes geschehen kann.
- *Nati* oder eine Tänzerin beziehungsweise eine Schauspielerin.
- *Shilpakarika* oder die Frau eines Handwerkers.
- *Prakashavinashta* oder eine Frau, die zu Lebzeiten ihres Gatten oder nach seinem Tod als Konkubine gehalten wird und die öffentlich der leiblichen Lust mit anderen Männern frönt.
- *Rupajiva* oder eine Frau, die von ihrer Schönheit lebt.
- *Ganika* oder eine ordentliche Kurtisane, die sich gut verhält und die ihren Beruf mit angemessener Würde ausübt.

Die Methode, nach der die Kurtisanen verfahren, gliedert sich in acht Stufen:

- Das Erwählen der geeigneten Art von Mann zum Zweck der Betörung;
- das Aufrechterhalten der Verbindung mit den Helfern;

- die Ausübung der Kunstgriffe, um den Liebhaber zu erfreuen;
- die Benützung der Wege und Mittel, um Geld von dem Liebhaber zu erwerben;
- die Benützung der Wege, um den Liebhaber loszuwerden;
- die Benützung der Wege, um sich mit dem Liebhaber zu versöhnen;
- das Bedenken bestimmter und zufälliger Gewinne;
- die Aneignung einer klaren Denkweise betreffs des finanziellen Gewinns, des Verlusts und der zweifelhaften Gewinne und Verluste.

Die Männer sehnen sich nach der leiblichen Lust; auch die Frauen verlangen danach. Die heiligen Bücher liefern Anleitungen hinsichtlich der Ursachen dieser Begierden; da die Frauen sie erfüllen können, sollen sie sich auch mit der Wissenschaft von Geschlecht und Liebe beschäftigen.
Es gibt Frauen, die übertrieben leidenschaftlich sind; es gibt andere, die ausschließlich nach Geld und Reichtümern streben; das Wesen der Leidenschaft haben wir bereits in einem früheren Kapitel beschrieben, und wir haben auch über die Kunstgriffe gehandelt, deren sich Kurtisanen bei der Ausübung ihres Berufs bedienen können.

So endet das sechste Kapitel des sechsten Teils.

So endet auch der sechste Teil.

SIEBENTER TEIL

DIE MÖGLICHKEITEN DER GESTEIGERTEN ANZIEHUNG SOWIE ÜBER GEHEIME MITTEL UND VERSUCHE

Erstes Kapitel

Die Zier der eigenen Erscheinung und ihr Reiz auf andere sowie über die stärkenden Arzneien

Das Kama Sutra ist hiermit also dargelegt worden. Wenn jemand nicht in der Lage ist, seine körperlichen Leidenschaften anhand der zuvor beschriebenen Wege und Mittel zu stillen, dann soll er seine Zuflucht zu anderen Möglichkeiten, auf andere Menschen reizvoll zu wirken, nehmen.

Die Anziehung, die ein Mann auf andere ausübt, beruht auf verschiedenen zusammenwirkenden Kräften, nämlich körperlicher Schönheit, glänzendem Benehmen, Jugendlichkeit und Freigebigkeit.

Wird der ganze Körper mit einer Salbe eingecremt, die aus den Blättern der Tagara, Kushta und Talisa hergestellt wurde, kann die körperliche Schönheit dadurch erheblich gesteigert werden.

Kollyrium, das in einer menschlichen Hirnschale zubereitet wurde und Aksha-Öl sowie einen mit Salbe aus völlig pulverisierten Bestandteilen eingeschmierten Baumwolldocht enthält, soll auf die Augenwimpern aufgetragen werden und so das Aussehen verschönern.

Öl, das aus den Blättern von Punarnava, Sahadevi, Sariva, Kurantaka und Utpala hergestellt wird, trägt ebenfalls zur Erhöhung der Schönheit bei.

Das nämliche bewirkt der Blumenkranz, der mit Puder – zubereitet aus den oben erwähnten Bestandteilen – bestäubt worden ist.

Ein Mann gewinnt seine Männlichkeit wieder, wenn er ein Pulver aus getrocknetem Lotos, blauem Lotos und Nagakesara gebraucht, dazu noch Honig und Butter.

Ebenso verstärkt die Anwendung eines Pulvers aus diesen Blumen, vermischt mit dem Pulver aus den Blättern von Tagara, Talisa und Tamala Patra, die Schönheit.

Das Auge eines Pfauen oder eines Tarakshu, in ein goldenes Amulett gewickelt und am rechten Handgelenk oder Oberarm getragen, zeitigt ebenfalls Wirkungen hinsichtlich der Verschönerung.

Auch der Kern der Badara-Frucht und eine Muschel, die mit den im Atharva Veda erwähnten Dharana Yogas geweiht worden ist, soll getragen werden.

Die jugendliche Dienerin soll ihr Herr auf die Dauer eines Jahres von der Gesellschaft der jungen Männer fernhalten, indem er gewisse Formeln auf ein Bhurja-Blatt einritzt und dieses Amulett am Handgelenk des Mädchens befestigt. Danach soll er ihr gestatten, einen oder mehrere Männer, die er für den Zweck geeignet hält, zu umschmeicheln. Diese Männer, deren Leidenschaft erheblich gewachsen ist, weil das Mädchen von ihnen ferngehalten wurde und sie bisher nicht betören konnte, werden nun sehr darauf bedacht sein, sie zu gewinnen. Der vom Glück begünstigte Mann wird ihr die unter allen größte Gabe in Form von Geld zukommen lassen, um seine Nebenbuhler am Erfolg zu hindern.

Es handelt sich hier um ein anerkanntes Mittel, um die Glücksumstände sowie die Anziehungskraft und die Liebesfähigkeit gedeihen zu lassen.

Die alte Kurtisane soll ihrer Tochter unter die Arme greifen, indem sie junge Männer einlädt, die heiratsfähig sind, den gleichen Grad an Kenntnissen besitzen, sich ferner zu benehmen wissen und wohlgestaltet aussehen; sie soll schließlich erklären, daß derjenige junge Mann, dem ihrer Tochter einen bestimmten Betrag geben könne, sie zur Heirat erhalten würde.

Die Tochter ihrerseits soll ohne das Wissen ihrer Mutter ganz von selbst die reichen Söhne der führenden Weltleute umgarnen.

Sie soll mit ihnen in der Musikschule, wo ihnen die Künste gelehrt werden, zusammentreffen oder in dem Haus einer Bettlerin, wo sie sie möglicherweise zu Gesicht bekommt.

Die Mutter soll sich stets an ihr den jungen Männern gegebenes Versprechen halten und sie an den am ehesten passenden jungen Mann verheiraten.

Wenn es ihr jedoch vor der Hochzeit nicht mehr gelingt, den vereinbarten Betrag zu erhalten, soll sie das Fehlende von ihrem eigenen Geld beisteuern und ihrer Tochter erklären, daß ihr Freier ihr jenen bestimmten Betrag schon gegeben habe.

Nach der Hochzeit soll das Mädchen erlauben, daß ihr die Blüte geraubt wird.

Sie soll diesen Umstand den Gerichtsbeamten erklären, nachdem sie sich heimlich mit ihnen verbunden hat; sie schützt jedoch Ahnungslosigkeit von dem Ganzen vor.

Bei den Bewohnern der östlichen Gegenden sucht die alte Kurtisane die Unterstützung einer Freundin oder eines Mädchens, um ihrer Tochter künstlich die Blüte zu rauben; allerdings muß die junge Kurtisane die Vorzüge der Jugend besitzen, Anziehungskraft und Liebesfähigkeit; zudem muß sie in allen Künsten der Liebe beschlagen sein.

Die junge Kurtisane muß bei dem Mann, der ihre Hand ehelich bekommen hat, längstens für die Dauer eines Jahres ausharren; danach kann sie sich verhalten, wie es ihr behagt. Wird sie nach Ablauf dieser Jahresfrist von ihrem Gatten wieder aufgefordert, für eine Nacht zu ihm zu kommen, soll sie den Gedanken an Gewinn beiseite lassen und zu ihm zurückkehren. Derartige Verhaltensweisen sowie die Feier der Hochzeit verstärken das Saubhagya der Kurtisane und erhöhen ihre Anziehungskraft und ihre Liebenswürdigkeit in den Augen der anderen Männer.

Die nämlichen Grundsätze gelten auch für die Töchter von Tänzern und Schauspielern; die gleichen Verhaltensweisen können auch in ihrem Fall befolgt werden. Der einzige Unterschied ist folgender: Wenn ein geeigneter Gatte gesucht wird, muß darauf geachtet werden, daß er wahrscheinlich dann die größte Hilfe darstellt, wenn er sie in ihrem eigenen Beruf des Tanzens und Theaterspielens unterstützen kann.

Salbt ein Mann den Lingam vor dem Beginn der leiblichen Einung mit dem Pulver von Dhatturaka, Maricha und Pippali ein, wozu noch Honig gemischt wird, dann gelingt ihm die geschlechtliche Zufriedenstellung der Frau auf vollständige Weise.

Die gleichen Wirkungen werden erzielt, wenn ein Mann mit der linken Hand die Blätter und Blumenkränze von einer Leiche entfernt, sie mit den pulverisierten Knochen von Jivanjivaka-Vögeln vermischt und dies sodann auf die Stirn der Frau und auf seine eigenen Füße streut.

Das gleiche gilt, wenn ein Mann, ehe er ein Bad nimmt, seinen Körper mit einer Mischung aus Honig, pulverisiertem Amalaka und den zerstoßenen Knochen eines Geierweibchens – das ein natürliches Ende gefunden haben muß – einsalbt; er vermag dann seine Anziehungskraft auf jegliche Frau wirken zu lassen.

Ein Mann vermag auch eine Frau völlig zu gewinnen, wenn er den Lingam mit einer Mischung aus Honig und dem Pulver von Vajrashbnuhi, Manahshila, Gandha und Pashana einschmiert; die genannten Pflanzen müssen siebenmal getrocknet worden sein.

Werden alle diese Bestandteile in ein Feuer gelegt und zum Rauchen gebracht, und eine Frau wird veranlaßt, durch den Schleier des Rauches auf den Mond zu blicken, so sieht sie den Mond so, als ob er aus Gold wäre.

Ein Mann kann ein Mädchen erobern, wenn er auf ihren Kopf die Mischung aus den genannten pulverisierten Bestandteilen streut; in der Mischung muß auch Affenkot – und zwar von einem Affen mit rotem Gesicht – sein.

Stücke von Vacha, die in Mango-Soße getunkt werden und sechs Monate in einem Spalt eines Sinshapa-Stammes ruhen, strömen einen himmlischen Duft aus und können als Wohlgeruch zum Gewinnen der Frauen benutzt werden.

Das gleiche Rezept wird von den Ghandarvas gebraucht, und zwar zum gleichen Zweck; statt dessen können auch Stücke der Khadirasara verwendet werden.

Die Nagas wandeln dieses Rezept so ab, daß sie Priyangu-Blumen benützen, die sie mit Tagara vermischen, und sie in Mango-Tunke im Spalt eines Naga-Baumes liegen lassen.

Ein Öl, das aus einem Kamelknochen hergestellt wird, der mit der Tunke von Bhringaraja behandelt und gebrannt worden ist, und das dann nach der Vermischung mit Strotoanjana in einen hohlen Kamelknochen gegossen wird, soll nach allgemeiner Ansicht – falls es mit einem Kamelknochen aufgetragen wird – nicht nur glückverheißend sein, sondern auch sehr wirksam, um die Leidenschaft einer Frau anzufeuern.

Kollyrium, das aus den Knochen des Falken, des Geiers und des Pfauen hergestellt wird, kann ebenfalls in ähnlicher Weise und für ähnliche Zwecke benützt werden.

Im folgenden sind Rezepte aufgeführt, die dazu dienen sollen, der Männlichkeit wieder aufzuhelfen:

Die Wurzeln von Uchchata, Chavya und Yashtimadhuka, zu Pulver zerstoßen und mit Milch und Zucker vermischt, ergeben einen Trunk, dessen Genuß einen Mann so kräftig werden läßt wie einen Stier.

Ebenso verursacht das Trinken einer Tunke, die man durch das Abkochen der Hoden eines Schaf- und eines Ziegenbocks und nach der Zutat von Zucker erhält, in einem Mann eine stiergleiche Kraft.

Das gleiche Ergebnis wird erzielt durch einen Trank, der

aus in Milch gekochter Vidari-Wurzel, Kshirika-Samen und Svayamgupta-Wurzel besteht.

Desgleichen verleiht der Samen von Priyala, von Morata und von Vidari, alles in Milch gekocht und dann getrunken, einem Mann eine stiergleiche Männlichkeit. Jedes der genannten Mittel reicht für sich allein für diesen Zweck völlig aus.

Die alten Meister lehren, daß ein Mann mehrere Frauen erfreuen kann, ohne seine Manneskraft einzubüßen, wenn er – soviel als erforderlich – zu sich nimmt:

- Erstens, eine Mischung von Shringataka, Kasheruka, Madhulika und Kshira Kakoli, nachdem es zusammen mit Zucker, Milch und Butter angebrüht worden ist;
- zweitens, eine Mischung von Masha Kamalini, nachdem es gewaschen und in heißer Butter aufgeweicht und sodann in der Milch einer Kuh, die ein großgewordenes Kalb haben muß, gekocht und mit Honig und noch mehr Butter vermischt worden ist;
- drittens, ein Kuchen aus Weizenmehl, pulverisiertem Vidari und Svayamgupta, Zucker, Honig und Butter;
- viertens, eine Mischung aus Reiskörnern, eingeweicht in der Flüssigkeit der Sperlingseier und gekocht in Milch, wozu noch Honig und Butter als nachträgliche Zutaten kommen;
- fünftens, eine Mischung aus gereinigtem Sesamsamen, eingeweicht in die Flüssigkeit von Sperlingseiern, dem Pulver der zerstoßenen Samen von Shringataka, Kasheruka und Svayamgupta, Weizenmehl

und Masha; dazu wird Zucker gegeben und das Ganze in Milch und Butter gekocht.

Die alten Meister legen dar, daß die folgenden Arzneien einem Mann zu Manneskraft und langem Leben verhelfen; abgesehen davon schmecken sie vorzüglich:

✦ Erstens, eine Mischung aus zwei Palas Butter, Honig, Zucker und Madhuka, einem Karsha Madhurasa und einem Prastha Milch; dieser Trunk schmeckt tatsächlich wie Nektar.

✦ Zweitens, pulverisiertes Pippali und Madhuka zu einer Salbe verrührt und in die Kashaya von Shatavari und Shvadamshtra gelegt, in Kuhmilch gekocht oder in der aus Ziegenmilch zubereiteten Butter, bis es zu einer dicken Brühe wird. Wenn dieser Trunk im Frühling täglich in der erforderlichen Menge eingenommen wird, ist er eine wirksame Arznei.

✦ Drittens, eine Mischung aus dem Pulver von Shatavari, Shvadamshtra und Shriparni sowie aus Früchten, wozu die vierfache Menge Wasser kommt; das Ganze wird gekocht, bis es eindickt. Dieser Trunk soll vom Beginn des Frühlings an eingenommen werden, und zwar gemäß dem gesundheitlichen Zustand.

✦ Viertens, eine Mischung aus zwei Palas Gerste und einer gleich großen Menge von pulverisiertem Shvadamshtra. Das soll täglich beim Aufstehen eingenommen werden.

Ein Mann, der aus solchen Rezepten Nutzen für den Verlauf seiner Liebesangelegenheiten zu ziehen wünscht, soll sie anhand des Ayurveda, des Atharva Veda und der tantrischen Schriften erlernen oder anderenfalls von Leuten, die mit der Ausübung dieser Tantras vertraut sind.

Rezepte, bei denen der Benützer den leisesten Zweifel im Hinblick auf die genauen Mengen und dergleichen hegt, oder die körperlichen Schaden verursachen, oder die das Töten irgendwelcher lebenden Tiere erfordern, oder die gar die Verwendung unreiner Zutaten empfehlen, müssen vermieden werden.

Nur an jene Mittel, die sich nach einer langen Erprobung als wirksam erwiesen haben, die von den gebildeten Leuten anerkannt und von den Brahmanen und Freunden gesegnet wurden, soll man sich halten.

So endet das erste Kapitel des siebenten Teils.

Zweites Kapitel

Die Wiedergewinnung der verlorenen
Kraft sowie über anderweitige Mittel

Wenn ein Mann nicht in der Lage ist, der Leidenschaft der Frau Genüge zu leisten, muß er zu den verschiedenen Mitteln, die unten erwähnt werden, seine Zuflucht nehmen.

Der Fall des langsamen Ansteigens der Leidenschaft und der schwachen Auswirkung: Trifft dies zu, dann soll der Mann, ehe er sich zum Vollziehen der endgültigen Einung mit der Frau anschickt, bei der beginnenden Erregung seine eigene Leidenschaft mit der Hand regulieren, um den Lingam zu stärken. Auf diese Weise wird er seine eigene Leidenschaft antreiben und dadurch fähig sein, die Frau zufriedenzustellen.

Der Fall des langsamen Ansteigens der Leidenschaft und der ausbleibenden Auswirkung: Leidet ein Mann an einer sehr schwächlichen Leidenschaft – entweder, weil er zu alt ist oder weil er sehr dick ist oder weil er nach einer Einung ermüdet ist –, dann soll er seine Zuflucht zu der Mund-Einung nehmen, denn sie belebt gewöhnlich wieder seine Leidenschaft.

Der Fall des langsamen Ansteigens der Leidenschaft und der geringen oder – im Grunde genommen – ausbleibenden Auswirkung: Trifft dies zu, kann der Mann seine Zuflucht zu einem künstlichen Lingam nehmen oder zu ähnlichen handgearbeiteten Hilfsmitteln.

+ Künstliche Hilfen für den Lingam können entweder nicht durchlöchert sein – Aviddha – oder sie sind durchlöchert – Viddha.
+ Ein nicht durchlöcherter künstlicher Lingam kann entweder aus Gold hergestellt sein oder aus Silber oder aus Kupfer oder aus Eisen oder aus Elfenbein oder aus Horn oder aus anderen Stoffen.
+ Babhravya behauptet allerdings, daß jene, die aus Zink oder Blei hergestellt sind, sich weich anfühlen, bei Berührung auch kühl sind und verschiedene Handhabungen erlauben.
+ Vatsyayana ist der Meinung, daß ein künstlicher Lingam gemäß den Wünschen der Frau ausgewählt werden sollte und in einigen Fällen auch hölzern sein kann.
+ Diese künstlichen Lingamhilfen sollen die Größe des Lingam besitzen, an der Außenseite aufgerauht und nur an der Spitze mit Einbuchtungen versehen sein.
+ Wenn etwas Derartiges in zwei Stücken hergestellt ist, dann nennt man es Sanghati.
+ Wenn es drei Stücke sind oder vier oder noch mehr Bestandteile, spricht man von Chudaka.
+ Wenn nur ein Streifen aus Blei um den Lingam herumgezogen ist, dann nennt man das Ekachudaka.
+ Wenn es mit großen und rauhen Hülsen versehen ist,

die den Hoden gleichen, und wenn es sowohl den Lingam wie die Hoden ersetzt, sobald es um den Leib gebunden worden ist, dann heißt man es Kanchuka oder Jalaka.

✦ Wenn keine dieser Lingamhilfen zur Verfügung steht, soll man sich rasch eine schaffen, indem man ein pfeifenähnliches Stück von einem Alabu-Zweig oder einem Venu-Ast hernimmt, ihn mit einer öligen Substanz einreibt und mit einem Faden um den Leib bindet.

✦ Als andere Möglichkeit bietet sich an, hölzerne Kügelchen auf einem Stiel aus Alabu zu befestigen, das Ganze wie ein Halsband aufzufädeln und es um den Lingam zu wickeln.

Das sind also die verschiedenen nicht durchlöcherten Hilfen für den Lingam.

Es gibt nun einige Leute, die behaupten, es sei unmöglich, aus einer Einung das höchste Vergnügen zu ziehen, wenn der Lingam nicht durchlöchert sei; dementsprechend ist es unter den Bewohnern der südlichen Gegenden Brauch, daß die jungen Männer den Lingam durchlöchern – ähnlich wie bei einem Kind die Ohren in der Kindheit durchlöchert werden.

Im folgenden wird die Art, in welcher der Lingam zu durchlöchern ist, beschrieben:

Hat ein junger Mann den Lingam mit einem scharfen Instrument von einem Ende zum anderen durchbohrt, soll er sich ins Wasser stellen, solange das Blut fließt.

In der darauffolgenden Nacht soll der junge Mann unge-
zwungen mehrmals die Einung vollziehen, so daß die
während des Tages angebrachte Durchlöcherung sich
nicht wieder zusammenzieht oder sich schließt.
Danach soll er an den darauffolgenden Tagen die Ein-
buchtung mit Kashayas auswaschen sowie mit Yashtimadhuka, stets mit Honig vermischt.
Späterhin soll er die Ausbuchtung mit einem Karnika
von Shishapatra auszuweiten suchen, nachdem er beides
vorher mit dem Öl von Bhallataka eingesalbt hat.
Das sind also die verschiedenen Stufen beim Durchlöchern des Lingam.
Durch den so hergestellten Kanal kann ein Mann künstliche Hilfen von unterschiedlicher Form und Größe
einführen.
Sie können röhrenförmig sein oder an einem Ende abge-
rundet wie ein hölzerner Mörser oder dem Gerippe einer
Krähe ähnlich oder gleich einer mit Dornen versehenen
Blume oder gleich dem Rüssel eines Elefanten oder
achtseitig oder wie eine Spitze oder wie ein Shringataka
und dergleichen. Diese Werkzeuge können sowohl aufgerauht als auch weich sein; sie werden gewöhnlich von
den Liebhabern ausgewählt, je nachdem, was sie bevorzugen, was für Bedürfnisse sie haben und welche Eigenschaften die Werkzeuge selbst im Laufe der Zeit erweisen.

Nun sollen die Methoden, die dazu dienen, den Lingam
zu vergrößern, dargelegt werden:
Man reibt den Lingam auf allen Seiten mit den Borsten
von auf Bäumen lebenden Insekten und massiert ihn

danach mit Öl; geschieht dies zehn Nächte lang, kann ein Mann den Lingam vergrößern. Er soll diese Prozedur solange wiederholen, bis der Lingam zu der gewünschten Größe angeschwollen ist; dann soll er sich in eine Hängematte legen und dafür sorgen, daß der Lingam durch ein Loch in der Hängematte niederhängen kann.

Er soll ihn dann mit kühlenden Mischungen netzen, um den Schmerz zu lindern.

Diese Vergrößerung des Lingam kann während des ganzen Lebens fortgeführt werden, und die Vitas sprechen in diesem Fall von Shukashopha.

Der Lingam kann auf die Dauer eines Monats vergrößert werden, wenn er mit der Tunke von Ashvagandha eingesalbt wird oder der Wurzel von Shabara oder Jalashuka oder der Brihati-Frucht oder aus Büffelmilch hergestellter Butter oder der Tunke von Hastikarna und Vajravalli.

Die Vergrößerung kann auf höchstens sechs Monate ausgedehnt werden, wenn die Kashayas oder irgendeine der oben erwähnten Pflanzen in Öl gekocht werden und mit der so entstandenen Flüssigkeit der Lingam massiert wird.

Ähnliche Auswirkungen erzielt man, wenn der Samen von Granatäpfeln oder Trapusha oder ein Stück Valuka oder eine Brihati-Frucht langsam in Öl gekocht werden und die so entstandene Flüssigkeit benützt wird, um den Lingam damit zu massieren oder ihm ein heißes Bad zu bereiten.

Andere Rezepte, die zum Erzielen ähnlicher Ergebnisse dienen, können von den Eingeweihten erfahren werden, die dem Kamashastra eine gründliche Beschäftigung gewidmet haben.

Jetzt zählen wir anderweitige Versuche und Rezepte auf: Streut ein Mann auf den Kopf einer Frau die pulverisierte Mischung aus Snuhikantaka, Punarnava, Affenkot und Langalika-Wurzel, dann vermag die Frau niemand anderen zu lieben als den Mann.

Die wilde Leidenschaft eines Mannes läßt nach, wenn er die Einung mit einer Frau vollzieht, deren Yoni mit einer Salbe eingecremt worden ist, die aus der Tunke von Vyadhighataka-Blättern und Jambu-Früchten hergestellt wurde, wozu pulverisiertes Somalata, Avalguja, Bhringa und in einem Ameisenhügel gelegener Eisenrost hinzugefügt sind.

Desgleichen vermindert sich die Leidenschaft eines Mannes, wenn die Frau, mit der er die Einung vollzieht, vorher ein Bad in Quark oder Büffelmilch genommen hat, dem pulverisiertes Gopalika, Bahupadika und Jihvika beigegeben worden sind.

Wenn sich eine Frau mit einer Salbe aus Nipa-, Amrataka- und Jambu-Blüten eincremt oder einen Kranz aus diesen Blüten trägt, dann bringt sie Unglück über sich selbst.

Reibt man das Yoni einer Frau, die dem Typ der Elefantenkuh zugehört, mit der Tunke der weißen Kokilaksha-Früchte ein, bewirkt man damit eine Zusammenziehung des Organs innerhalb einer Nacht.

Andererseits kann man das Yoni einer Frau, die dem Typ der Gazelle zugehört, innerhalb einer Nacht erweitern, indem man es mit einer Salbe behandelt, die aus pulverisiertem weißem Padma, blauem Utpala, Sarjaka, Sugandha und Honig hergestellt worden ist.

Die Haare können gebleicht werden, indem man sie mit

einer Mischung aus Milch von Snuhi, Soma und Arka und mit dem Pulver, das aus der Amalaka- und der Avalguja-Frucht gewonnen wird, behandelt.

Badet man die Haare in einem Absud der Wurzeln von Madayantika, Kutaja, Anjanika, Girikarnika und Shlakshnaparni, dem Wasser beigegeben wurde, erhält man die ursprüngliche dunkle Farbe wieder zurück.

Wird jedoch das Öl aus dem Kashaya von allen diesen oben erwähnten Pflanzen gewonnen und dann auf das Haar gebracht, stellt sich seine dunkle Farbe in allmählichen Übergängen wieder ein.

Rote Lippen werden weiß, wenn man Alaktaka siebenmal mit dem Schweiß von den Hoden eines weißen Pferdes darauf aufträgt.

Dagegen kann man Lippen eine rote Farbe verleihen, wenn man sie mit Madayantika und anderen Kräutern behandelt.

Hört eine Frau einen Mann auf einer Flöte spielen, die in die flüssige Lösung von Bahupadika, Kushtha, Tagara, Talisa, Devadaru und Vajrakanda getaucht worden ist, so wird sie ihm hörig.

Das Verzehren der Dhattura-Früchte macht den Geist irr.

Nimmt man dagegen groben Zucker, der lange Zeit aufbewahrt worden ist, zu sich, wird man wieder gesunden Sinnes.

Bestreicht jemand die Handfläche mit dem Kot eines Pfauen, der von Haritala und Manahshila genossen hat, und berührt damit irgendeinen Gegenstand, so wird dieser unsichtbar.

Wird Wasser mit Öl vermischt und der Asche von Angara Truna, so gleicht es der Milch.

Werden die Blätter von Haritaka und Amrataka und die Früchte von Shravana Priyanguka zu Pulver zerrieben, dann zu einer Salbe verarbeitet und auf eiserne Gefäße gestrichen, so werden diese rostig.

Füllt man eine Lampe mit dem Öl von Shravana Priyanguka, stattet sie mit einem Docht aus reinem Musselin und der abgestreiften Haut einer Schlange aus und bringt dann darüber hölzerne Stäbe an, so erscheinen die Stäbe lang und schlangenförmig.

Trinkt man die Milch einer weißen Kuh, die ein weißes Kalb geboren hat, so bringt das Glück und verhilft zu einem langen Leben.

Ebenso tragen die Segenssprüche der gelehrten Brahmanen Gesundheit, Reichtum und Glück ein.

Abschließend seien einige Fingerzeige über die Beschäftigung mit dem Kama Sutra und seiner Ausübung im Leben gegeben.

Ist auch das Kama Sutra als ein kurzes Werk verfaßt worden, so ist darin doch ein gehöriges Maß an Gelehrsamkeit enthalten; besonders sind frühere Schriften studiert worden, aus denen eine Auswahl getroffen und in gedrängter Form in das vorliegende Werk übernommen wurde.

Hat ein Mann diese Wissenschaft der Liebe wirklich denkend erarbeitet, so wird er unvermeidlich dem Dharma, Artha und Kama gebührende Beachtung zollen, und auch den Erfahrungen, die er dank seiner Beobachtungsgabe unter dem gewöhnlichen Volk sammelt. Er dürfte wahrscheinlich nicht ohne weiteres seinen persönlichen Begierden und Leidenschaften nachgeben.

Die Wege und Mittel, eines Mannes Leidenschaft zu steigern, die früher aufgezählt wurden, sind ausschließlich für jene bestimmt, die sie unbedingt nötig haben. Sie sind ganz entschieden jenen untersagt, die ihrer nicht notwendig bedürfen.

Es darf keineswegs so verstanden werden, daß einzig deswegen, weil in diesem Werk gewisse Kunstgriffe erwähnt und Ratschläge gegeben werden, sie auch von allen und jedem gebraucht werden sollen. Zwar ist ohne Zweifel die Beschäftigung mit der Wissenschaft jedermann nahezulegen, doch die Ausführung dieser Ratschläge soll jenen vorbehalten bleiben, die ihrer notwendig bedürfen.

Vatsyayana verfaßte dieses Kama Sutra, nachdem er die Lehrwerke ausgiebig eingesehen hatte; er hat auch ein gehöriges Maß eigenen Denkens auf diesen Gegenstand verwandt.

Es soll nicht verborgen bleiben, daß Vatsyayana es verfaßte, nachdem er strenge Enthaltsamkeit geübt hatte. Keine Regung der Leidenschaft hat sich deswegen störend eingeschlichen. Tiefes Sinnen ist darin eingegangen, und sein einziger Zweck ist die Wegweisung für andere Menschen.

Ein Mensch, der den wesentlichen Gehalt dieser Wissenschaft der Liebe begriffen hat, wird schließlich in der Lage sein, alle seine Sinnesfähigkeiten zu beherrschen, und seinen Lebensweg unter der richtigen Beachtung von Dharma, Artha und Kama zu gehen.

Verfügt er über tiefe und gründliche Kenntnisse von

dieser Wissenschaft, gestattet er niemals übertriebener Leidenschaft, seine Handlungen als Liebender zu beeinflussen, und hält er sich stets die zwei anderen Ziele des Dharma und Artha vor Augen, dann wird er überall in der Welt als ein Vorbild angesehen werden, dem alle folgen sollen.

So endet das zweite Kapitel des siebenten Teils.

So endet auch der siebente Teil.

Hiermit endet das Kama Sutra.

NACHWORT

Das Kamasutra, das altindische Lehrbuch der Liebeskunst, ist wahrscheinlich um das Jahr 250 nach Christi Geburt verfaßt worden. Der Autor war ein gewisser Mallanaga aus der Sippe der Vatsyayana; gewöhnlich ist er nur unter dem Namen Vatsyayana bekannt. Außer der vermuteten Lebenszeit im dritten Jahrhundert nach Christus weiß man nichts von ihm. Er selbst beruft sich zu Beginn seines Werkes auf neun ältere Autoritäten in den Fragen der Liebeskunst, von denen er die eine oder andere öfters zitiert und entweder bestätigt oder widerlegt, gelegentlich auch nur modifiziert.

Das Kamasutra ist also ein durch und durch didaktisches Werk. In formaler Hinsicht folgt es dem »Arthashastra« des Kautilya um 300 vor Christus, einem altindischen Gegenstück zum europäischen »Principe« des Machiavelli. Wie nun dieses Arthashastra ein politisches und wirtschaftliches Lehrwerk sein will, so das spätere Kamasutra ein unterrichtendes Buch über das richtige erotische Verhalten. Das Kamasutra ist keineswegs eine kuriose Sammlung sexueller Ratschläge oder eine Art antik-asiatischer Kinsey, sondern ein Werk über das im alten Indien ebenso wie in allen anderen Hochkulturen stets dringliche Problem: Wie verhalten sich im mitmenschlichen Verkehr ethische Norm und wirklichkeitsbeflissenes Streben nach Erfolg zueinander?

Aus diesem Grund spiegelt sich im Kamasutra auf höchst lebendige Weise nicht nur das soziale Leben Indiens in den ersten nachchristlichen Jahrhunderten wider, sondern überhaupt ein Ausschnitt menschlichen Daseins von überlokaler und zeitloser Gültigkeit. Vatsyayana gibt einen unübertrefflich präzisen Einblick in das Alltagsleben der jungen Inder von damals, ihre Liebeleien und Eifersüchteleien, ihre Höflichkeit und ihre Verspieltheit. Er beschreibt das fröhliche Treiben des Nagaraka, des städtischen Modegecken seiner Zeit, sein Haus und seinen Garten, sein Tagespensum an Vergnügungen, seine Unterhaltungen und Festlichkeiten. Er malt auch ein Bild vom Familienleben und berichtet viel über die damals hochgeschätzten Künste und Tätigkeiten. Es ist aber zu erkennen, daß dieses frohgemute Leben nur eine Seite der Gesellschaft zeigt; im idealen Lebenslauf muß sich Kama durch Artha und Dharma zur Harmonie ergänzen. Die Gesellschaft, die den Hintergrund des Kamasutra bildet, beruht, wie stets im klassischen Indien, auf der Gliederung in die vier Kasten: Brahmana (Priester), Kshatriya (Krieger und Fürsten), Vaisya (Kaufleute und Bauern) und Sudra (dienende Klasse). Die beiden letzteren Kasten stellen die meisten Berufe, die zur Verschönerung des Lebens des Nagaraka notwendig sind: Kranzwinder, Schneider, Friseur, Parfümeur, Brauer, Goldschmied, Juwelier, Sänger, Schauspieler etc. sowie die höher eingestuften Berufe wie Astrologe und Arzt.

Diese vier Kasten sind mit den vier Lebenszielen oder Daseinsstufen verknüpft. Die Brahmanen sollen alle vier Lebenswege beschreiten (Brahma – die Frömmigkeit, Artha – das Erwerbsstreben, Kama – die Liebe, Moksa – die Erlösung), die Kshatriyas drei (Brahma, Artha, Kama), die Vaisyas zwei (Artha und Kama), die Sudras nur einen (Kama). Schon aus dieser Liste der ethischen Normen ist klar ersichtlich, daß der Kama (das heißt nicht nur Liebe, sondern auch Vergnügen, Wohlleben u. ä.) in der hinduistischen Gesellschaft eine entscheidende Rolle spielte. Um nicht eine falsche Vorstellung von der bewundernswerten Natürlichkeit der Inder zu bekommen, ist es nötig, darauf hinzuweisen, daß die ungemein differenzierte Tätigkeit der alten Inder auf diesem Daseinssektor sowohl in Theorie wie Praxis durchaus nicht allein auf das ungenierte Sich-ausleben-Können in dieser Kultur zurückzuführen ist, sondern in erheblichem Ausmaß auch als Kompensation verstanden werden muß, nämlich für die starre und unerbittlich enge Einschränkung vieler Lebensäußerungen, die durch die Zugehörigkeit zu einer Kaste auferlegt wurde. Da alle Aktivität durch die Kastengrenzen gehemmt war, hat der Inder auf dem einzigen allen Kasten gemeinsamen Gebiet, dem der sinnenhaften Genüsse, seine Phantasie und seine Unternehmungen offenbar ins unbemessen Weite und ins unglaublich Diffizile schweifen lassen. Allerdings ging diese nur auf den ersten Blick maßlos erscheinende Ausschweifung in Wirklichkeit höchst geregelt vor sich; das Kamasutra zeigt die Liebe und überhaupt alle Daseinsfreude in einer bis ins Äußerste durchgeformten Welt. Ein strenger Regelkodex beherrscht das Leben bei Tag und Nacht, in der Öffentlichkeit und innerhalb der eigenen vier Wände; selbst die leidenschaftlichste Liebe scheint nicht allein ein Ausbruch der Natur, sondern ebenso eine sorgsame Durchführung einer gesellschaftlich vorgeschriebenen Zeremonie zu sein.

Allerdings ist die erstaunlich großzügige Einstellung Vatsyayanas zu den dargelegten Themen nicht zu übersehen. Der altindische Weise offenbart eine Haltung, die den erörterten sittlichen Problemen mit einem frappierend anmutenden Humanismus begegnet. Bei aller Anerkennung der die Realität bestimmenden Traditionen tendiert sein Urteil stets zu natürlicher und vernünftig abgeleiteter Güte und Gerechtigkeit. Es muß selbstverständlich berücksichtigt werden, daß Vatsyayana für den Nagaraka schrieb, für den städtisch geprägten Weltmann. Die große Stadt ist der geeignete Platz für einen Nagaraka, der über eine entsprechende Bildung verfügt, einen ansehnlichen Besitz sein eigen nennt und nun ein etwas dekadentes Wohlleben genießen will. Die Landbewohner werden gewöhnlich im Ton der Herablassung erwähnt. Ein beachtliches Kulturgefälle im Bereich des damaligen Indien wird dadurch sehr deutlich. Das erklärt auch, warum Anschauungen von völlig unterschiedlichem Zivilisationsniveau unmittelbar nebeneinander stehen.

In der geforderten guten Erziehung, bei der literarische Fähigkeiten, Malen und sonstiges bildnerisches Gestalten, Musik und die Kunst der Geselligkeit eine große Rolle spielen, muß die Ganika, die wohlhabende und gebildete Hetäre, besonders beschlagen gewesen sein.

Den Ehrentitel einer Ganika bekamen nur Frauen, die über ein bestimmtes Niveau der Kultiviertheit verfügten. Die Ganikas der obersten gesellschaftlichen Schicht taten sich vor allem darin hervor, daß sie große Geldspenden zum Bau von Tempeln oder für sonstige öffentliche Zwecke ausgaben. Insgesamt gesehen dürften die Ganikas eine ähnliche soziale Stellung innegehabt haben wie die Hetären im klassischen Athen des Perikles; jedenfalls waren sie hier wie dort sozial besser gestellt als die verheirateten Frauen, für die auch Vatsyayana das Ideal der zurückgezogen lebenden, ganz im Dienst ihres Gatten aufgehenden Matrone entwirft.

Die Männer besaßen demnach zu Hause eine biedere Ehefrau und gaben sich den größten Teil ihrer Zeit mit weniger biederen Kurtisanen ab. Zumindest für den Nagaraka, den Lebemann, traf das zu. Er ist ein typisches Produkt einer reichen, üppigen, wirtschaftlich blühenden Epoche, in der Indien durch seinen Handel mit Ost und West wohlhabend geworden war. Aus geschichtlichen Zeugnissen sind uns die lebhaften Wirtschaftsbeziehungen von Indien nach China einerseits und von Indien zum Römischen Reich andererseits (nach Plinius und Ptolemäus) bekannt. Das Kamasutra gibt ein treffendes Bild einer in materieller Blüte stehenden Gesellschaft, die in erster Linie irdischen Freuden nachstrebt. Wenn auch die materialistische Haltung klar abgelehnt wird, wonach die Erfüllung des Dharma, der Frömmigkeit, nur ungewissen, jenseitigen Lohn verspreche und ein Sperling in der Hand besser als eine Taube auf dem Dach sei, so zeigt doch diese im Kamasutra erörterte Problematik, was für eine Bedeutung dem platten Materialismus auch in der damaligen Zeit zukam.

Natürlich dürften der Nagaraka und die Ganika, der Lebemann und die Hetäre, nicht die gesamte indische Gesellschaft von damals verkörpert haben, sondern nur eine relativ kleine Schicht, die allerdings in mancher Hinsicht tonangebend gewesen zu sein scheint. Das asketisch-kontemplative Leben stand vielen Anzeichen nach durchaus in Blüte und damit also das Streben nach der für einen Hindu notwendigen Harmonie aller drei bzw. vier Lebensziele. Auf die Gleichzeitigkeit einer archaisch strukturierten – gelegentlich auch barbarisch wirkenden – Kulturschicht wurde bereits oben hingewiesen.

Wenn sich auch die historischen Gegebenheiten und die Verhältnisse in den Jahrhunderten nach Vatsyayana tiefgehend änderten, so blieb doch das Kamasutra das maßgebliche Regelbuch in allen Liebes- und Gesellschaftsfragen. Alle indischen Dichter ließen ihre Figuren in der Art und Weise handeln, wie sie das Kamasutra vorschrieb. Das didaktische Werk des Vatsyayana wurde zu einem Rahmen, der die gesamte erotische Literatur Indiens umspannte. Ob es nun Dramen oder Epen oder Gedichte oder Erzählungen waren (etwa die Werke Kalidasas, des klassischen Dichters des »Goldenen Zeitalters«, der Gupta-Epoche zu Beginn des 5. Jahrhunderts): alle wurden nachträglich zu Exempeln für das richtige Verhalten liebender Menschen – richtig im Sinn des Kamasutra.

Erläuterungen

Bezeichnungen in Sanskrit, deren Bedeutung im Text direkt erklärt oder indirekt ersichtlich wird, sind in den folgenden Erläuterungen nicht aufgeführt. Ferner finden sich nicht alle vorkommenden indischen Pflanzennamen, da sie nicht vollständig verifiziert werden konnten; soweit verifizierbar, ist die offizielle Bezeichnung der Botanik abgegeben.

Abhira: Historisch nicht genau verifizierbarer Herrscher

Achamana: Ausspülen des Munds mit Wasser; ein durchaus zeremonieller Vorgang

Acharya: Gebildeter, weiser Mann

Adhorata: Sodomie

Agnimantha: Clerodendrum phlomidis

Ahalya: Sie war die Gattin des Weisen Gautama. Indra verführte sie in der Gestalt ihres Mannes (Amphytrion-Motiv). Auf den Fluch Gautamas hin überzog sich sein Leib mit Geschwüren.

Ajamoda: Apium graveolens

Akarsha: Würfelspiel, das des öfteren in der altindischen Überlieferung erwähnt wird

Aksha: Juglans Regia

Alabu: Lagenaria siceraria

Alaktaka: Eine aus dem roten Harz gewisser Bäume gewonnene Flüssigkeit, die zur Verschönerung auf die Füße aufgetragen wurde.

Aluka: Colocasia esculenta

Amalaka: Emblica officinalis

Apida: Ein Blumengewinde, das rund um den Kopf geschlungen ist und von einem hölzernen Rahmen gestützt wird.

Arsha: Modus der Eheschließung

Artha: Die wörtliche Bedeutung ist »Ding, Objekt«; begrifflich meint Artha den gesamten Bereich der sinnlich erfaßbaren Dinge, die im täglichen Leben benötigt werden, die also zur Führung des Haushalts, zum Unterhalt der Familie und überhaupt zur Erfüllung der menschlichen Lebensaufgaben erforderlich sind. Artha bezeichnet den Erwerb von Reichtum und irdischen Gütern; die Kenntnisse, die dazu gebraucht werden, beziehen sich auf Wirtschaft und Politik. Von den vielen Lehrwerken, die der Erreichung dieses Ziels dienen sollen, ist das Kautilya-Arthashastra das bedeutendste (siehe Nachwort).

Ashoka: Saraca Indica

Ashvagandha: Withania somnifera

Atharva Veda: Neben dem Rig Veda, dem Sama Veda und dem Ayur Veda die vierte Samhita oder Sammlung der älteren vedischen Texte; sie enthält volkstümliche Zauberlieder.

Atmagupta: Mucuna Prurita

Auddalaki: Siehe Shvetaketu

Avalguja: Vernonia anthelmintica

Ayur Veda: Die dritte Samhita oder Sammlung der älteren Veden; sie enthält Opfersprüche.

Babhravya (Panchala)· Sowohl dem Namen nach als auch aus Zitaten bekannter Autor, der öfters in der Kama-Literatur erscheint.

Badara: Ziziphus jujuba

Bahupadika: Mentha longifolia

Bali: Eine Dämonengestalt der altindischen Mythologie; er suchte den Thron des Götterkönigs Indra zu usurpieren und wurde infolgedessen von Vishnu in die tiefste Unterwelt verbannt.

Bhallataka: Semecarpus anacardium

Bhringaraja: Eclipta alba

Brahma: In Teil III, Kapitel 1, ist darunter ein Modus der Eheschließung zu verstehen.

Brihaspati: Wörtlich »der Herr, der mit Macht Begabte«. Nach vedischer Lehre göttlicher Priester und Oberster Ratgeber des Götterkönigs Indra; in religionssoziologischer Sicht stellt er den mythischen Archetyp der Brahmanenkaste dar.

Brihati: Terminalia belarica

Charayana: Ein auch von Kautilya genannter Autor

Chatuhshashthi: Einer der Begriffe, der für die vierundsechzig Künste gebraucht wird (siehe Panchalika).

Chavya: Piper Chavya

Daiva: Modus der Eheschließung

Damaruka: Schlaginstrument

Dandakya: Laut Überlieferung traf der König Dandakya auf einer Jagd Bhargava, die Tochter des Brahmanen

321

Bhrigu, verliebte sich in sie und entführte sie in seinem Jagdgefährt. Der erzürnte Vater verfluchte daraufhin den König und sein Reich, das unter einem gewaltigen Staubregen begraben wurde.

Dattaka: Öfters genannter Autor, von dem sonst nur eine metrisch abgefaßte Zusammenfassung seiner Schriften überliefert ist.

Devadaru: Cedrus Deodara

Dharana Yoga: Yoga (etymologisch von yug, »anjochen«) bedeutet wörtlich soviel wie »miteinander verbinden, anschirren«. In übertragenem Sinn meint es »festbannen, gewähren, schenken«. Der Begriff Yoga wird auf eine asketisch-geistige Methode angewendet, die darauf abzielt, die Herrschaft über die Kräfte des eigenen Wesens zu gewinnen, sodann bestimmte Naturmächte in den Griff zu bekommen und zuletzt die unio mystica mit dem Allgeist, mit der Gottheit zu verwirklichen. Dementsprechend gibt es drei Stadien im Yoga: Dharana Yoga, die gesammelte Aufmerksamkeit; Dhyana Yoga, die Betrachtung; Samadhi Yoga, die Versenkung. Das Entscheidende am Yoga ist, daß die Aufmerksamkeit lang und intensiv genug auf den erwählten Gegenstand gerichtet wird. Dazu ist die Beachtung konkreter Pflichten nötig: vorgeschriebener Sitz, erlernbare Atemtechnik, Diät usw. Das Ziel ist die restlose Identifizierung des eigenen Bewußtseins mit dem Gegenstand.

Dharma: Die wörtliche Bedeutung ist »Pflicht, Ordnung«; der Begriff umfaßt die Gesamtheit der religiösen und ethischen Normen. Die Lehrwerke darüber sind die Dharmashastras.

Dhattura: Datura innoxia

Draupadi: Siehe Kichaka

Ervaruka: Cucumis melo

Gandharva: Modus der Eheschließung; er beruhte auf dem Glauben, die Gandharven – überirdische Geister am Hof des Götterkönigs Indra – seien als unsichtbare Zeugen anwesend.

Ghotakamukha: Ein auch von Kautilya genannter Autor

Girikarnika: Cliporia ternatea

Gonardiya: Sowohl dem Namen nach als auch aus Zitaten bekannter Autor, der öfters in der Kama-Literatur erscheint.

Gonikaputra: Sowohl dem Namen nach als auch aus Zitaten bekannter Autor, der öfters in der Kama-Literatur erscheint.

Haritaka: Terminolia chebula

Haritala: Cynodon dactylon

Hastikarna: Alocasia macrorrhiza

Indra: Vedischer Götterkönig, spezifisch der Gott der Wolken, des Regens und des Gewitters. Er brach die Herrschaft der Urdrachen und ließ von Vishvakarman, dem Gott der Künste und Handfertigkeiten, die Götterstadt erbauen.

Jaghana: Bezeichnung für den Teil des Körpers zwischen Nabel und Schenkelansatz.

Japa: Hibiscus rosasinensis

Jati: Grandiflorum Bailey

Jayatsena: Historisch nicht genau verifizierbarer Herrscher

Jiraka: Cuminum cyminum

Kadamba: Anthocephalus Indicus

Kama: Die wörtliche Bedeutung ist »Lust, Liebe«; es ist aber nicht nur als der abstrakte Begriff für den zweiten der drei bzw. vier Lebenswege gedacht, sondern auch als Gottheit, die ihre eigene Geschichte in der Mythologie hat. Kama, der indische Liebesgott, tritt nicht als Knabe wie der griechische Eros auf, sondern als junger Mann, begleitet von Rati (was wörtlich »Sinnenfreude« heißt). Der Herold Kamas ist Vasanta, der mythisch verkörperte Frühling; mit dem dufterfüllten Südwind bringt Vasanta die Welt zum Blühen und läßt die Menschen empfänglich werden für die unwiderstehliche Werbung Kamas. Der Liebesgott selbst trägt einen blütenumwundenen Bogen sowie fünf Pfeile, deren Spitzen ebenfalls aus Blüten bestehen (daher Kamas Umschreibungen: »Der mit fünf Pfeilen Bewaffnete« und »Er, dessen Pfeile Blüten sind«). Als einst der Gott Shiva, das Urbild aller Yogis, in tiefster Meditation versunken war, versuchte Kama auf das Geheiß des Götterkönigs Indra die Leidenschaft in seiner Brust zu entzünden; Shiva sollte auf diese Weise mit Liebe zu Parvati, der Tochter des Bergkönigs Himalaya, erfüllt werden. Nachdem aber der erste Blütenpfeil ins Ziel getroffen und Shiva aus der zeitlosen Versenkung gerissen hatte, blitzte der also aufgeschreckte Asket den Störenfried aus seinem dritten Auge derart zornig an, daß Kama zu Asche verbrannt wurde. Er existierte zwar als Liebesgott weiter (seine Gemahlin Rati hatte Shiva angefleht, Kama wieder aus dem Nirvana zu holen), war aber von nun an ohne seinen schönen, strahlenden Körper. Als »der Luftige«, als »der Körperlose« (Ananga) schwebt er über jedem Liebespaar.

Kashaya: Eine Art Melasse

Kasheruka: Scirpus Kysoor

Khadirasara: Acacia catechu

Kichaka: Er war der Schwager des Königs Virata; getötet
wurde er von Bhima, der wegen Draupadi in Eifersucht
entbrannt war. Diese Geschichte findet sich im Maha-
barata-Epos.

Kokilaksha: Asteracentha longifolia

Kshirika: Bambusa arundinacea

Kuchumara: Der Überlieferung nach Autor eines Werkes
»Kuchumaratantra«, das sich mit dem im siebten Teil
des Kamasutra behandelten Themenkomplex ausführlich befaßt haben soll.

Kurantaka: Barleria prionitis

Kushmanda: Benineasa hespida

Kushta: Saussurea lappa

Kutaja: Sterculia urens

Langalika: Gloriosa superba

Lavaka: Eine indische Wachtelart

Lingam: Das männliche Geschlechtsorgan. Die Darstellung
des Lingam spielt eine beherrschende Rolle in der Welt
des Hinduismus. Die Verehrung primitiver Symbole
des Lingam läßt sich in Indien bis in die Jungsteinzeit
zurückverfolgen; so taucht das männliche Symbol, das
die zeugende Energie des Alls vertritt, bereits unter den
in Mohenjo-Daro ausgegrabenen Kultgegenständen
auf (Mohenjo-Daro scheint einer der Mittelpunkte der
frühen Induskultur – um 3000–2500 vor Christus –
gewesen zu sein). Im mythologischen System des Hinduismus wird der Lingam sodann zum Zeichen für
Shiva. Das wohl bedeutendste Zeugnis aus der Kunst-

geschichte ist der Schrein in dem Shiva geweihten Höhlentempel von Elephanta bei Bombay: In der Mitte dieses geräumigen unterirdischen Heiligtums befindet sich ein monumentaler Schrein mit vier Eingängen an den vier Seiten; in der Mitte dies Schreins wiederum (des »garbha-griha«, d. h. Schoßhaus) ruht das steinerne Idol des Lingam.

Der Lingam als das Symbol für die männliche Zeugungskraft wird oft mit dem Bildzeichen für die weibliche Schöpfungsenergie zusammengefügt; ikonographisch wird das so dargestellt, daß sich der Lingam mitten aus der Basis des Yoni erhebt. Dergestalt sieht die hinduistische Symbolik die in allen Religionen zentrale Vermählung von Himmel und Erde, die heilige Hochzeit aller Fruchtbarkeitsriten.

Höchst aufschlußreich für die Bedeutung des Lingam im Hinduismus ist der Mythos vom Lingobhava, vom Ursprung des Lingam. Er ist in verschiedenen Fassungen im Kurmapurana enthalten. (Puranas sind kanonische Schriften, die mythologische Erzählungen enthalten.) Die bekannteste davon lautet (nacherzählt) so: Vishnu, der Erhabene, lag inmitten des Meeres, das aus dem Dunkel gebildet war, furchtbar und unzerteilt. Vishnu trug seine Waffen in den Händen und schwamm mit tausend Köpfen und Augen, mit tausend Füßen und Armen im unermeßlichen Weltozean. Er ruhte, sich selbst als das ewige Wesen betrachtend, auf dem flüssigen Element. Da sah er plötzlich ein gewaltiges Leuchten in der Ferne, und es nahte sich ihm der Gott, den die Veden als Herrn preisen, strahlend wie unzählige Sonnen: Brahma, erfüllt von Yogi-Weisheit, die viergesichtige Ursache der Welt. Lächelnd fragte er aus seinem großen Glanz den ruhenden Riesen: »Wer bist du? Wie bist du entstanden? Was tust du hier? Gib mir darüber Kunde, denn ich bin der erste Schöpfer der Welten, der Urvater, der aus sich selbst entstanden ist!«

Auf diese Aufforderung Brahmas hin antwortete Vishnu: »Ich selbst bin der Schöpfer der Welten und auch der Zerstörer des Alls. Ich habe es bewirkt und kann es wieder zerfallen lassen!«

Die beiden Gottheiten und Urkräfte begannen so einen schier endlosen Hader, wer von ihnen beiden seinen Anspruch zu Recht vertrete. Da erschien vor ihnen ein ungeheurer Lingam, der wie das Feuer des Weltuntergangs aussah und ringsum von lohenden Flammenkränzen umgeben war; er schien weder größer noch kleiner zu werden; er hatte keinen Anfang, keine Mitte und kein Ende. Angesichts dieser Erscheinung sprach Brahma zu Vishnu: »Geh du nach unten, während ich nach oben fliegen will; so wollen wir herausfinden, wo sein Ende ist!«

Nachdem Brahma so gesprochen hatte, nahm er die für ihn übliche Tiergestalt, nämlich die des Gänserichs, an; Vishnu aber verwandelte sich in einen Eber. Der Gänserich schwang sich zum Firmament empor, der Eber stieg in die Tiefe hinab. Weder der eine noch der andere konnten aber ein Ende entdecken, und so trafen sie sich ohne Ergebnis wieder. Nun verneigten sie sich in ehrfurchtsvoller Anbetung vor dem Lingam; sie riefen feierlich die höchste Formel aus und priesen den obersten Gott: »Anbetung dem Arzt für das Leiden des sich stets erneuernden, in sich kreisenden Lebens, dessen Ursprung ohne Beginn ist – Shiva, dem Friedevollen, dessen Gestalt der Lingam ist! Anbetung ihm, der im Meer der Weltauflösung weilt, der die Auflösung bewirkt, der einem Flammenkranz gleicht! Anbetung Shiva, dem Urwesen der Welt – Anbetung dem Wandellosen, dem Wahren voll strahlender Kraft! Anbetung Shiva, dem Friedevollen, dessen Gestalt der Lingam ist!«

Als die beiden Gottheiten so den Herrn des Alls priesen, öffnete sich der unermeßliche Lingam, und heraus trat Shiva. Er leuchtete wie Myriaden von Sonnen und sah so aus, als verschlänge er den Himmel mit seinen tausend Mündern. Er hatte tausend Hände und Füße; seine Augen waren Sonne und Mond; er trug den Bogen in Händen und den Dreizack; um seinen Körper war eine Schlange als Opferschnur gewunden; seine Stimme aber dröhnte wie Gewittertrommeln. Shiva sprach: »Ich bin erfreut, ihr obersten Götter! Betrachtet mich, den höchsten der Götter: In Urzeiten seid ihr aus meinen Gliedern erzeugt worden; Brahma, der Schöpfer der Welt, ist aus meiner rechten Seite entsprungen, aus meiner linken kam Vishnu, der Erhalter; in meinem Herzen aber entstand Hara, der die Welt zerstört, damit sie neu geboren werden kann.« Auf diese Rede hin umarmte Shiva Vishnu und Brahma und war sehr gnädig. Vishnu und Brahma fielen vor ihm nieder und sprachen zu ihm: »Wir wollen dir, dem großen Gott, ergeben sein!« Daraufhin lachte der Erhabene und sprach: »Ich bin zweimal gespalten durch die Kräfte der Weltentfaltung, Welterhaltung und Weltauflösung, also in die Namen Brahma, Vishnu und Hara; dabei bin ich doch unterschiedslos.«

So sprach der große Gott, indem er Brahma und Vishnu seine Güte bezeugte. Seit jener Zeit obliegt alle Welt der Verehrung des Lingam.

Da nun Hara mit Shiva identisch ist (»Der Wiedereinschmelzer«), hat sich Shiva im Lingam als eine Art von Über-Shiva geoffenbart, nämlich als eine höhere Einheit der drei Götter Brahma, Vishnu und Shiva-Hara. Diese Legende vom kosmischen Lingam ist nur der mythologische Ausdruck einer bestimmten religionssoziologischen Umschichtung in der altindischen Kultur. Schon in der prävedischen Epoche (vor 1500 v. Chr.) spielten nicht nur Vishnu und Shiva eine Rolle, sondern vor allem auch der Lingam-Mythos. In der vedischen Zeit (ca. 1500 bis 1000 v. Chr.) tritt Agni-Brihaspati als der Götterpriester hervor; er verkörpert mythengeschichtlich die Vorform des Gottes Brahma, der dann im Zeitraum von ca. 1000–700 v. Chr., in der sogenannten Brahmanas-Periode, sich als Personifizierung schöpferischer Spiritualität herausschält. Damit ist zweifelsohne die Phase der reinsten Mythologie der indogermanischen Eroberer erreicht gewesen. In der Folgezeit tritt dann jener Vorgang ein, der im Lingam-Mythos der Puranas seinen Ausdruck gewinnt: Die vor-indogermanische, prävedische Götterwelt, die einer potamischen Fruchtbarkeitsreligion entsprungen war, setzte sich gegenüber der mehr linearen Mythologie der Indogermanen durch, indem sie eine phantastisch-tiefsinnige Symbiose beider schuf. Der ungleich buntere Hinduismus der einstmals unterdrückten Ureinwohner verhalf sich wieder zu seinem Lebensrecht; der allzu abstrakt gewordene Brahma ordnete sich Vishnu und Shiva unter. Im Kult wird entweder Vishnu oder Shiva oder Devi (»die Göttin«) verehrt.

Lokayata: Wörtlich »zur Sinnenwelt gehörig«; Bezeichnung eines materialistischen Systems, das von dem Philosophen Carvaka gegründet worden sein soll. Die Lokayatas, die Anhänger dieses Systems, anerkannten die vier Elemente als einzige Realität; der Spiritualismus der Veden und des brahmanischen Kults wird als unnütze, wenn nicht gar betrügerische Spekulation erklärt. Texte sind nicht erhalten; von dem Lokayata weiß die Philosophiegeschichte nur aus den Polemiken der Gegner.

Madanasarika: Eine indische Vogelart
Madayantika: Lawsonia inermis
Madhuka: Madhuca Indica
Madhyama: Die wörtliche Bedeutung ist »Mittelfinger«.
Mallika: Jasminium sambae
Mangala: Ein Amulett mit lebenspendender Auswirkung
Manu: Der Sohn Brahmas, zugleich der Urvater und der erste Gesetzgeber der Menschheit gemäß der Auffassung der altindischen Mythologie.
Maricha: Capsicum annuum
Masha (Kamalini): Phaseolus radiatus
Mulaka: Raphnus sativus
Myna: Ein in Indien beheimateter Singvogel

Nabhimula: Bezeichnung für den untersten Teil des Rumpfes; unter Umständen kann es auch das weibliche Geschlechtsorgan bedeuten.
Naga: Piper Betle
Nandi: Nur dem Namen nach bekannter Autor, der – außer von Vatsyayana – auch anderweitig aufgeführt wird.

Nandyavarta: Anthocephalus Indicus

Navapatra: Ein geselliger Zeitvertreib, der wörtlich »das Bewundern des jungen Laubs« bedeutet.

Nipa: Barringtonia racemosa

Paishacha: Modus der Eheschließung

Panchalika: Einer der Begriffe, die für die sogenannten vierundsechzig Künste gebraucht werden. Diese vierundsechzig Künste des Kamasutra gehören zu den am häufigsten mißverstandenen Kapiteln der erotischen Literatur. Sie werden gewöhnlich als Sammelbegriff für eine Unzahl ausgeklügelter erotischer Positionen aufgefaßt – also als das indische Pendant zu dem Dodekatechnon der Hellenen, das von Aretino zu einer geradezu mystischen Zweiunddreißig gesteigert und von dem Erotik-Forscher Forberg (1770–1848) bis auf neunzig Variationen hochgetrieben wurde. In Wirklichkeit sind aber die vierundsechzig Künste des Kamasutra nichts anderes als vierundsechzig Bestandteile einer universalen Bildung.

Pashana: Coleus aromaticus

Patalika: Cocculus hirsutus

Pataliputra: Heute Patna; Hauptstadt des bedeutenden Herrschers Ashoka (264–247 v. Chr.), der zum Buddhismus übertrat.

Phenaka: Eine schaumerzeugende und reinigende Substanz; sie wurde anstatt Seife verwendet, die in Indien erst seit der Moslemherrschaft gebräuchlich wurde.

Pippali: Piper longum

Prahanana: Schmerzbereitende Handlungen beim Geschlechtsakt

Prajapatya: Modus der Eheschließung

Prastha: Maßeinheit (Hohlmaß)
Priyala: Buchanania latifolia
Priyangu: Panicum Italicum
Punarnava: Boerhaavia diffusa

Rakshasa: Modus der Eheschließung
Ravana: Figur aus dem Ramayana-Epos.
Rig Veda: Älteste vedische Texte (zweites vorchristliches
Jahrtausend), ursprünglich mündlich überliefert, erst
seit der Mitte des ersten vorchristlichen Jahrtausends
schriftlich fixiert. Der Rig Veda enthält Hymnen von
höchstem literarischem Wert und tiefster religiös-my-
stischer Bedeutung. Er bildet zusammen mit den anderen vedischen Texten die Offenbarungsschrift für die
hinduistische Religion; die Sutra-Literatur stellt dem-
gegenüber die für den Hindu verbindliche Auslegung
der geheiligten Quellen dar.

Sahadevi: Vernonia cinerea
Saraswati: Einer der drei heiligen Ströme Indiens (neben dem
Ganges und dem Jumna), zugleich aber seine Personi-
fizierung als Göttin. Saraswati ist die Beschützerin der
Rede, des Gesanges und der Weisheit; sie ist auch als
Gattin Vishnu-Krishnas die Nebenbuhlerin Shri-
Lakshmis. Außerdem steht sie in Beziehung zu Brah-
ma, der Verkörperung der geoffenbarten Weisheit, und
wird so auch zur Rivalin von dessen Gemahlin Savitri,
der mythischen Personifizierung einer Initiationsfor-
mel aus dem Rig-Veda.
Sariva: Ichnocarpus fructescens
Sarshapa: Brassica campestris
Saubhagya: Begriff für »glückliches Geschick«

Shabara: Symplocos racemosa

Shakuntala: Heldin des wohl berühmtesten Dramas von Kalidasa; der Stoff ist natürlich älter, da Kalidasa jünger als Vatsyayana ist.

Shalmali: Salamia Malabarica oder Ceiba Pentandra

Shatapushpa: Anethum sowa

Shekharaka: Ein Blumengewinde, das vom Haupthaar abwärts hängt.

Shlakshnaparni: Costus speciosus

Shravana Priyangu: Cardiospermum halicaecabum

Shringataka: Trapa bispinosa

Shriparni: Gmelina arborea

Shvadamshtra: Pedalium murex

Shvetaketu: Siehe Uddalaka

Sindoora: Rotes Quecksilberoxyd

Sita: Siehe Ravana

Smriti: Umfassende Bezeichnung für alle zur autoritativen Überlieferung gehörenden vedischen Didaktik-Werke, also die religiöse und gesellschaftliche Pflichten betreffenden Leitfäden.

Somalata: Ruta graveolens

Snuhi: Euphorbia hirta

Surana: Amorphophalus campanulatus

Suvarnanabha: Eine Autorität der Kama-Lehre, die nur von Vatsyayana genannt wird.

Svayamgupta: Mucuna prurita

Tagara: Eryatamia coronaria

Talisa: Abbis Webbiana

Tamala: Cinnamomum tamala

Tantra: Das Wort ist etymologisch aus der Wurzel »tan«, d. h. »sich ausbreiten«, abzuleiten; möglich ist auch die Herkunft von »tatri«, d. h. Ursprung, Wissen. Wahrscheinlich sind beide Sprachwurzeln verwandt. »Tantra« bedeutet eine Lehre, durch die Erkenntnis verbreitet wird. Das Suffix »tra« stammt von einer Wurzel, die »retten« meint; demnach ist Tantra eine Schrift, durch die Erlösung bringende Erkenntnis verbreitet wird, im allgemeinen Sprachgebrauch also eine bestimmte Art von religiösen Schriften. (Der Tantrismus wiederum ist eine esoterische Sonderbewegung innerhalb des Hinduismus.)

Uddalaka: Ein weiser Brahmane des vedischen Zeitalters (mit vollem Namen: Uddalaka Aruni, oft auch nur Aruni genannt), der nach dem Bericht der Chandogya-Upanishad das ganze vedisch-orthodoxe Wissen seinem Sohn Shvetaketu (auch Auddalaki genannt) überliefert hat; vor allem wird ihm die Formulierung der »Maha-Vakya«, der vedischen Schlüsselerkenntnis zugeschrieben: »Tat tvam asi« (d. h., das bist du). Der Sinn ist: Die Lebenssubstanz ist etwas Undurchdringendes; alle Phänomene der Scheinwelt sind nur Wandlungsformen des Atman, des Weltprinzips.

Uha: Die Reflexion über den Wortsinn, die dem unreflektierten Wortgebrauch voranzugehen hat; also der Zentralbegriff der altindischen Semantik.

Ushiraka: Vetiveria zizenioides

Utpala: Nelumbium speciosum

Vacha: Acorus calamus

Vajrakanda: Euphorbia antiquorum

Vajrashnuhi: Euphorbia neriifolia

Valuka: Vetiferia zizanioides

Vartaka: Solanum melongena

Veena: Saitenbespanntes Musikinstrument

Vidari: Ipomoea paniculata

Viruta: Von der Frau ausgestoßene Laute bei der Anwendung von Prahanana durch den Mann (siehe Prahanana).

Vyadhighataka: Cathartocarpus fistula

Yakshas: Fruchtbarkeitsgötter aus der archaischen Zeit, die in der vedischen Epoche zu lokalen Halbgöttern wurden; sie können auch als bösartige, der Nacht zugeordnete Dämonen auftreten.

Yashtimadhuka: Glycyrrhiza glabra

Yoni: Das weibliche Geschlechtsorgan (siehe auch unter Lingam)